"十四五"高等院校应用型学科规划教材·广告学系列

编委会

总主编

姚　曦　武汉大学

编　委

刘悦坦　山东大学
钱杭园　浙江农林大学
王　艺　广州大学
邬盛根　安徽大学
宋若涛　河南大学
杨同庆　首都经贸大学
李　苗　暨南大学
徐莉莉　中国计量学院
高丽华　北京工商大学

"十四五"高等院校应用型学科规划教材·广告学系列

广告策划与创意

GUANGGAO CEHUA YU CHUANGYI

主　编　王　艺
副主编　丁　琳　魏永秀　刘艳子　李斐飞
参　编　王泸生　贾　兵

华中科技大学出版社
http://press.hust.edu.cn
中国·武汉

内 容 提 要

本书主要讲述广告策划与创意的基本知识,全书共十二章,主要包括广告策划概论、广告策划的理论依据、广告策划的市场调查与分析、广告策划中的目标策略与表现策略、广告创意表现与策略、广告媒体策略、广告预算的决策、广告策划效果评估、4A广告公司策划实务、广告策划书的内容与撰写等内容。

图书在版编目(CIP)数据

广告策划与创意/王艺主编. —武汉:华中科技大学出版社,2012.7(2025.2重印)
ISBN 978-7-5609-8141-3

Ⅰ.①广… Ⅱ.①王… Ⅲ.①广告学-高等学校-教材 Ⅳ.①F713.81

中国版本图书馆 CIP 数据核字(2012)第 132153 号

广告策划与创意 王 艺 主编

策划编辑:肖海欧
责任编辑:赵巧玲
封面设计:龙文装帧
责任校对:周 娟
责任监印:朱 玢
出版发行:华中科技大学出版社(中国·武汉) 电话:(027)81321913
　　　　　武汉市东湖新技术开发区华工科技园 邮编:430223
录　　排:华中科技大学惠友文印中心
印　　刷:武汉邮科印务有限公司
开　　本:787 mm×1092 mm　1/16
印　　张:18.5　插页:2
字　　数:474 千字
版　　次:2025 年 2 月第 1 版第 9 次印刷
定　　价:48.00 元

本书若有印装质量问题,请向出版社营销中心调换
全国免费服务热线:400-6679-118　竭诚为您服务
版权所有　侵权必究

目录

第一章 广告策划概论 (1)
 课前导读 (1)
 第一节 广告策划的概念与作用 (3)
 第二节 广告策划的类型与方法 (11)
 第三节 广告策划思维训练 (16)
 关键概念 (26)
 复习思考题 (26)
 单元实训 (26)

第二章 广告策划的理论依据 (28)
 课前导读 (28)
 第一节 广告策划与传播学原理 (30)
 第二节 广告策划与市场学原理 (34)
 第三节 广告策划与消费者行为 (40)
 第四节 广告策划与文化观念 (46)
 第五节 广告策划与整合营销传播 (52)
 关键概念 (55)
 复习思考题 (56)
 单元实训 (56)

第三章 广告策划的市场调查与分析 (57)
 课前导读 (57)
 第一节 广告市场调查 (59)
 第二节 营销环境分析 (64)
 第三节 竞争对手分析 (68)
 第四节 消费者分析 (72)
 第五节 产品分析 (79)

关键概念 …………………………………………………… (84)
　　复习思考题 ………………………………………………… (84)
　　单元实训 …………………………………………………… (84)

第四章　广告策划中的目标策略与表现策略 ……………………… (86)
　　课前导读 …………………………………………………… (86)
　　第一节　广告目标策略 …………………………………… (90)
　　第二节　广告定位策略 …………………………………… (95)
　　第三节　广告主题策略 …………………………………… (100)
　　第四节　广告表现策略概述 ……………………………… (103)
　　第五节　广告主题的决策 ………………………………… (107)
　　关键概念 …………………………………………………… (110)
　　复习思考题 ………………………………………………… (110)
　　单元实训 …………………………………………………… (111)

第五章　广告创意 ……………………………………………………… (112)
　　课前导读 …………………………………………………… (112)
　　第一节　广告创意原理 …………………………………… (114)
　　第二节　广告创意原则 …………………………………… (117)
　　第三节　广告创意思维 …………………………………… (121)
　　关键概念 …………………………………………………… (126)
　　复习思考题 ………………………………………………… (126)
　　单元实训 …………………………………………………… (126)

第六章　广告创意表现与策略 ………………………………………… (128)
　　课前导读 …………………………………………………… (128)
　　第一节　广告创意类型 …………………………………… (129)
　　第二节　广告创意手法 …………………………………… (139)
　　第三节　4A广告公司的广告创意流程 …………………… (148)
　　第四节　4A广告公司广告创意比稿 ……………………… (154)
　　第五节　广告创意训练 …………………………………… (156)
　　关键概念 …………………………………………………… (160)
　　复习思考题 ………………………………………………… (160)
　　单元实训 …………………………………………………… (160)

第七章　广告媒体策略 ………………………………………………… (162)
　　课前导读 …………………………………………………… (162)
　　第一节　透视媒体策划 …………………………………… (163)
　　第二节　媒体目标与目标受众 …………………………… (167)
　　第三节　媒体组合与媒体加权决策 ……………………… (171)
　　第四节　到达率与接触频次 ……………………………… (177)
　　第五节　媒体载具的评估 ………………………………… (179)
　　关键概念 …………………………………………………… (182)

复习思考题 ……………………………………………………………… (183)
　　单元实训 ………………………………………………………………… (183)

第八章　广告预算的决策 ……………………………………………………… (184)
　　课前导读 ………………………………………………………………… (184)
　　第一节　广告预算策划依据 …………………………………………… (186)
　　第二节　广告预算的内容与方法 ……………………………………… (190)
　　第三节　广告预算的分配 ……………………………………………… (193)
　　第四节　新老产品广告预算策略 ……………………………………… (197)
　　关键概念 ………………………………………………………………… (202)
　　复习思考题 ……………………………………………………………… (202)
　　单元实训 ………………………………………………………………… (204)

第九章　广告策划效果评估 …………………………………………………… (205)
　　课前导读 ………………………………………………………………… (205)
　　第一节　广告策划效果评估的意义与内容 …………………………… (208)
　　第二节　广告策划效果评估的标准 …………………………………… (212)
　　第三节　广告策划效果评估的方法 …………………………………… (217)
　　关键概念 ………………………………………………………………… (225)
　　复习思考题 ……………………………………………………………… (225)
　　单元实训 ………………………………………………………………… (225)

第十章　4A广告公司策划实务 ………………………………………………… (227)
　　课前导读 ………………………………………………………………… (227)
　　第一节　企业品牌策划 ………………………………………………… (229)
　　第二节　产品品牌策划 ………………………………………………… (237)
　　第三节　促销策划 ……………………………………………………… (243)
　　关键概念 ………………………………………………………………… (249)
　　复习思考题 ……………………………………………………………… (249)
　　单元实训 ………………………………………………………………… (249)

第十一章　广告策划书的内容与撰写 ………………………………………… (250)
　　课前导读 ………………………………………………………………… (250)
　　第一节　广告策划书的主要内容 ……………………………………… (252)
　　第二节　广告策划书的编写技巧 ……………………………………… (259)
　　关键概念 ………………………………………………………………… (267)
　　复习思考题 ……………………………………………………………… (267)
　　单元实训 ………………………………………………………………… (267)

第十二章　广告策划书的实施与评价 ………………………………………… (268)
　　课前导读 ………………………………………………………………… (268)
　　第一节　广告策划提案技巧 …………………………………………… (270)
　　第二节　广告策划书的实施 …………………………………………… (277)
　　第三节　广告策划方案的评价 ………………………………………… (282)

关键概念 …………………………………………………………（289）
　　复习思考题 ………………………………………………………（289）
　　单元实训 …………………………………………………………（289）
后记 ………………………………………………………………（291）

第一章 广告策划概论

■ 课前导读

雀巢咖啡的广告策划之路

如今,雀巢咖啡已在全球100多个国家中销售,是全球著名的速溶咖啡制造商。从历史的角度来看,雀巢咖啡的广告策划经历了三个阶段。

1. 第一阶段

一开始,雀巢欣喜于工艺的突破给传统喝咖啡的方式带来的革命,广告策划自然想到要强调因速溶而带来的便利性,却未曾料到这与许多家庭妇女的购买心理有悖——买速溶图方便,是否表明自己不够贤惠?这可不是男人期望的妻子的形象。因为当时处于男尊女卑的20世纪三四十年代,妇女缺乏自信,她们把照顾丈夫和孩子作为生活的全部。随着时代的进步,妇女的解放,速溶咖啡这种既方便又能保持原味的优势终于大放光彩。20世纪60年代进入日本市场,就立刻受到广大家庭主妇的欢迎,尤其是没有磨豆工具的家庭,更是喜爱。之后,当这种优势由于省时省力机器的逐步推广而被削弱时,再过分强调这种便利性显然不会有效了。

2. 第二阶段

于是,雀巢广告的重点转向表现产品的纯度、良好的口感和浓郁的芳香。因此,各国的分公司都采用了产品导向的广告,强调雀巢咖啡是"真正的咖啡"。这也与20世纪五六十年代普遍流行产品导向广告的大背景相一致。

3. 第三阶段

当人们逐渐认可"咖啡就是雀巢咖啡"后,雀巢咖啡广告的重点转变为生活形态导向,广告尤其注重与当地年轻人的生活形态相吻合。例如,在英国的广告中,雀巢金牌咖啡扮演了在一对恋人浪漫的爱情故事中一个促进他们感情发展的角色。

1961年,雀巢咖啡进入日本市场之初,采取的是产品导向的广告战略。电视广告首先打出"我就是雀巢咖啡"的口号,朴素明了,一时间反复在电视上出现,迅速赢得了知名度。之后,紧接着于1962年,根据日本消费者以多少粒咖啡豆煮一杯咖啡来表示咖啡浓度的习惯,开展了"43粒"的广告运动,可谓典型的USP(unique selling proposition,独特销售主张)策略。广告片中唱着"雀巢咖啡,集43粒咖啡豆于一匙,香醇的雀巢咖啡,大家的雀巢咖啡"。由于其旋律优美,竟成了大街小巷的儿歌。20世纪70年代在日本,"了解差异性的男人"的广告运动表达这样的概念:"雀巢金牌咖啡所具有的高格调形象,是经过磨炼后的

'了解差异性的男人'所创造出来的"。广告营造了"雀巢咖啡让忙于工作的日本男人享受到刹那的丰富感"的气氛,至今让许多日本人印象深刻。

日本雀巢广告图见图1-1。

图1-1 日本雀巢广告图

雀巢咖啡在我国的广告策略从20世纪80年代早期开始,首先以"味道好极了"的朴实口号作面市介绍,劝说国人也品品西方的"茶道"。那时候,对于许多年轻人来说,与其说他们是在品尝雀巢咖啡,还不如说他们是在悄悄体验一种渐渐流行开来的西方文化。"味道好极了"的运动持续了很多年。尽管其间广告片的创意翻新过很多次,但口号一直未变,是广告人津津乐道的成功范例。

中国雀巢广告图见图1-2。

图1-2 中国雀巢广告图

第一节　广告策划的概念与作用

一、策划的历史溯源

孙子说："多算胜，少算不胜，而况于无算乎？"此处所谓"算"即"谋划"、"策划"之意。两千多年前孙子这句简朴、直白的话，一语道出了策划的重要性。

远在原始社会，人类的祖先为猎取动物为食，便有意识地对猎捕活动进行策划。比如，预先设定在哪儿、挖多少陷阱、设几个埋伏等，这些可以说是策划思想在人类活动中最早的萌芽。

中华民族自古以来就是崇尚智慧、崇尚谋略的伟大民族。流传千古的曹植七步成诗、曹冲称象等典故无不透露出对智慧的弘扬，以及崇尚四两拨千斤的民族心态。而"三国演义"中的赤壁之战、草船借箭、巧施连环计等一系列的经典军事策划故事，最终塑造出了一个彪炳千古的军事政治策划家的光辉形象——诸葛亮。

在诸葛亮为刘备所作的《隆中对》中，首先为刘备做了充分全面的时局分析，曹操占有天时，孙权占有地利，这两者经过多年的经营，都已有了相当的规模和实力，依刘备当时的实力实在是没有办法与之相提并论。

然后，诸葛亮为刘备分析了荆州和益州的形势和自己的优势。在这样周密的分析基础上，诸葛亮为刘备进行了成就霸业的具体策划："将军欲成霸业，北让曹操占天时，南让孙权占地利，将军可占人和。先取荆州为家，后即取西川建基业，以成鼎足之势，然后可图中原也。"

最终，一整套"三分天下"的策划方案便出台了，后来的史实也印证了其高瞻远瞩的策略眼光和方案的正确性。

在策划实践的同时，人们也在不断地进行总结。《周易》、《孙子兵法》、《史记》等都对策划提出了许多经典的策划思想。

《周易》是中国最古老的文献之一，相传是周人所作。有人认为："周"是周密、周遍之义；"易"有变易（穷究事物变化）、简易（执简驭繁）、不易（永恒不变）三义。《周易》通过八卦形式（象征天、地、雷、风、水、火、山、泽八种自然现象），推测自然和社会的变化。由于这本书的外在形式是一部算卦书，使其蒙上了一层神秘的色彩，但其内容十分丰富，蕴涵着大量珍贵的策划思想。

《孙子兵法》是中国古代最早的军事名著。《孙子·计篇》指出："夫未战而庙算胜者，得算多也；未战而庙算不胜者，得算少也。多算胜，少算不胜，而况于无算乎？"意指战前要有充分的准备，策划应周密，取胜的机会就大；而策划不周或根本不做策划，就不可能获胜。

策划是一种由自发走向自觉的思想。古今中外，无论是人们的生产生活或是国家的治理发展，都离不开策划。

《史记·高祖本纪》明确总结了策划的作用："运筹帷幄之中，决胜于千里之外。"这句话说的是：在营帐中进行事先策划，可以使千里之外的决战取得胜利。可见高明的统帅能预见事物的发展，以智胜人。

古希腊也有名垂青史的策划案例。特洛伊木马可谓是古希腊军事史上的经典之作，在希腊人与特洛伊人的战争中，特洛伊城久攻不克。最后，希腊人精心策划了"木马计"，先佯装撤军,但在城外留下了一匹巨大的木马。特洛伊人见希腊人撤军,大喜过望,将木马拉入城中,欢庆胜利。孰知,木马中藏匿着大量的希腊士兵,趁特洛伊人麻痹之时,打开城门,内应外合,攻陷了这座城池。

打开《成语字典》,我们也能找到很多关于策划的成语,如"事成于谋、行成于思、运筹帷幄、上兵伐谋"等。

二、现代策划的产生和分类

随着生产力的极大发展,社会生产关系也发生了深刻变化。策划活动日益深层化、多样化、复杂化,竞争不再是策划的全部意义所在,社会上渐渐形成了有活动就有策划的局面,如产品策划、促销策划、公关策划、体育赛事策划、CI(corporate image,组织识别)策划等。

现代意义上的策划观念源自公共关系领域,最早由被称为公共关系学之父的爱德华·伯奈斯在《策划同意》一书中提出。他首先提出并且运用了这一概念,使"策划"思想在公关领域迅速普及。

公关策划的产生和当时的时代背景密不可分。由于工业革命、技术革命的开展,企业一心追求利润的最大化,往往在低回报的前提下让工人们超强度劳动,导致工人和社会舆论的不满。为了缓解内部的劳工矛盾和外部的社会公众冲突,企业开始运用公关手段进行内外协调,于是一种新的行业应运而生,那就是公关策划。

事实上,公关策划最早萌芽于20世纪初。早在1904年,美国公共关系专家艾维·李创办了美国宣传顾问事务所,对外营业,进行了世界上最早的公共关系的策划实践。有一次艾维·李在代表大企业主贝尔处理一起煤矿工人罢工事件时,一反原先在处理类似事件中企业主捂盖子、封锁消息,甚至打击劳工的惯常做法,而是大胆地对事件进行曝光,主动请新闻媒体介入,从而赢得了社会各界的广泛理解,妥善地处理好了这起罢工事件。这种公关策划实践的进行为后来现代策划思想的发展提供重要的依据。

随着经济的发展和策划实践的不断进行,策划也被广泛运用到各个领域,商业策划成为策划界的主导,并被企业广为运用。公关策划、广告策划、CI策划、促销策划等各种策划方式不断出现并取得发展。到20世纪50年代后期,企业对策划思想的运用也到了高潮。随着部分企业的日益壮大,集团化经营模式不断出现,一场以塑造企业精神及个性的CI策划活动在IBM公司掀起,使这家专业制造商用计算机的公司在激烈竞争中脱颖而出,它的高科蓝也被大家所熟知,成为识别和区分的重要标志。之后众多知名企业纷纷导入CI系统,为企业的发展起了不可磨灭的作用。

IBM的高科蓝标志见图1-3。

图1-3 IBM的高科蓝标志

在策划活动日益多样化的同时,策划活动本身的组织形式和手段也产生了质的飞跃。随着科技的突飞猛进,在复杂的社会生产关系和知识信息不断膨胀的背景下,策划作为个人智慧的表现已经远远不够,它越来越多地表现为一种群体活动。例如,美国的阿波罗登月这样的大型综合工程,需要调动上万家企业进行配套生产,有数万名科学家和工程技术人员参与,它的策划也必然是一个庞大的工程。美国的兰德公司、斯坦福研究所,日本的野村研究所、三菱研究所,英国的伦敦战略研究所,这些研究所往往充当谋事角色。同时,电子计算机又为现代策划开拓了新的途径,极大提高了策划活动的规模与效率。人们通过运用仿真技术、模拟理论、事先进行模拟实施和检验等手段,来寻求最佳策划方案,有效地避免策划失误,大大提高了策划成功率。

现代策划的类型见图1-4。

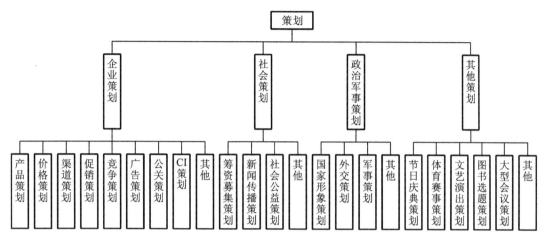

图1-4 现代策划的类型

三、现代广告策划概说

广告是商品经济的产物,也是社会发展到一定阶段的产物。当人们的劳动产品大于自己的需求时,便需要通过某种方式与他人进行物品的等价交换,以获得自己所需要的产品或者一般等价物,于是广告便应运而生。原始的广告承载着最简单的"广而告之"的目的,无论是古埃及印在芦苇纤维上的悬赏寻找走失奴隶的传单,或是中国古代飘荡在酒馆外面的幌子和落地招牌,都很好地实现了广告"广而告之"的基本功能。

《清明上河图》里的落地招牌广告见图1-5。

图1-5 《清明上河图》里的落地招牌广告

随着商品经济的不断发展,广告开始越来越多地受到策划观念的影响。尤其是20世纪以来,美国广告的发展里程就充分印证了策划不断被融入广告的事实。20世纪二三十年代兴起了市场调查热潮与推销术;20世纪40年代出现"豪华广告";20世纪50年代提倡要在广告主题上寻求USP;20世纪60年代开始塑造企业形象;20世纪70年代"定位"论倡导在消费者心中为产品找到一席之地;80年代的全球经济热潮和媒介的飞速发展,使得广告步入了空前繁荣期;90年代的"IMC"(integrated marketing communications,整合营销传播)理论,使策划越来越多地被整合到广告中,而广告也越来越多地被整合到各种营销手段中。

(一)广告策划的概念与含义

"策划"这个词,古今中外有着很多不同的含义。《辞源》把策划解释为筹谋、计划;《辞海》中则认为策划是指人们事先的筹谋活动,就是思维主体运用知识和能力,进行思考运筹的过程。

美国哈佛企业管理丛书编撰委员会对"策划"是这样解释的:"策划是一种程序,在本质上是一种运用脑力的理性行为。基本上所有的策划都是关于未来的事物,也就是说,策划是针对未来要发生的事做当前的决策。换言之,策划是找出事物因果关系,衡量未来可采取的途径,作为目前决策的依据……策划是一种连续不断的循环。"[①]

然而策划活动不断发展,趋向多元化,导致策划含义也更加多元。策划有时只是单纯指实施某一件事时独特的想法或特殊的构想,有时指的是达成某一可实现成果的实施计划。如果给策划下个定义的话,可以如此说:策划是为达到一定目标,在调查、分析有关材料的基础上,遵循一定的程序,对未来某项工作或事件事先进行系统全面的构思、谋划,制订和选择合理可行的执行方案,并根据目标要求和环境变化对方案进行修改、调整的一种创造性的社会活动过程。

学者对广告策划也下了丰富的定义。

所谓策划,就是指对广告运动从整体战略到具体策略所做的整体预先谋划。它涉及广告目标的确立,为实现这一目标的总体战略及实施步骤的制定。在具体策略与措施的层面上,则包括市场调查目的的建立、调查方法的采取、目标市场的定位、产品的定位、广告创意与表现策略的拟定、市场时机的选择、广告费用的预算、媒体计划与策略的确定、广告效果的预测及事后测定方法的设立,以及各运作环节和动作程序相互间的最佳组合等。[②]

所谓广告策划,就是根据广告主的营销计划和广告目标,在市场调查的基础上,制订出一个与市场情况、产品状况、消费者群体相适应的经济有效的广告计划方案并实施、检验,而为广告主的整体经营提供良好服务的活动。[③]

综观学界、业界专家对广告策划概念的诠释,我们对广告策划作了如下定义:广告策划,是指广告人通过周密的市场调查和系统的分析,利用已经掌握的知识、情报和手段,科学、合理、有效地布局广告活动的进程。

广告策划具有两方面的特征:一是它是事前的行为;二是它的行为本身具有全局性。因

---

① 徐智明,高志宏.广告策划.北京:中国物价出版社1997年版,第13-14页。
② 张金海,龚轶白,吴俐萍.广告运动策划教程.北京:北京大学出版社,2006年版,第9页。
③ 丁俊杰.现代广告通论.北京:中国物价出版社,1997年版,第353页。

而,广告策划是对广告活动所进行的事前性和全局性的筹划与打算。广告策划在整个广告活动中处于指导地位,贯穿于广告活动的各个阶段,涉及广告活动的各个方面。

广告策划一般有两种形式:一种是单独性的,即为一个或几个单一性的广告进行策划;另一种是系统性的,即为规模较大的、一连串的、为达到同一目标所做的各种不同的广告组合而进行的策划。单个广告策划,可以使个别的广告活动或设计增强说服力,提高广告效果。但要想从总体上实现企业的促销目标,使企业以其产品、劳务在市场中占据应有位置,只有个别的广告策划就显得不够了,必须有一个系统、全面、周密的广告策划——整体广告策划。广告策划要服从企业整体营销目标,只有站在企业整体经营的高度,从整体广告活动出发,对其进行全面、系统的规划和部署,才能有效地达到广告预期目的。

从某种意义上讲,广告策划生产的不是物质产品,而是一种科学化的知识成果。它对企业具有不同程度的增值作用。在广告策划活动中,人是策划的主体。由于广告策划活动是众多学科知识渗透交叉的产物,必须充分发挥集体智慧的作用,因此,一个企业要想进行成功的广告宣传,就必须依靠各方面素质都良好的广告策划人。

广告策划一般委托拥有众多专业人才的广告公司承担。广告公司围绕广告主委托的任务,以取得最好的经济效益和社会效益为目标进行广告策划,制订出一个与市场情况、产品情况、消费者群体相适应的科学的"广告策划书"。广告策划方案一旦得到客户的认同,就会成为未来广告活动的蓝图。

通过如上诠释,可以总结出广告策划包含的核心要素。

① 广告主的营销策略是广告策划的根本依据。广告是营销组合的重要因素,直接为广告主的市场营销服务,因此广告策划不能脱离广告主的营销策略的指导。

② 广告策划有其特定的程序,这种程序应该是科学规范的,以保证广告策划不是漫无目的凭空设想和缺乏章法的随心所欲。

③ 广告策划应该提出广告运动(活动)的总体战略,停留在具体行动计划层次上的"广告计划"并不是广告策划。

④ 广告策划以市场调查为依据和开端。虽然广告主的营销策略已经为广告策划提供了依据,但是它仅仅来自广告主的单方面,还不足以显示由消费者、产品和竞争对手所构成的市场的全貌。

⑤ 广告的诉求策略、定位策略、表现策略和媒介策略是广告策划的核心内容,它们必须脱离平庸、与众不同,但又要具备产生实际广告效果的素质。

⑥ 广告策划的结果以广告策划文本的方式呈现。

⑦ 广告效果的测定方法应该在广告策划中预先设定。

⑧ 进行广告策划的目的是追求广告进程的合理化和广告效果的最大化。进程的合理化,就是广告运动(活动)要符合市场的现实情况并且能够适应市场的发展。效果的最大化,就是广告策划要提供能够产生最佳的广告效果的策略和方案。

(二) 广告策划的作用

尽管广告策划包括广义的整体广告运动策划和狭义的单项广告活动策划,但在现代广告运动中,广告策划越来越多地被纳入到整个营销体系中进行考量。因此,在对广告策划的作用进行探讨时,不仅要充分考虑其在单项广告中的作用,更需要通盘考量,对其在整体广告运动,甚至在整个营销运动中的作用进行充分的客观的评估。

广告策划的作用有以下几点。

1. 广告策划使广告活动目标更加明确

任何一个广告策划方案,都必须有一个明确的目标,各项活动都必须紧紧围绕着这个目标展开,无论是单项广告活动策划或是整体广告运动策划,都能有效地避免广告活动的盲目性。尤其是在市场经济日益发达、竞争日趋激烈的当代中国社会,企业在进行广告运动前必须确立现实可行的目标,并以其指导广告策划的制定和执行,这样才能使广告效果更加明确。

2. 广告策划使广告活动效益更加显著

如上文所提到的,广告策划包括单项广告活动策划和整体广告运动策划,它衔接了企业的长远利益与短期计划,使短期策划的效果具有前后延续性,使长期整体策划的效果更具生命力。科学客观的广告策划,能够全面通盘地组织广告活动,根据产品所处的不同生命周期采用不同广告策略,能有效地避免广告费用的重复支出和浪费,提高广告的效益,使广告策划对企业起到事半功倍的作用。当然,这种效益的实现也与广告策划有明确的目标密切相关。

例如,20世纪70年代,日本汽车大举进入中国市场时,考虑到中国人民的抗日情绪,丰田汽车公司策划了一个仿唐诗的广告词,"车到山前必有路,有路必有丰田车"(图1-6)。从此,日本丰田车的形象连同这句广告词在中国各大城市的街头广泛宣传、家喻户晓。

图1-6 日本丰田车在华经典广告语

3. 广告策划使广告活动更具竞争力

广告策划的基础是市场调查和分析。通过周密的调查与分析,企业能对自身的内外环境和竞争对手情况有科学客观的了解。在知己知彼的基础上采取针对性很强的策略,扬长避短,使企业处于有利的竞争地位。同样,广告策划后期的效果评估,能客观真实地评价本次策划活动的效果,对下一轮的广告策划起到很好的调节和借鉴作用,转变原来的被动地位。只有具备了这种占优势地位的竞争力,才能使企业和产品在众多竞争品牌中脱颖而出,抢占消费者群体,从而占据相应的市场份额,取得理想的广告效果。

4. 广告策划能提高广告业的服务水平

我国的广告业起步较晚,改革开放以后才开始起步,真正的发展是在20世纪90年代以后,策划被导入正式广告学领域,改变了原先许多广告公司无序混乱的盲目状态,使这些"摸着石头过河"的本土广告公司开始用科学的广告程序规范自身的广告运作,并用科学的调查数据作为广告运作的基础。这种改变不仅使本土公司的业务水平大大提高,也使这些公司的运作真正与国际广告界接轨,具备与国外 4A 公司[①]竞争的可能性。

总而言之,广告策划使广告调查、广告计划、广告制作、广告效果测定等各环节的广告活动成为有机统一的整体,是整体广告运动的核心和灵魂,起着不可缺少的指导和决定作用。对广告主而言,没有有效的广告策划,再大的投入都是事倍功半,无法完美地实现既定目标;对广告策划人员而言,没有经过精心策划的广告,大都是盲目的应付行为,只是一种个人的主观行动。因此,从某种意义上说,广告策划成了现代广告活动成败的关键。

(三) 广告策划的原则

作为科学活动的广告策划,其运作有着自己的客观规律性。进行广告策划,必须遵循以下原则。

1. 统一性原则

统一性原则,要求广告策划人员在进行广告策划时,从整体协调的角度来考虑问题,从广告活动的整体与部分之间相互依赖、相互制约的对立统一关系中揭示广告活动的特征和运动规律,以实现广告活动的最优效果。广告策划的统一性原则,要求广告活动的各个方面的内在本质上要步调一致;广告活动的各个方面要服从统一的营销目标和广告目标,服从统一的产品形象和企业形象。没有广告策划的统一性原则,就做不到对广告活动的各个方面的全面规划、统筹兼顾,广告策划也就失去了其存在的意义。

2. 灵活性原则

广告策划仅仅有统一性还不够,还必须具有灵活性,具有可调适的余地。以不变应万变是佛教禅宗的经典思想,但这样做不可能让企业在市场活动中游刃有余并占领先机。客观事物的发展与市场环境、产品情况并不是一成不变的,广告策划也不可能一下子面面俱到,总是要进行不断的调整。只强调广告策划的统一性原则,而忽视其灵活性原则,广告策划必然呈现僵死的状态,必然会出现广告与实际情况不一致的现象。

3. 有效性原则

广告策划不是纸上谈兵,也不是花架子。广告策划的结果必须使广告活动产生良好的经济效应和社会效应,要非常经济地支配广告费用,并取得良好的广告效果。广告费用是企业生产成本支出之一,广告策划就是要使企业产出大于投入。广告策划,既追求宏观效益,又追求微观效益;既追求长远效益,也追求眼前效益;既追求经济效益,也追求社会效益。不顾长远效益,只追求眼前利益,这是十分有害的行为。我们也不提倡那些只高谈阔论长远效益却无法使客户获取眼前利润的做法。在统一性原则指导下,广告策划要很完善地把广告活动的宏观效益与微观效益、长远效益与眼前效益、经济效益与社会效益统一起来。广告策划既要以消费者为统筹广告活动的中心,又要考虑企业的实力和承受能力。不能只顾理想而不顾及企业的实际情况。

4. 可操作性原则

科学活动的特点之一就是具有可操作性。广告活动的依据和准绳就是广告策划,要想使广告活动按照其固有的客观规律运行,就要求广告策划具有严格的科学性。广告策划的

---

① 4A 一词源于美国,The American Association of Advertising Agencies 的缩写,中文为"美国广告协会"。因名称里有四个单词是以 A 字母开头,故简称为 4A。后来世界各地都以此为标准,取其从事广告业、符合资格、有组织的核心规则,再把美国的国家称谓改为各自国家或地区的称谓,形成了地区性的 4A 广告公司。

科学性主要体现在广告策划的可操作性上。广告策划的流程与内容,都有着严格的规定,每一个步骤,每一个环节都应该是可操作的。经过策划,在具体执行广告计划之前,就能按科学的程序对广告效果进行事前测定。广告计划执行以后,若广告活动达到了预期的效果,便是广告策划意图很好的实现。若是没有达到预期的广告效果,可按照广告策划的流程回溯,查出是哪个或哪些环节出了问题。若没有广告策划,广告效果将是盲目的,不是按部就班地实现出来的。

5. 针对性原则

广告策划的流程是相对固定的。但不同的商品、不同的企业,其广告策划的具体内容和广告策略是不同的。然而,许多广告客户却不愿意自己的品牌形象只有特定(针对性)的消费群体,他们希望自己的产品最好能面面俱到、满足所有人。一个品牌必须同时满足男性和女性的诉求,必须广受上流社会和市井小民的喜爱,这种贪得无厌的心理使品牌得到一个完全丧失个性的下场,最终欲振乏力。在今天的市场中,一个妄图通吃所有客户的四不像的品牌很难立足,同一企业的同一种产品,在产品发展的不同时期,也要采用不同的广告战略。只要市场情况不同、竞争情况不同、消费者情况不同、产品情况不同、广告目标不同,那么,广告策划的侧重点和广告战略战术也应该有所不同。广告策划的最终目的是提高广告效果,广告策划如果不讲究针对性,将很难提高广告效果。妄想用一个单一的模式代替所有的广告策划活动,无疑将是无效的。

以上五个原则是任何广告策划活动都必须遵守的原则,这五个原则不是孤立的,而是相互联系的,它们相辅相成,缺一不可。这些原则不是人为的规定,而是广告活动的本质规律所要求的。社会经济的发展和理论的不断进步,都推动了广告策划的发展。在后面的章节中,我们将进一步地进行探讨。

【小问题】

1. 试述广告策划的特性?
2. 试述现代策划与古代策划的区别?
3. 试述广告策划的内涵和作用?
4. 广告策划可以根据哪些标准分为哪些类型?

【补充阅读】

中国历史上著名的广告策划案例①

刘邦斩蛇起义——刘邦说自己是赤帝之子,这个创意其实更早来自陈胜的"大楚兴,陈胜王",但刘邦斩蛇起义的效果显然更显著一些。这个广告得到了刘邦的夫人吕雉的大力相助。刘邦后来曾在公开场合问吕雉:为什么你总能找到我(时年刘邦流亡于山中)?吕雉答:我看见天上有彩云,彩云下头准是你。("季所居上常有云气,故从往常得季。"——《史记·高祖本纪》)这就属于一唱一和,在老百姓面前做广告。迷信的人古往今来到处都有,刘邦就此对自己做出了最廉价也是最好的广告宣传。

"苍天已死,黄天当立;岁在甲子,天下大吉。"——这是张角黄巾起义的口号。张角自称

---

① 资料来源:历史上著名广告案例. http://fashion.yesky.com/joke/bxww/188/3297188.shtml,有删改。

得天所授,是天上神仙,而且编出这么一句读起来朗朗上口的宣言,可以说是对刘邦的继承,而且比刘邦斩蛇起义威力更强。张角带着三十几万人天天嚷嚷,嚷到黄巾遍布天下。虽然最后没有成功,但是可以肯定,他的这起广告策划是很成功的。后世著名起义者,如太平天国等,都直接照搬了这种做法,照样闹得轰动一时。

明末李自成起义——公子李岩创造了"开着大门迎闯王,闯王来时不纳粮"的经典口号。与张角的不同在于,他积极地将此口号作为民谣形式广为散布,到后来成为当时的著名流行歌曲。这种反复的轰炸使得老百姓记忆深刻,潜移默化地为大顺起义取得了意想不到的巨大效果,也为后来的许多革命人士所借鉴。

【重点提示】
策划与广告策划的历史沿革
现代广告策划与原始策划思想的区别
广告策划的特征、作用和原则

第二节 广告策划的类型与方法

一、广告策划的类型

根据不同的划分标准,广告策划可以划分为不同的类型。

(一)根据广告策划的规模划分

在之前的内容中,我们已经谈到单项广告活动策划和整体广告运动策划。这种划分的依据是广告策划的范围、广告活动的复杂程度和时间长短等。在确定是哪种规模的策划之后,才能根据不同的要求进行广告策划。

1. 单项广告活动策划

单项广告活动策划,顾名思义,就是对单个广告活动进行策划。它的活动相比整体广告运动策划而言,更为简单一些。活动的范围,可能是全国,也可能是一个地区甚至某一个经销商;活动时间通常较短,在一年之内,一个月或者几个月;策划所使用的媒体也相对简单,往往是对一种或者几种媒体进行运用,无须太多考虑媒体整合。

当然,这种单项广告活动策划,更讲求实效性,要求在策划执行之后,能见到显著的效果。它常是整体广告运动策划的一个部分,必须服从整体广告运动策划的战略,而在执行上和效果上,则有着较强的独立性。

2. 整体广告运动策划

整体广告运动策划是相对于上文所说的单项广告活动策划而言的,要求对整个广告运动而不只是某一部分,或者某一区域的广告活动进行整体策划。所谓的广告运动,是指包括从市场调查、产品研究到广告计划的制订,从广告作品的创意与制作,到广告发布的媒体调查、媒体选择与组合,最终到广告效果的调查与测定在内的系统的整体的广告活动,不仅如此,还包括了阶段性的短程广告活动与长程广告活动的概念在内,是一个动态的过程,其每个构成环节都包含着丰富的内容。

我们不难发现,广告是广告运动的有机组成部分,任何一个整体广告运动都是由几个或多个单项广告活动构成的,整体广告运动策划也是由数个单项广告活动策划构成的。但是,整体广告运动策划更宏观,它的目标往往是企业或者品牌的长期发展;其广告运动的地域范围更广,运动周期更长;它对媒体组合运用的要求也更高,通常要对两种以上的媒体进行整合运用。同样,整体广告运动策划的效果更为长远,效果评估也更为复杂。

(二)根据广告策划的目标划分

每一个广告策划都有一个具体的目标,无论是策划方案的制作或是执行,都必须紧紧围绕这个目标开展。无论是整体广告运动或是单项广告活动,都可以根据策划目标的不同,重新进行划分。尤其是单项广告活动,活动目标更为直接,因此,它可以根据目标划分为促销广告策划、活动广告策划、劝服广告策划等很多种类。不同的广告策划针对的是不同的目标,因此,在执行策划所需时长、费用和媒体选择等方面也有着显著的不同。

当然,就广告公司而言,它的策划业务包括商业策划、政府形象策划和社会活动策划。我们常听说的CI策划、产品策划、公关策划等都属于策划业务的主要部分——商业策划。政府形象策划和社会活动策划近些年来也越来越得到政府和广告公司的重视,成为政府和企业进行自我形象宣传的重要手段。

(三)根据广告策划的对象划分

广告策划具有鲜明的目的性,这种目的性体现在广告策划在制订之初就必须明确它的对象。广告的产品并非只是消费品,还包括许多工业品,这就体现在广告可以根据产品内容的不同区分为B2B(business to business)和B2C(business to customer)。

广告策划的不同对象决定了在策划的过程中,必须根据对象调整策划的内容,从最初的调查到最后的评估,都是大不相同的。相对而言,针对消费品的策划需要充分评估目标消费者的消费习惯和消费心理,根据瞬息万变的市场情况进行周密的策划,因此更为复杂;而工业品的消费者多为相关的企业,在购买和使用习惯上区别不大,因此策划过程也相对简单。但是由于工业品的卷入度较高,因此,在进行策划的时候,同样要根据调查进行科学的策划。

二、广告策划的方法

广告策划有着严格的系统性,因此策划过程必须根据明确的步骤进行。广告策划的整个过程是一个严密的系统,各个部分前后相连,不仅要各司其职,更要通力协作,只有这样,才能很好地完成策划方案。

(一)广告策划的阶段

通常来说,一个广告策划由以下几个阶段构成。

1. 分析阶段

市场调查,对营销环境、消费者、产品、企业和竞争对手的分析。

2. 规划阶段

制订广告目标,确定产品定位、广告诉求、广告创意表现、广告媒介、促销等一系列广告策略的研讨和决策,同时制订广告计划,确定费用预算,研讨并确定广告效果预算和监测的方法,撰写并对广告策划书进行修改。

3. 执行阶段

广告表现计划的实施,广告媒介计划的实施,其他活动的具体实施。

4. 控制阶段

广告效果的检测与评估,广告策划的总结。

(二)广告策划的步骤

根据以上这些阶段,整个广告策划过程又可以具体细化为以下流程。无论是哪种类型的广告策划,都按这种流程进行。依照这样的流程,可以把广告策划分为组织准备、市场调研、战略规划、制订计划、实施与总结五个步骤,如图1-7所示。

1. 组织准备

① 成立广告策划小组。策划小组应由客户主管、策划创意、文稿撰写、设计制作、摄影摄像、市场调查及媒介公关等方面的人员组成。成立策划小组是用集体智慧来完成广告策划工作,是广告策划活动由经验化向规范化、科学化发展的有效途径。

② 规定工作任务,安排时间进程。

2. 市场调研

广告调研是广告策划的前提与基础。

① 调查、收集市场信息和相关资料。其中包括品牌及产品调查、品牌形象调查、消费者状况调查、竞争者状况调查等内容。既要详细了解品牌各构成要素的具体内容,又要详细了解产品的外观、结构、功能、原理、材料、技术、质量、价格、制作工艺、使用方法及保管、养护、维修措施等。

② 分析、研究相关资料数据。对调查、收集的全部资料和数据进行归纳、总结、分析、研究,要求能够描述现状,揭示趋势,为下一步制订策略提供参考依据。

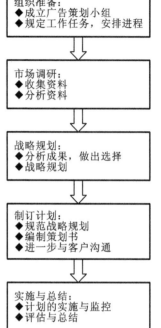

图1-7 广告策划流程图

3. 战略规划

战略规划是整个广告的核心与主体。

① 分析前期研究的成果,做出决定性、战略性选择。

② 进行战略规划。以策划创意人员为中心,结合相关人员,对广告目标进行分析,根据目标市场策略确定广告的定位策略和诉求策略,进而发展出广告创意和表现策略,根据产品、市场及广告特征提出合理的媒体组合策略、促销组合策略等。

③ 这一阶段的规划还涉及广告机会的选择、广告计划的制订,以及有关广告预算和策划报告的写作等。

4. 制订计划

① 将战略规划用具体系统的形式进行规范,要确定广告运作的时间和空间范围,还要对媒体的选择和运用作出限定,包括用怎样的媒体组合比较合理,广告的频率如何,需要多少经费预算才能支持这样的频率,等等。

② 编制广告策划文本,即策划书。策划书既是策划成果的集中体现,又是策划人员向客户说明并争取广告业务的文本依据,因而必须经过认真修改与审定之后才能完成。

③ 与客户进一步沟通,并对策划阐释说明,最后就广告策划方案达成一致意见。

5. 实施与总结

① 计划的实施与监控。广告策划小组分工合作,按照计划要求,对广告进行创作、设计,进行媒体发布,并对整个过程进行监控和调节。

② 评估与总结。广告策划集谋略与科学程序于一身。一个完整的广告策划周期由数个不同阶段组成,不同阶段策划工作的对象、内容、目标均有所不同。根据这种不同对广告策划运作过程进行把握,有助于抓住中心,突出重点,明确各个阶段不同方面的特殊性,保证策划工作有条不紊地进行。

【小问题】

1. 根据广告策划的规模划分,广告策划可分为哪几种类型?
2. 试述广告策划的具体流程。

【补充阅读】

大卫·奥格威的劳斯莱斯经典广告策划(见图 1-8)

图 1-8 大卫·奥格威的劳斯莱斯平面广告

大卫·奥格威为劳斯莱斯汽车所写的广告文案如下。

标题

"这部新型的劳斯莱斯汽车在以每小时 60 mi 的速度行驶时,最大声响来自它的电子钟。"

副标题

是什么原因使得劳斯莱斯成为世界上最好的车子?一位知名的劳斯莱斯工程师回答

道:"根本没什么真正的戏法——这只不过是耐心地注意到细节而已。"

正文

1. 行车技术主编报告:"在以每小时 60 mi 的速度行驶时,最大声响来自它的电子钟。"引擎出奇的寂静。三个消音装置把声音的频率在听觉上拔掉。

2. 每个劳斯莱斯的引擎在安装前都先以最大气门开足 7 h,而每辆车子都在各种不同的路面上试车数百英里。

3. 劳斯莱斯是为车主自己驾驶而设计的,它比国内制造的最大型车小 18 in。

4. 本车有机动方向盘、机车刹车及自动排挡,极易驾驶与停车,无须雇用司机。

5. 除驾驶速度计以外,在车身与车盘之间没有金属衔接,整个车身都是封闭绝缘的。

6. 完成的车子要在最后测验室里经过一个星期的精密调试。在这里分别要受到 98 种严酷的考验。例如,工程师们用听诊器来细听轮轴所发出的微弱声音。

7. 劳斯莱斯保用三年。从东岸到西岸都有经销网及零件站,在服务上不再会有任何麻烦。

8. 著名的劳斯莱斯引擎冷却器,除了亨利·莱斯在 1933 年去世时,把红色姓名的首写字母 RR 改成黑色以外,再也没有变动过。

9. 汽车车身的设计制造,在全部 14 层油漆完成之前,先涂 5 层底漆,每次都用人工磨光。

10. 使用在方向盘柱上的开关,就能够调节减震器以适应路面的情况。驾驶员不觉疲劳,是该车的显著特点。

11. 另有后窗除霜开关,它控制着 1 360 条隐布在玻璃中的热线网。备有两套通风系统,即使你坐在车内关闭所有的门窗,也可调节空气以求舒适。

12. 座位的垫面是用 8 头英国牛皮制成,这些牛皮足可制作 128 双软皮鞋。

13. 镶贴胡桃木的野餐桌可从仪器板下拉出。另外两个野餐桌可从前座的后面旋转出来。

14. 你还可以有以下随意的选择:煮咖啡的机器、电话自动记录器、床、冷热水盥洗器、一支电动刮胡刀。

15. 你只要压一下驾驶座下的橡板,就能使整个车盘加上润滑油。仪器板上的计量器,可指示出曲轴箱中机油的存量。

16. 汽油消耗量极低,因而不需要买特价油,这是一部令人十分愉悦的经济车。

17. 具有两种不同传统的机动刹车,水力制动器与机械制动器。劳斯莱斯是非常安全的汽车,也是十分灵活的汽车。它可在时速 85 mi 时安静地行驶。最高时速可超过 100 mi。

18. 劳斯莱斯的工程师们定期访问汽车的车主,替他们检修车子,并在服务时提出忠告。

19. 班特利也是劳斯莱斯公司所制造。除了引擎冷却器之外,两车完全一样。是同一个工厂中的同一群工程师所设计制造的。班特利的引擎冷却器较为简单,所以要便宜 300 美元。对驾驶劳斯莱斯信心不太足的人士,可以考虑买一辆班特利。

价格:如广告画面所示的车子,若在主要港口交货,售价是 13 550 美元。

倘若你想得到驾驶劳斯莱斯的愉快经验,请与我们的经销商联系。他的名字写在本页的底端。

劳斯莱斯公司　纽约　洛克菲勒广场 10 号
随文
喷气式引擎与未来
◇一些航空公司已为它们的波音 707 及道格拉斯 DC8 选用了劳斯莱斯的涡轮喷气式引擎。劳斯莱斯的喷气式螺旋桨引擎则用于韦克子爵机、爱童 F-27 式机,以及墨西哥湾·主亚那式机上。

◇世界各地航空公司的涡轮喷气式引擎,大半都是向劳斯莱斯订货或由劳斯莱斯公司供应的。

◇劳斯莱斯现有员工 42 000 人,而该公司的工程经验并不仅限于涡轮喷气式引擎及喷气式螺旋桨引擎。另有柴油发动引擎及汽油发动引擎,可用于许多其他领域。

◇该公司的庞大的研究发展资源正在从事许多未来性、计划性的工作,其中,包括核能利用、火箭发射等。

对这一则广告文案,奥格威曾经自己评价道:"像这种以陈述事实所做的广告,比虚张声势的广告更能助长销售。你告诉消费者得越多,你就销售得越多。请注意:这个广告中的标题非常之长,719 个英文字的文案讲的全部都是事实。"

【重点提示】
广告策划的主要分类
广告策划的主要步骤和流程

第三节　广告策划思维训练

一、广告策划的常用思维方法

(一) 系统思维

在广告策划中,广告工作者的系统思维,有以下两层含义。

1. 静态上充分认识到广告工作的整体性

广告工作的整体性,主要表现在以下四个方面。

(1) 广告宣传是社会组织实务工作的重要组成部分

广告宣传是社会组织的社会行为之一,它与组织的工作总体是局部与整体的关系。广告宣传隶属于社会组织的工作网络,促进社会组织的整体发展,这是广告宣传整体性的重要表现。

(2) 广告宣传是一个相对独立、完整的工作体系

广告宣传是一个结构完整、范围明确的有机整体。现代广告宣传工作的目标就是促使组织的决策方针和工作程序符合社会利益和公众利益,促进社会组织与公众需求、利益上的一致性。

(3) 广告宣传的运行是一个完整的动态过程

这种动态过程的整体性是广告宣传工作整体性的具体表现。广告宣传的基本程序应该是一个紧密相接的完整过程,呈现出动态的有序性和整体的有机性。

(4) 广告宣传工作追求整合效益

广告宣传工作不满足于获得分散、孤立的宣传效应,而是执著地追求整合效益。

2. 动态上自觉谋求广告工作的规模效应

谋求广告工作的规模效应,主要表现在以下四个方面。

(1) 注意广告宣传内容的主题性

广告宣传的内容做到既有中心主题,又有内容间的互补性和衬托性,创造广告内容上的规模效应。广告内容如果过于分散,没有主题,就等于失去了广告作品之间的纽带,如果广告作品彼此没有关联,都是孤立地发挥作用,那么将会大大降低广告作品的影响力。反之,如果广告作品具有鲜明的主题内容,并有演绎开来的衬托内容,那么就能形成强大的冲击力。

(2) 注意各种广告媒介的协调性和配合性,力求整体作战,实现媒介上的规模效应

我们知道,任何广告媒介都有自己独特的宣传优势和局限,一种媒介的宣传优势可以弥补另外一种媒介宣传上的局限性。因此,在广告媒介策划中,我们要树立组合意识,善于有计划、有步骤地调动各种广告媒介,创造出强大的媒介集合冲击力。

(3) 注意各种广告宣传活动的系列性与多样性,创造活动上的规模效应

一般而言,人们对于系列活动的印象比对单个活动的印象要深刻。在广告策划中,如果我们能在广告经费许可的条件下,有计划分阶段地开展不同形式的系列性广告宣传活动,就可以高层次地影响不同类型的公众,形成社会轰动效应,创造出新的社会时尚,实现广告策划的理想境界。

(4) 注意各个广告作品宣传、推出时间上的计划性与连续性,创造出时间上的规模效应

在广告宣传中,有些内容我们只需开个新闻发布会,登个启示就可以宣传出去,但是这种"简单事情简单办"的做法,很可能没有真正的影响力。因为现代社会信息流动量大,公众时刻都受到不同信息的影响,一般对一个简单的信息符号不可能留下深刻印象。在这种情况下,我们就应该"简单事情复杂办",根据宣传主题,策划多个宣传作品,然后有计划地推出每个宣传作品,这不仅可以扩大广告的影响范围,而且可以树立良好的产品形象和企业形象。

(二) 创造性思维

创造性思维的核心是积极的求异性,表现为突出广告的差异性,即广告中的特殊性与个性。在广告策划中,不仅要使广告产品的利益点在同类产品中有差异,而且要使广告作品的设计也具有差异性,才能令人注目。这两者的差异共同构成对消费者购物行为的引导,并改变广告宣传中的弱性与被动性质。

1. 创造性思维的发展阶段

美国心理学家华莱士通过对大量有着发明体验的人士进行研究,结果发现创造性思维有以下四个发展阶段。

(1) 第一阶段——准备期

准备期也可理解为筹备期和萌芽期。在这一阶段,人们对新事物有着朦胧的、片断式的思索,并努力为这一朦胧的、片段式的思索收集、整理相应的材料。人们在这一时期处于有意识的准备时期。

(2) 第二阶段——酝酿期

在经历了第一阶段的萌芽思索后,人们开始对创造性活动积极寻求一种完整的设想,但因苦于无法找到突破口而使得此阶段成为创造性活动中最艰苦的阶段。在多次碰壁之后,人们一度产生放弃的想法。这是有意识的创造性思维一度中断的时期,但在这一时期,人们的潜意识仍在不知不觉中一步步地推进创造性思维与活动的发展。

(3) 第三阶段——顿悟期

在第二阶段的沉寂之后,突然之间出现了解决问题的"顿悟"。这种"顿悟"虽然显得不期而至,但它的出现绝不是偶然,它是人们在追求创造性活动过程中自身兴趣爱好、性格气质、理解能力、思维定式的一种总爆发。

(4) 第四阶段——验证期

这是把"顿悟"得来的思想方案进行仔细琢磨、具体加工,并付诸实施的过程。

现代广告策划中的创造性思维,也经由上述四个发展阶段来得以实施和完成。

2. 创造性思维的作用

创造性思维在广告策划中起着以下两点重要的作用。

(1) 选择——产生广告创意的前提

创造性思维中的选择,就是经过充分的思考,让各方面的问题都充分暴露出来,从而选择最佳的切入点,把思维过程中那些不必要的部分舍弃。选择是对事物本质和非本质的鉴别,是对事物新特性、新成分、新视角的发现。

日本索尼公司为了在泰国推销收录机,特意采用佛祖释迦牟尼萌动凡心,听着索尼收录机放出的音乐,全身摇动的广告片。索尼公司煞费苦心设计出来的广告,本想打开泰国市场,却不料引起了泰国人的愤怒,认为广告侮辱了佛祖。索尼公司不得不停播了这则广告并向泰国人表示歉意。这则广告是由于对宗教历史和民族文化方面知识的缺乏而导致的失败。

在2008年北京年奥运会吉祥物图案征集设计的过程中,中国龙的造型深受国人的青睐,原本有望成为候选的吉祥物之一,但奥运会是全人类的盛会,要充分考虑到各民族文化的相融性,而其他民族对中国龙的认识各不相同。正是考虑到这一点,北京奥组委最终舍弃了中国龙的造型,用既能够代表民族文化、又能引起其他民族强烈共鸣的另一图案福娃取而代之。没有对奥运精神的深刻认识,没有对其他民族文化的广泛了解,也就不可能产生2008年北京奥运会吉祥物(图1-9)。

图1-9 北京奥运会吉祥物——福娃

(2) 突破——创造性思维的根本手段

广告是否有创造精神,创意是否新颖独到,最根本是在于策划与创意是否有所突破。

突破的含义是多方面的,包括对一般性思维常规惯例的突破,对陈旧观念和陈旧理论局限性的突破,对当前事物运动固定程式的突破,对未知世界外围层层阻碍和重重迷雾的突破。传统的思维方式是以现存的理论、知识和经验,以及传统观念,从某一问题的正面角度垂直深入分析研究的一种思考方法。它是在一个固定范围内,向上或向下进行垂直思考。创造性思维和传统逻辑思维最根本的不同,就是变垂直思维法为水平思维法,通过横向扩散思维,不断找到新的视角,最终实现思维方式的突破。

在我们的身边,突破传统思维,出奇制胜的例子也时时可见。

有一家烧饼店的师傅,按照祖宗传给他的方法,来到城里年复一年地重复做着同样大小、配料及口感的烧饼,且销售方式也一成不变,一次烤制出一大锅烧饼胡乱堆放在烤炉上叫卖,结果烧饼总是少有人问津。他的竞争对手充分调查了当地人的饮食习惯和消费心理,大胆给烧饼店起了个土得掉渣的招牌,同时改变了烧饼的大小,并且给百年来一成不变的烧饼配料里加上了肉馅,最后还给每个烧饼穿上了外包装,不仅如此,他的竞争对手还严格控制每一炉烧饼的产量,故意使烧饼销售出现紧俏的状况。如此种种,足足勾起了消费者的消费心理,一时间出现了从未有过的街头排队买烧饼的现象。

(三) 艺术性思维

艺术性思维和创造性思维有很大的差别。艺术性思维是广告策划中的一种非常重要的、必须要用到的活动的思维方法。它的主要要求有两个方面:一是把广告的创意、策划的过程看成是一个真正的艺术创作思维,意即运用艺术性思维时首先要把整个的策划活动和创意的过程看成是一种艺术创作;二是在广告艺术的表现手法上为了达到强化的效果,要力求实现艺术化的要求。广告作品的表现手法上艺术化的设计主要有这么几个指标:审美化、具有文化内涵、剧情化和拟人化。在后面的章节中会涉及广告作品的创意评价,如果从艺术性思维的角度来看一篇广告作品,那么我们分析的几个指标、几个出发点或者说落脚点在哪儿? 也就是说:一是它的审美化,这个审美怎么样;二是它的文化内涵做得怎么样,表现得如何;三是否有剧情化,剧情化表现得怎么样;四是拟人化。

艺术性思维是对现象和本质两方面进行双重加工,加工的重点在感性形式上,遵循的是个性的情感逻辑。前者用共性概括个性,后者用个性显示共性。前者是自然作用于人的精神,后者是人的精神作用于自然。艺术性思维特有的双重加工,感性形式和理性内容均发生变化,从而形成新的审美形象的统一,结果是新的艺术形象、艺术品的诞生。

广告策划中运用艺术性思维之时,要注意把广告创意、策划过程看成是一个真正的艺术创作思维过程,而不是简单的"计划";在广告作品表现手法上,应力求实现广告作品表现手法上的艺术化。

二、广告策划的特殊思维方法——发散思维和集中思维

(一) 发散思维

发散思维,又称辐射思维、放射思维、扩散思维或求异思维,是指大脑在思维时呈现的一种扩散状态的思维模式,它表现为思维视野广阔,呈现出多维发散状。在发散的过程中,可以把得到的各类信息重新组合,产生新的信息。

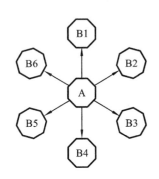

图 1-10 发散思维图

发散思维图见图 1-10。

发散思维时要消除思维定式的影响。思维定式使人形成的某种重复习惯严重束缚了思维的灵活性与创新价值,泯灭了思想的火花。

（二）集中思维

集中思维是相对发散思维而言的,也称为聚合思维、求同思维、辐集思维、收敛思维,是指在解决问题的过程中,尽可能利用已有的知识与经验,把众多的信息和解题的可能性逐步引导到条理化的逻辑序列中,最终得出一个合乎逻辑规范的结论。

集中思维也是创新思维的一种形式,与发散思维不同,发散思维是为了解决某个问题,从这一问题出发,想的办法、途径越多越好,总是追求还有没有更多的办法。而集中思维是为了解决某一问题,在众多的现象、线索、信息中,向着问题这一个方向思考,根据已有的经验、知识或发散思维中针对问题的最好办法去得出最好的结论和最好的解决办法。

（三）广告策划中的发散思维与集中思维在广告工作中的要求

1. 广告策划宣传活动要讲究谋略,以最大限度地吸引公众,引起公众注意

广告策划如果缺乏谋略意识,平铺直叙,一般不会给公众以强烈刺激。反之,如果广告策划中渗透了强烈的谋略色彩,广告作品出乎常人意料,就能激发人的好奇心,使人们自觉地关心和参与广告宣传活动,接受广告的影响。

2. 广告策划宣传活动要讲究形式上的新颖

所谓讲究形式上的新颖,即以全新的方法给公众一种强烈的新鲜刺激,引起公众的好奇与注意,从而实现广告宣传目的。在广告领域,我们知道公众都是喜新厌旧的,他们喜欢接受新的事物。

在广告策划中谋求新颖,可以从三个方面进行:一是超越同类,力求鹤立鸡群,创造产品的个性特色;二是超越自我,以崭新的面孔吸引公众;三是根据时代特色,在广告作品中强化时代生命力,以时代特色争取公众的认同。

3. 广告策划宣传活动要力求"奇特"

广告策划宣传活动中的"奇特",就是要以个性鲜明的手法满足公众的好奇心和娱乐需求,进而实现广告目标。在公众看来,奇特的东西就具有娱乐性,所以公众对新奇的事物始终都有强烈的兴趣。

4. 广告策划宣传活动要善于"嫁接"

所谓"嫁接",就是把这个事物的操作方法引入到另一个不同性质的事物中来,形成自己的"创造"结论。例如,旅游风景区和老中医有什么关系？咖喱粉和富士山又有什么关系？本来是八竿子打不着的两个事物,却在策划人的巧妙构思下,成为著名的策划案例:一个是"邀请老中医在风景区辟谷49天挑战吉尼斯"名利双收,另一个则是"声称用咖喱粉遍洒富士山"一夜成名。

三、广义灵感论

大卫·奥格威回忆,当年他的戴着眼罩的"穿海赛威衬衫的男人"的广告创意就是因灵

感而激发的。

大卫·奥格威为海赛威衬衫所做的广告:"穿海赛威衬衫的男人",奥格威给这个人戴上一只眼罩(图1-11)。他回忆说,"我想了18种方法来把有魔力的'佐料'加进广告里。第18种就是给模特加戴上一只眼罩。最初我们否定了这个方案而赞成用另外一个被认为更好一些的方案,但在去摄影棚的路上,我(鬼使神差般地)钻进一家店花了一块五毛钱买了一只眼罩。但它使海赛威牌衬衫在过了116年默默无闻的日子后,一下子走红起来。它为什么会成功,我大约永远也不会明白(灵感:偶然性)……迄今为止,以这样快的速度这样低的广告费用建立起一个全国性的品牌,这还是绝无仅有的例子。"

图1-11　大卫·奥格威"穿海赛威衬衫的男人"广告图

把知识、信息组合成灵感,就是广义灵感产生最通俗、最简洁的表述。广义灵感论的掌握与运用,重点要把握以下两个方面。

(一)灵感组合的出发点

灵感总是由两个或两个以上的信息组合而成的。一般来说,策划者总是从某一个信息出发,去与相应的信息组合。一旦组合成功,灵感也就立即产生。那么,为什么从某一个信息出发,总能组合出富有新意的灵感来呢?这是因为,任何一个信息均能与多个信息建立某种联系。这样,在人的头脑中,信息之间就形成了网络,一个信息就可能与多种信息组合出灵感来。

1. 从目标出发——目标扫描法

在策划思维中,由于策划目标已经确立,因此,"目标"就作为将产生灵感的一方不变的信息参与组合,实际上也就是从目标出发,跟众多的信息组合、比较、选择,犹如"扫描"一般,一旦遇到合适的信息,立即就组合出了策划灵感。不论可组合的信息范围大或小,从目标信息出发,让目标扫描、寻找相应的信息,从而组合出有价值的策划灵感,这是策划者策划思维最基本的出发点。

2. 从有价值的信息出发——信息开掘法

灵感的产生总是由信息组合而成，有价值的信息之所以有价值，也是与其他信息组合后才能体现出来。也就是说，信息价值的开掘，其实就是将某一信息有意识地与其他多种信息进行组合。所产生的灵感数量多或价值大，就是对它的价值进行了充分的开掘和利用，但其灵感组合而成的出发点却是这一有价值的信息。

（二）灵感组合的思路

灵感既然由信息组合而成，那么被组合的信息之间必然也就构成一定的关系。策划者正是根据特定的关系，从一个信息出发组合到另一个相关信息，灵感便在瞬间产生了。这种信息间常见的关系，便是策划者组合灵感的思路。其主要思路有以下几种。

1. 类比组合

类比是从两种事物间的某些相似之处，推出它们的其他属性也相似的思维方法。在各类创新研究中，借助某两个事物的相似性，对所研究的问题进行比较，往往能产生解决问题的灵感。因此，它是一种在创新思维上运用得最多的方法。比如，科学发明上的仿生学、社会科学与社会实践中的以史为鉴、跨领域之间的共性经验的相互启迪等，均有信息进行类比组合的特有思路在其中。

2. 矛盾组合

"矛盾"是一种普遍存在的现象，指的是两个事物具有对立的、相辅相成的状态。相应的，反映事物的信息间也就有了矛盾关系。在策划中，利用信息间的矛盾关系组合出创意灵感，也是常见的一种方法。

3. 因果组合

客观世界各种现象的相互依存性、联系性和制约性，也构成了它们之间的因果关系。某个和某些现象的发生引起另一个和另一些现象的发生，这种联系就是因与果的关系。成功的策划往往就在这种因果组合中产生创意灵感。

客观事物之间，往往有一因多果、多因一果或多因多果的现象。任何"因"都可能会产生连锁反应，新的因果关系会相继产生，这就为高明的策划者以超前的因果组合孕育出创意灵感提供了自由思维的舞台。

4. 嫁接组合

所谓"嫁接"，即将两种富有较大差异的事物予以结合，从而产生新的事物。同理，在策划思维中，当策划者让两种不同的信息在自己的头脑中得到嫁接组合，新颖的创意灵感势必马上产生。

5. 形意组合

"形"指的是具体事物，比如，具体项目、具体产品、具体问题等，"意"指的是较抽象的思想、观念、概念等。当"形"、"意"两种信息得以巧妙而有机的组合，新颖的策划灵感往往随之产生。同样，一种管理方法、一种新的思潮，抑或很平常的一句话、一个概念，均可能使陷入具体困境的策划者茅塞顿开、灵感涌动。

6. 多因组合

多因组合，即策划者头脑中的灵感产生是由多种信息因素组合而成。事物的复杂性，决定了考虑任何一个问题必须兼顾多种因素；目标的丰富性，又决定了实现这一目标必须对多种信息因素进行兼顾组合。但人的思维很奇妙,对多种因素的组合,有可能是如上面所介绍的诸种组合思路逐一叠加,也有可能是突然组合而成。我们这里主要指的是后者。然而,当多因组合成的灵感一旦付诸实施,它产生时的思路及其细节却往往浑然无迹。

事物是复杂的,各种思路组合信息,确实能产生各种各样的广义灵感,产生策划的创意,在产生创意基础上,不断叠加集合起来的灵感。从微笑的思维产生灵感并滚动成完整的广告策划,就是广义灵感论给策划者的思维带来的最为实用的启发。

四、策划思维能力的培养方法

1. 多与同学或同事以外的人交往

每个人都有自己的生活圈子,而有些人的生活圈子过于狭窄,在工作中,除了自己的同学或同事以外,似乎与从事其他工作的人很少交往。长期处在这种环境下,难免会形成一定的思维定式,提出的想法,也仅限于组织里那些大同小异的想法。

而策划人则需要多交同事以外的朋友。与其他行业的人保持联络,除了可以交流情感之外,更重要的是能够接触到不同的想法,扩大思考的范围。在策划时,别出心裁的点子是不可缺少的,只有经常与不同的人来往,才能拓展眼界。

2. 逛街中培养感觉

作为策划人,应能经常享受逛街之乐,刺激自己的想象力。

逛街的时候,一边逛,一边试着问自己,"为什么会是这样?"并尽可能为自己找到千奇百怪的答案。因为每一种街道都有其时代象征意义,所以我们可以由此看到它的过去、现状和未来。这算是一种自我磨炼,而又不花钱的娱乐。

除了逛街以外,也别忘了要参观各种店铺,尤其是超级市场,看看各家厂商如何展示新产品。别人宣传、销售的方法,以及顾客的反应,一定能够刺激自己的创意及思考。

3. 订阅三种以上的报纸

对于一般人来说,家里只要订一些关于运动、娱乐性的报纸就可以了,因为单位里已经订有专业性报纸,在单位里也有充分的阅读时间,再偶尔看看电视、杂志,听听广播,似乎就足够了。但是,对策划人来说,应常收集各种信息,并进行比较。而报纸则是价廉而丰富的信息来源。

策划人家中应订阅三种以上的报纸,分别是:一般性报纸,可在全国或地方报纸中任选一种,作为重要新闻的来源;经济性报纸,可以了解国际国内的经济动态和经济发展趋势;专业性报纸,有助于增进策划人专业知识。

4. 学习策划的技术

与策划相关的一些专业技术已经分化到许多独立的行业中。这些相关的技术,可与策划工作相配合,所以策划人虽然不必将这些技术全部都学会,也应有一个较全面的认识,这样才能在需要帮助的时候,知道应该去找怎样的人或机构。

5. 多亲身去体验

任何事情都需要亲身去体验,才有可能真正的了解。别人公开发表的活动,唯有实际到现场去看,才能知道那个演出成功与否,其成功的原因在哪里,其失败的问题又在哪里。因此,有志于策划的人应注意多多去亲身体验,体验那种"临场感"。

亲身体验整个活动的过程,可以得知其企划的概要、主题及目的,此外,还可以观察来宾人数,来宾属何种阶层、活动反应如何,等等。可以研究它受欢迎的主要原因,也可以针对它的缺点,思考解决问题之道,甚至还可能学到别人幕后的营运方法。总之,到现场参与活动,不但可以对整个宣传效果作评估,还能得到很多新的知识。

6. 掌握跳读的读书方法

策划人需要很快地找到所需的信息资料,并在最短的时间内看完,并整理好这些资料,从而迅速地针对某个主题提出策划案。因此,策划人的读书方法与众不同,他必须掌握"跳读"的读书方法,有选择地进行阅读,可跳过某些细节,以求抓住文章的大概,从而加快阅读速度。这是在大量信息中尽快寻找出有效信息的一种好方法。

7. 不放弃实践的梦想

有很多最初看来很难实现,甚至不可能实现的策划,最终却获得了成功。策划人要始终不放弃实践的梦想,直至梦想成真。梦想如果有成功的范例可依,那么就更容易实现。当然,这并不是抄袭前人,而是撷他人之长,作为自己构想上的参考。对于一个策划人来说,了解策划具体理想化的范例,就等于知悉了各行业的成功类型。

【小问题】

1. 说说系统思维、创造性思维和艺术性思维的含义。
2. 说说发散思维的含义,发散思维与集中思维有何关系?
3. 如何在广告策划中运用广义灵感论?
4. 系统论方法如何在广告策划中得到运用?
5. 分析下文"荷兰城市垃圾桶改造"的广告策划中运用的思维方式。

荷兰的某城市,由于人们不愿意把垃圾倒进垃圾桶里,搞得满城都是垃圾。卫生局的策划者便把录音机嫁接到垃圾桶上,组合出"生产会说笑话的垃圾桶"的策划灵感。付诸实施后,每当垃圾丢进这种桶内,录音机就播出一则事先录制好的笑话。每个垃圾桶的笑话都不一样,而且笑话两个星期换一次。自然,人们都愿意把垃圾丢进桶内听上一则笑话,城市又恢复了清洁。策划广告宣传活动要善于"嫁接"。

【补充阅读】

飞利浦世博会精彩广告策划赏析[①]

2010年,全球瞩目的上海世博会(全称世界博览会)吸引了189个国家57个国际组织参加,超过7 000万人次参观。飞利浦并不是上海世博会的赞助商,而是作为"世博-沪上+生态家"赞助商,只在馆内陈列十款未来科技产品。为了能在56家官方赞助商的众多广告中脱颖而出,吸引人潮前往"沪上+生态家"体验更多未来生活,从而提升自身品牌形象,飞利浦委托上海DDB为其创作了这一系列的广告。

2010上海世博会主题是:"城市让生活更美好"。这也是每个人对于未来生活的梦想。为了能使飞利浦的品牌形象与上海世博会主题相结合,上海DDB有一个这样的创意:"一小步,飞利浦让梦想成真"。孩子代表着希望和未来,透过不同孩子眼中奇妙而充满想象的世界,作为整套广告视觉的主线,从而延伸出飞利浦美好的未来科技生活(图1-12)。

---

① 资料来源:2010上海世博会最具童真的经典创意广告. http://blog.ifeng.com/article/8177711.html,有改动。

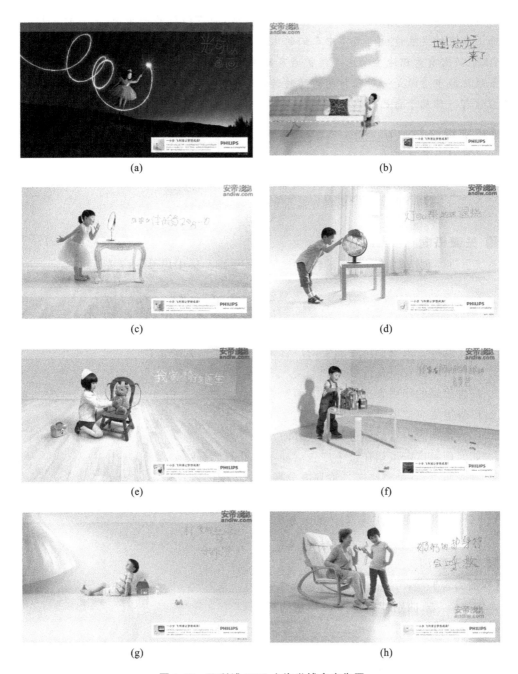

图 1-12　飞利浦 2010 上海世博会广告图

数据显示,在广告投放的两个月时间内,"沪上+生态家"的参观人次达到了 3 000 万,且还在继续增加;消费者对飞利浦品牌好的感受度更是提升了 70%。受众对飞利浦品牌理念的认同感,达到有史以来的最高点。

作为上海 DDB 长期服务的主要客户之一,飞利浦的广告一直都颇受人们的好评。据说,此系列广告在客户召开的内部会议上,赢得了飞利浦中国区 CEO 和众部门经理的全体起立鼓掌。

城市确实给人类的生活带来了翻天覆地的变化,虽有消极的一面,但更多的是积极美好的一面。城市的发展建设与城市中人们的生活息息相关,相互影响,为了让未来的生活更加美好,人们必需有意识地主动地去维护城市的质量,塑造城市性格,保护城市品牌。

如果把城市看做是一种独特的商品的话,广告的作用是巨大而富有深远价值的,每个城市都应该有一部属于自己的广告。

【重点提示】

广告策划中系统思维、创造性思维、艺术性思维的特点

发散思维、集中思维的含义

广义灵感论

■ 关键概念

系统思维　创造性思维　艺术性思维　发散思维　集中思维　广义灵感论

■ 复习思考题

1. 什么是策划?应从哪几方面理解策划的含义?
2. 什么是广告策划?一个完整的广告策划包括哪两大要素?
3. 广告策划的特点是什么?
4. 广告策划的作用表现在哪些方面?
5. 广告策划应遵循哪些原则?
6. 广告策划的内容具体包括哪些方面?
7. 如何理解广告策划在整个广告活动中所处的地位?
8. 一般而言,一个整体广告策划应分哪几个步骤进行?
9. 分析某一则成功广告案例的策划优点。
10. 分析某一则失败广告案例的策划失误。

■ 单元实训

【实训内容】

案例分析——曲别针 30 000 种用法的启示

【背景资料】

1993 年夏天,在世界的创造学会研讨会上,日本专家村上幸雄说,请诸位动动脑筋,说出曲别针的各种用途,看谁说的多而奇特。与会者大约说了 20 来种,这时有位专家递条子说有 30 000 种,其他人不信。第二天这位专家写上"曲别针用途求解",用四字概括:勾、挂、别、联。他突破了思维的束缚,创造性的讲出了曲别针的千万种用途。猜猜他是怎样创造出来的?

专家将曲别针的总体信息分解成材质、重量、体积、长短、截面、颜色、弹性、硬度、直边、弧度等十个要素。然后把这些要素用直线连成信息标——X 轴,再把人类的有关实践活动进行分解,连成信息标 Y 轴,两者垂直相交,构成信息反应场。每轴各点上的信息依次与另一轴上的信息相交合,产生若干用途。

【实训目标】

1. 培养学生的想象力、创新思考力。

2. 培养学生发散思维与集中思维的结合。

【实训内容与组织】

1. 将案例内容分成两部分播放。播放第一部分后,学生以组为单位,在"勾、挂、别、联"四大基本用途的启示下,做用途思考,并做小组汇总。

2. 播放第二部分内容,教师与学生共同分析专家的创造方法。让学生用坐标认识专家的创造性思维与创意技法。

3. 以组为单位进行交流发言,实现举一反三。

【成果与检测】

1. 以小组为单位提交交流总结提纲。

2. 教师对各小组实际完成情况进行评估打分。

第二章 广告策划的理论依据

■ 课前导读

朵唯女性手机广告策划

就像海面上的冰山一样,我们能看到的广告作品只是浮出海面的部分,而真正支撑它的是海水下面我们看不到的部分。

朵唯女性手机系列平面广告图见图 2-1。

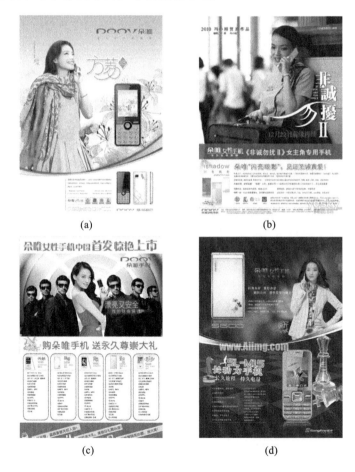

图 2-1 朵唯女性手机系列平面广告图

朵唯定位为女性手机承担了很大的市场风险。若从市场营销的产品、价格、渠道、促销等各个要素来看，朵唯无法与诺基亚、三星等品牌相比，甚至与联想、金立等国产品牌都有非常大的差距。朵唯是一个新品牌，没有品牌积淀，企业在运营朵唯品牌之前也没有手机生产制造经验，更没有什么核心技术，只是在渠道运营上有一些基础，但和领先品牌相比也没有优势可言。但就是在营销能力全面落后的情况下，朵唯能得到快速成长，其关键正是因为发现并抓住了女性手机这样一个市场机会。女性消费有一个特点，她们买手机可能像买衣服一样，最满意的永远是下一款，因为她们是比较追求时尚和潮流的人群，所以未来女性手机市场的规模应该会越来越大。

第一节　广告策划与传播学原理

如我们在第一章所说的，广告是一种营销传播。这就说明，广告是传播的一种，因此，它必然有着传播的本质特征，并在此基础上加以发展，从而实现其营销目的。同时，广告是一种目的性非常强的传播，是一种以媒介为载体、以人为目标、以产品信息为内容的传播。

下面我们将对传播学进行一个简单的介绍，并剖析它与广告策划之间千丝万缕的联系。

一、传播的定义和种类

传播学是 20 世纪出现的一门新兴社会科学。"传播"一词，英文为 communication，起源于拉丁语的 communicatio 和 communis，其含义也衍生为"通信"、"交流"、"交往"等。美国社会学家库利在 1909 年出版的《社会组织》中为传播下了这样一个定义："传播指的是人与人关系赖以成立和发展的机制——包括一切精神象征及其在空间中得到传递、在时间上得到保存的手段。"在我国，获得学界普遍认可的是郭庆光教授在《传播学教程》中所提出的定义：所谓传播，就是社会信息的传递或者社会信息系统的运行。

随着社会的发展，传播理论也不断丰富，为了更好地对传播现象加以研究，传播学家把主要的传播类型划分为人内传播、人际传播、群体传播、组织传播和大众传播五个类型，如图 2-2 所示。

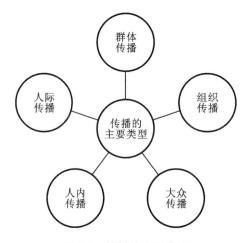

图 2-2　传播的主要类型

1. 人内传播

人内传播又称内向传播或自我传播，是个人接受外部信息并在人体内部进行信息处理的活动，是一切传播活动的基础。如人的阅读过程、上网浏览等，都是人内传播的例子。

2. 人际传播

人际传播是人类社会中最常见的传播方式。它是个人与个人之间的信息传播活动，是由两个个体系统相互连接组成的新的信息传播系统。同时，由于它不再是传播个体内部的自我传播，而是涉及了另外一个社会构成因子——人，所以它又是最典型的社会传播活动。给好友发短信、打电话，和同学上网聊 QQ，在超市为消费者推销产品等，都是常见的人际传播方式。

3. 群体传播

日本社会学家岩原勉认为,群体指的是具有特定的共同目标和共同归属感、存在着互动关系的复数个人的集合体。在此定义下,群体的概念不仅包括家庭、朋友、近邻街坊、娱乐伙伴等这些初级群体,也包括有某种共同社会属性的间接社会集合体。因此,群体传播指的就是将共同目标和写作意愿进行链接和实现的过程。教师向学生授课,牧师向教徒传教等都是群体传播。

4. 组织传播

组织传播是指组织所从事的信息活动,它包括两个方面:组织内传播和组织外传播。这两个方面都是组织生存和发展必不可少的保障。其中,组织外传播的过程,是组织与其外部环境进行信息互动的过程,它包括信息输入与信息输出两个方面。以学校活动为例,无论是开班会或者是社团活动,都是组织传播的表现形式之一。

5. 大众传播

我们生活在一个大众传播的时代,报纸、电视、网络等大众传媒充斥在我们身边的每一个角落。大众传播是一种信息传播方式,是特定社会集团利用报纸、杂志、书籍、广播、电影、电视等大众媒介向社会大多数成员传送消息、知识的过程。这一定义仅指传播的单向过程,没有包括反馈。随着大众媒介的发展,大众传播将成为双向过程。大众传播的过程和广告有着密不可分的关系。

二、传播学理论对广告的影响

通过上文对五种基本传播方式的论述,传统意义上的广告可以归为大众传播,也就是说广告是企业通过大众传播媒介向社会公众传播产品或者企业信息的营销方式。下面,我们将从传播学的5W模式分析传播学理论对广告的影响和作用。

5W模式是由美国学者拉斯韦尔提出的,也被称为"拉斯韦尔程式"。他在《传播在社会中的机构与功能》一文中首次提出构成传播过程的五个基本要素,将它们按照一定结构排序,形成了被称为"5W模式"或"拉斯韦尔程式"的传播过程模式。5W分别是五个英文单词的首字母:

Who(谁);
Say what(说了什么);
In which channel(通过什么渠道);
To whom(对谁说);
With what effect(有什么效果)。

英国传播学家麦奎尔等将这个模式做了图示,见图2-3。

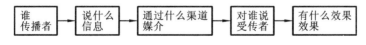

图2-3 拉斯韦尔的传播过程模式

这个模式随着传播学理论的发展也逐渐显露出其不完善性,但它却创造性地第一次将与人们生活息息相关却阐释不清的传播活动明确表述为由五个清晰的环节构成的过程。

在拉斯韦尔的5W模式启发下,我们可以把广告传播的整个过程也分为如下的五个过程。

Who:广告主

Say what:(传递)广告信息

In which channel:(通过何种)广告媒介

To whom:(向)广告受众

With what effect:(产生何种)广告效果

1. 广告主

广告主是广告传播的发起者,可能是政府机关、社会组织,也可能是企业或者个人。不同的发起者决定了不同的广告信息,也决定了广告的不同性质。在传播学领域中,对广告传播发起者的研究对整个传播过程的研究都有着十分重要的意义。

2. 广告信息

广告传播的内容就是广告信息。它可能是直接的商品信息、企业信息、品牌信息,也可能是针砭时弊、倡导公德等的公益信息。在广告业一直被津津乐道的广告创意,就是通过对广告信息进行加工和处理,以便于消费者接受的方式进行传递的广告创作脚本。

3. 广告媒介

广告媒介不仅包括我们常见的传播新闻信息的传统媒体,如电视、报纸、广播、杂志等,还包括很多特定的具有广告效果的载体,如户外广告牌、传单、车体等,还包括新兴媒体如互联网、手机等。尽管在价格上传统媒体和新兴媒体不尽相同,但都是为了同一个目标——使广告信息尽可能准确地到达广告的目标受众,从而实现广告效果。

4. 广告受众

广告受众是广告信息所到达的人群,专指接触了广告信息的那部分人。广告受众不等同于广告目标消费者,因为并非所有的广告目标消费者都恰好接触了该种广告媒介并接受了这一广告信息;而接触这种媒介和信息的人,也并非全部是该产品的目标消费者。因此,在广告运动中,如何使广告受众和广告目标消费者实现最大限度的重合,是至关重要的一环。

5. 广告效果

广告效果是广告运动执行后所获得的影响和效果,可以分为传播效果和营销效果。传播效果是通过广告传播使得企业和产品在知名度、美誉度等传播方面所获得的效果;营销效果是广告运动执行后,在营销层面上给企业和产品带来的作用,主要是产品销量上升、市场占有量提高等。对于任何一个商业广告,这两个效果都同时存在。在我们探讨传播学对广告策划的影响时,主要关注的是广告的传播效果,以及用什么样的方式提高广告的传播效果。

纵观广告史和传播史,我们不难发现,在传播学理论得到发展之前,广告一直处于无理论的原始的尴尬阶段;而近代尤其是20世纪以来传播学理论的丰富和完善,使广告学的理论和实务都得到了真正意义上的高速发展,能对真正具有现代意义的广告运动和广告策划起到科学的指导作用。因此,无论是从纵向的历史角度,还是从横向的类比角度来看,传播学对广告学的发展都有着重大而深远的意义。

三、广告理论与实务的发展对传播学的影响

在很多传播学理论中,广告学都是重要的研究范围之一。广告的本质是传播,广告学同样也影响着传播学,传播学理论也在不断深化的广告理论和广告实务中获得了长足的发展。

1. 广告的发展推动了传播学理论的发展

19世纪末20世纪初,随着各种条件的成熟,广告步入了高速发展的阶段。无论是把广告当做"纸上推销术"或强调"让消费者获得某种产品的心理满足"的艺术派,还是推崇"USP理论"等广告理论的科学派,都是促使传播学兴起的重要原因之一。这些理论都是在强调广告中的"传播"问题,为传播学理论的发展起到了重要推动作用。

2. 广告的发展扩大了传播研究的范围

20世纪40年代传播学的兴起,使得理论研究进入一个新的高潮,它的许多理论成果为广告学提供了充分的理论支持。同样,新的市场环境、新的传播学理论也推动了广告学的新发展。这一系列的发展,又反过来使传播学有了新的研究命题和新的研究领域,为传播学理论的不断演进提供了重要的内容。

3. 广告的发展促进了传播理论与应用的结合

广告的本质是传播,而且是一种应用型的传播。传播学理论能够很好地指导广告理论的发展,广告理论也丰富了传播学理论研究的外延。同时,作为一种应用型传播,广告传播不仅实现了传播理论与应用的结合,而且能够指导实践的理论得到更多的发展,并得到实践的检验。

传播学理论和广告理论二者相互促进,有效地推动了共同的发展,为今后的理论研究和实践运用提供了重要的依据。

【小问题】

1. 什么是大众传播?
2. 试用拉斯韦尔的5W模式阐述广告传播的全过程。
3. 广告学的发展对传播学有何影响?

【补充阅读】

依云旱冰宝宝广告策划[①]

伴随着录音机里传出的说唱音乐声,一群穿着纸尿裤、笑容满面的可爱宝贝滑起了旱冰,在闪转腾挪之间轻松搞定各种高难度动作(图2-4)。这段在互联网出现并迅速蹿红的视频,不是美国好莱坞电影片段,而是法国依云矿泉水公司推出的一则广告。该视频时长1 min,于2009年发布后受到网友热捧,有网友表示"这是我所见过的最可爱的视频!"网友纷纷通过网络将短片互相传阅,使得这群旱冰宝宝人气飙升,且出现在CCTV晚间新闻中,将其称为新"病毒式营销"成功之作。

病毒式营销主要通过论坛、社区、BLOG、播客等手段把话题推介给目标网民,再依靠目标群体自发的激荡式口碑传播,从而促进目标品牌的销售。而该短片能成功运用这种手段,

---

① 资料来源:揭秘旱冰宝宝广告的台前幕后. http://www.5318.cn/news/20101112/n985919402.html,有改动。

图 2-4　依云旱冰宝宝广告图

靠的就是这帮旱冰宝宝创意者。而这则广告之所以比传统电视广告成功,与网络特点分不开。广告发布后通过网民的转贴、评论等互动行为,影响到现实的人,而传统电视广告不会有这种效果。

【重点提示】

拉斯韦尔 5W 模式

广告学与传播学的互动

第二节　广告策划与市场学原理

广告自古就有,但现代意义上的广告却是在商品经济充分发展的条件下才产生的。无论广告怎么变化,都将沿着社会经济发展的脉络运行和发展,所以广告一直被称为社会经济的"晴雨表"。作为市场营销组合中的有机组成部分,广告活动不是一项孤立的活动,而是市场营销观念下的活动。广告的每一项活动,每一个策略,都是在充分研究促销组合、产品计划组合、销售渠道组合,以及价格组合的基础上产生的。

一、市场营销概念与观念演进

市场营销,英文 marketing,常被译为"营销"、"行销"等。美国西北大学营销学教授菲利普·科特勒将市场营销定义为:营销是个人和集体通过创造,提供出售,并同别人自由交换产品和价值,以获得其所需所欲之物的一种社会过程。[①] 国内学者普遍认为:所谓市场营销,就是在变化的市场环境中,旨在满足消费需要,实现企业目标的商务活动过程,包括市场调

---

① 菲利普·科特勒. 梅清豪译. 营销管理. 上海:上海人民出版社,第 12 页,2003 年 10 月第 1 版。

研、选择目标市场、产品开发、产品定价、渠道选择、产品促销、产品储存与运输、产品销售、提供服务等一系列与市场有关的企业业务经营活动。[①]

有着不同的营销观念对现代的市场营销活动进行指导。现代市场营销观念主要分为五种：生产观念、产品观念、推销观念、市场营销观念和社会营销观念。

1. 生产观念

生产观念主要流行于 20 世纪 20 年代以前。其基本特点是企业以生产为中心，企业生产什么产品，就在市场上销售什么产品；只要产品生产出来，就不怕没有销路，根本无须进行市场调查，这种观念是建立在卖方市场基础上的。在当代中国，由于某些产品的长期供不应求或者限制生产，这种观念仍然在一定范围内存在着。

2. 产品观念

产品观念仍然是建立在卖方市场的基础上的。与生产观念强调"量"不同，产品观念充分认识到"质"的重要性，因此相对生产观念而言是一种进步。产品观念认为，消费者总是喜欢物美价廉或具有某些创新特色的东西，只要生产者能够生产出这样的产品，就会受消费者的欢迎，而无须进行其他推销活动。因此，这种观念导向的公司很少让顾客介入，也很少考虑竞争者的产品。

3. 推销观念

推销观念认为，消费者和企业是不会主动足量地去购买某一产品的，公司应该采用积极的方式刺激购买。可口可乐公司前营销副总裁塞尔吉奥·施曼曾说过："营销的目的就是销售更多的商品给更多的人，使顾客更频繁地购买，从而获得更多的收入，赢得更多的利润。"这句话充分地说明了推销观念的特质。当产品供大于求时，大多数的公司都会采用推销观念。与建立在卖方市场上前两种观念不同，推销观念是建立在买方市场上的。20 世纪 20 年代末的经济危机造成各大企业严重产品积压，以往的市场营销观念已经不能指导商品的销售，推进了推销观念的诞生。

尽管推销观念提高了销售在企业经营管理中的地位，但它仍然是以产定销，建立在"企业生产什么就卖什么"的基础上，仍旧是以生产为中心。

4. 市场营销观念

市场营销观念诞生于 20 世纪 50 年代中期。与前三种观念截然不同的是，它不是以生产为中心，而是以顾客为中心，它象征社会经济从以产品为中心的工业时代进入了以消费者为中心的信息时代。

市场营销观念认为，企业的一切计划与策略应以消费者为中心，正确确定目标市场的需要与欲望，这样才能比竞争者更有效地提供目标市场所要求的满足，从而比竞争者更有成效地去组织生产和销售。市场营销观念与推销观念具有重大的差别，它注重买方的需求，考虑如何通过产品，以及与创造、传送产品和最终消费产品有关的所有事情，来满足顾客的需求。

营销观念解决了很多产销之间的矛盾，是当代市场营销学研究的主线。

5. 社会营销观念

社会营销观念是在环境恶化、资源短缺、人口爆炸性增长、世界性饥荒和贫困、社会服务被忽视的年代被提出的，它回避了消费者需要、消费者利益和社会福利之间隐含的冲突，考

[①] 纪宝成,吕一林.市场营销学教程.北京:中国人民大学出版社,第 17 页,2002 年 4 月第 1 版。

虑的是消费者和整个社会的长远利益,是从以上几种观念逐渐演变而来的。这种营销观念强调的是企业利润、消费需要和社会利益三方面的统一,要求企业的任务在于确定目标市场的需要、欲望和利益,比竞争者更有效地使顾客满意,同时维护与增进消费者和社会福利。尽管这种营销观念的执行力一再受到怀疑,但是仍然有很多企业为此不断努力,为社会的长远利益、人类的和平发展作出自己的贡献。

综合以上五种营销观念,可以根据出发点的不同将它们分成两大类:传统经营观念和新型经营观念。传统营销观念的出发点是产品,以卖方(企业)为中心,是典型的"以产定销"的方式;新型营销观念的出发点是消费需求,是以买方(消费者)为中心的,是典型的"市场导向"的经营观念。

市场营销观念分类图见图2-5。

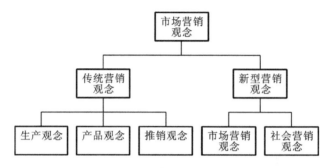

图2-5 市场营销观念分类图

值得一提的是,以上五种营销观念并非互相被替代,而是同时并存的。在一个社会中,既有以生产观念、产品观念为营销思想的企业,又有以市场营销观念为指导的企业,同时,还存在着以社会营销观念为指导的企业。无论采用哪种营销观念,都必须符合企业的发展阶段和行业特征,不违背消费者和社会的整体利益,同时也必须在发展中不断加以调整,才能起积极有效的作用。

二、市场营销学对广告策划的指导作用

广告的本质是营销。作为营销传播的一种,广告必然是以营销为目标的。按照传统的市场营销学观点,广告属于市场营销4P[①](产品或服务、价格、渠道、促销)中的促销因素。而广告策划作为广告的一个重要组成部分,也必然和营销学有着千丝万缕的联系。

(一)不同的产品概念产生不同的广告策划

市场营销学把产品概念分为三个层次,即核心产品、形式产品和附加产品。其中,核心产品指的是顾客真正购买的利益或者服务。比如,购买一件棉衣,顾客真正购买的是那种把衣服穿在身上的"温暖"。形式产品,则是核心产品的表现形式。比如,棉衣是用棉花或是羽绒抑或其他材料制成的,尽管这些因素会影响产品的价格、购买人群甚至渠道,但也都是顾客所购买的"温暖"这一核心产品的形式。附加产品,就是增加的服务或者利益,这一层次的产品并不会直接影响前面两个层次的产品概念,但是在现代营销中,却成为抢占消费者心智

---

① 4P是营销学名词,美国营销学学者麦肯锡教授在20世纪的60年代提出"产品、价格、渠道、促销"4大营销组合策略即为4P。产品(product)、价格(price)、渠道(place)和促销(promotion)四个单词的第一个字母缩写为4P。

的重要因素之一。比如,买家电 24 h 之内免费送货上门、安装等,都在产品同质化严重的市场竞争中给企业更多地被选择机会。

一旦产品概念确定,就应该根据这个产品概念进行广告策划,有针对性地进行广告运动,才能真正实现促销目的,增加企业利润。

(二)不同的市场占有方式产生不同的广告策划

对企业而言,占有市场的方式有四种:市场领导者、市场挑战者、市场追随者和市场补缺者。企业需要根据不同的市场占有方式采用不同的广告策划。表 2-1 所示为不同企业的不同广告策划方案。

表 2-1 不同企业的不同广告策划方案

企业市场地位	广告策划方案
市场领导者 (占领绝对地位的市场份额)	运用超越性导向的广告活动来实现营销目的,不断巩固自己的市场地位,获得更多的赢利
市场挑战者 (在市场竞争中位居第二)	往往针对市场领导者提出,有着抢占市场份额、获得更高利润的目标
市场追随者 (很难对领导/挑战者构成威胁)	以降低广告费用(与市场领导者和市场挑战者保持距离)或穷追猛打(进行大规模的广告进攻以开拓市场)为主
市场补缺者 (在某领域有别人没有的优势)	必须具备专业性与针对性,直接诉求"补缺",突出该领域专家的身份,以求获得更多的市场机会

(三)不同的产品生命周期产生不同的广告策划

市场学理论把产品生命周期分为引入期、成长期、成熟期和衰退期四个阶段(图 2-6)。广告策划必须与产品的阶段特征相结合,才能实现营销目标。

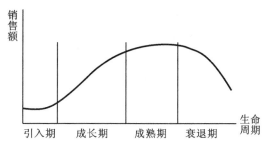

图 2-6 产品生命周期

在产品不同生命周期范围内,应采用不同的广告策划方案,方能达到效果,如表 2-2 所示。

表 2-2 不同生命周期的广告策划方案

产品生命周期	广告策划方案
引入期 (新产品知名度低)	必须重视产品特点的宣传,培育潜在消费者,打开产品知名度,从而开拓新的市场
成长期 (产品逐渐被消费者接受)	利用媒介进一步扩大产品的知名度,培育美誉度,以求获得更大的市场份额和利润

续表

产品生命周期	广告策划方案
成熟期 （各项利益已到达顶点）	目标是维持消费者的忠诚度，提醒消费者反复购买，尽可能地获得最大的利润空间
衰退期 （产品销量开始下降）	应重点宣传产品的改良方案或新用途，提醒高度忠诚消费者继续购买

对广告策划的重点加以调整，才能真正实现促销的目的。这也充分体现了市场学对广告策划的指导作用。

三、广告策划对市场营销的促进作用

对现代企业而言，广告是市场营销活动中不可缺少的部分，它在开拓和发展市场、打开知名度、培育忠诚度方面有着十分重要的作用。因此，有人将广告称为"产、供、销系统的润滑剂"。作为广告运动重要组成部分的广告策划，对企业营销也同样发挥着如下几点作用。

1. 开拓市场

现代社会是信息社会，企业从生产到营销整个环节中，广告起着重要的信息沟通作用。广告策划从市场调查开始，这是对市场信息、消费者信息、竞争对手信息和产品信息等的整合分析过程。广告策划主体，建立在对以上信息综合处理的基础之上，并通过广告运动和广告媒体，向消费者传递信息。广告策划的最后评估，是对所有信息的一个反馈，是市场营销的重要依据和总结，同时也是下一个营销活动的开始。所以说，广告策划能够有效地开拓市场，在信息上为市场营销提供有力的帮助。

2. 创造市场

一直以来，广告都是以创造需求和消费欲望为目的的，只有这种消费市场被创造出来，市场营销的其他工具才能协调运用，最终实现营销目标。这就从很大意义上说明了广告能够有效地创造市场。而且，只有消费者内心对产品的渴望被广告发掘出来，才能实现进一步的营销活动。而广告策划是对广告运动的一个整体规划，是广告运动的重要纲领。因此，从这个意义上说，广告策划能够帮助企业创造市场。

3. 占领市场

广告的作用不止存在于市场营销的前期，越来越多的企业开始关注广告作为一种信息传播手段的重要功能，它能够起到提醒消费者注意、唤醒消费需求的作用。即使是在市面上生存已久的产品及其企业，仍须用广告不断引起潜在消费者的注意，并巩固已有消费者的忠诚度，因为这部分数量只占消费者总量20%的忠诚消费者能为企业带来80%的收益。因此，广告真正起到了占领市场的作用。如何建立一个强大的品牌，而不再停留在单纯的物质利益层面，是包括广告策划在内的营销手段的最终目标。

随着市场营销理论和广告理论的不断丰富和发展，它们之间的关系也将得到越来越多的探讨，市场营销指导着广告策划、广告策划又不断为市场营销服务，这些不可否认的事实，也会得到进一步的理论深化和探索。

【小问题】

1. 在市场营销组合中，广告策划有哪些作用？
2. 简述广告策划与市场营销的关系。

【补充阅读】

"贾君鹏"引爆网络营销[①]

图2-7为2009年12月15日"贾君鹏"事件百度贴吧截图。

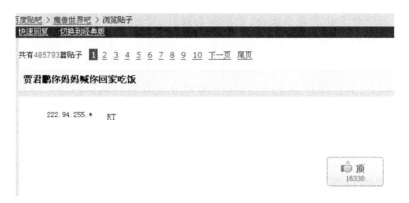

图2-7 "贾君鹏"事件百度贴吧截图

2009年7月16日上午10:59，百度"魔兽世界"贴吧出现一新贴楼，标题是"贾君鹏你妈妈喊你回家吃饭"，而内容只有"RT"二字，这就是著名的"贾君鹏"事件。

四个半小时后（下午三点半），楼盖到5 000。再经过一小时又一刻钟，达到10 000楼。这时盖楼的速度是266楼每分钟。其后速度持续狂飙，从每小时2 500楼到半夜的每小时12 000楼。7月16日这天结束时，楼高已近6万。

不到一天的时间，事件已经引发各大网站的报道，吸引了海量的网友目光。每天在茫茫网海中游荡的"吸血鬼们"，这下找到了新鲜的补给，一瞬间蜂拥而上，每个都想咬一口留下齿痕。于是，除了"贾君鹏"的妈妈，他的同学、朋友、邻居、老爷、姑妈、二姨妈……一夜间通通现身。而且这热潮还延续到百度贴吧之外，引发了各式各样的评论、恶搞图片、歌曲、视频。

是什么让"贾君鹏"如此之火？答案各式各样：回忆起儿时的温情，网民被挤压的幽默感，或者干脆就是寂寞、图好玩。一家在北京的传媒公司出面表示，"贾君鹏"事件目的是希望制造事件：激活贴吧上因为魔兽世界游戏服务器停机，而无游戏可玩的人们，也吸引了一般大众的目光。虽然贴吧上很多人对这有不同看法，不过红了一个"贾君鹏"，看热闹的人们可能还不一定知道和魔兽世界的关系（不关心游戏的人也不会知道停服或代理转换），但"贾君鹏"之父可是大大为自己的营销服务做了广告。

在第七届"中国营销盛典"上，该案例被评为2009年度最佳互动营销事件。"贾君鹏"事件是成功的，它完全可以作为一次经典的社区营销教材，它所释放的影响力，可以说让企业

[①] 资料来源：800人发帖炒"贾君鹏"引爆社会化营销. http://www.vgnm.net/2012/hudong_0517/1946.html，有改动。

见证了网民强大的舆论力量,也给企业一个新的营销平台和窗口。

【重点提示】
现代市场营销的五种观念
市场营销学对广告策划的指导作用

第三节　广告策划与消费者行为

广告受众与消费者并非完全重合,它们既有联系,又有区别。消费者是广告信息所宣传产品的需求者与使用者;而广告受众是广告信息的接受者。并不是所有广告受众都会产生购买商品的行为,广告信息只会对部分广告受众起作用,有些受众尽管也接触到了某些广告,但广告对他们不会产生什么影响,甚至可能会引发受众的抵触情绪。因此,只有当广告受众实施了购买行为,才能转化成为广告主所期待的消费者。但是,广告受众是否产生消费行为,还取决于许多其他的因素。因此,我们有必要对消费者心理、行为及其影响因素进行分析和研究,以便更好地实施合理的广告策略,达到企业的营销目的。

一、消费者的特性和类别

(一)消费者的含义

消费者是指物质资料或劳务活动的使用者或服务对象。从狭义上看,消费者就是消耗商品或劳务使用价值的个体。从广义上理解,产品或劳务的需求者、购买者和使用者都是消费者。

在广告活动中,可以从以下两个方面来认识消费者。一方面是把消费者视为市场营销的对象。消费者的需求是企业产品生产和市场营销的出发点,企业的经营活动是以消费者为中心开展的。另一方面就是把消费者看成消费行为的主体,需要进行全面而深入的研究,把握消费者的心理和行为。这种对消费者的全面认识避免了将消费者作为单一的销售对象的认知,不仅把消费者行为与购买、使用相联系,而且与消费者角色(个人、家庭或其他群体)的社会行为联系起来,将消费者行为与社会的经济结构、各种经济现象相关联,并综合与交叉了心理学、社会学、经济学、统计学等多种学科知识,使广告活动具备了更强的目标性和针对性。

(二)消费者的类别

从市场营销的角度看,消费者有各种各样的类型。运用不同的分类标准,能对消费者进行具体的分类。

1. 按照消费目的进行划分

按照消费目的进行划分,消费者可分为最终消费者和产业消费者。最终消费者是为了满足个人、家庭需求而购买、消费某种产品或劳务的个体或家庭,又可以分为个体消费者和家庭消费者。产业消费者是在非最终用户市场中,购买制造其他产品或提供其他劳务,以及进行转卖等经营活动的消费者。产业消费者是组织化的消费者,但最终还是以个体的形式出现。

2. 按照对某种产品或服务的消费状态来划分

按照对某种产品或服务的消费状态来划分,消费者可分为现实消费者和潜在消费者。现实消费者是指已对某种消费有了需求,并且发生实际消费行为的消费者。潜在消费者是指对某种消费产生了需求,现实未有实际的购买行动,但在未来的某一时期内很有可能产生消费行为的消费者。

这样对消费者进行理解与分类,对于广告策划而言是必要的,但还是不够。我们还可以依据其他标准对消费者进行市场细分,如美国市场学泰斗科特勒提出的以行为变量、地理变量、人口统计变量、消费心理变量等标准细分,以锁定目标消费群的消费者细分标准,见表2-3。①

表2-3 消费者市场细分表

变 量	典型的细分市场
地理变量	
地区	太平洋区、高山区、西北中区、西南中区、东北中区、东南中区、南大西洋区、中大西洋区、新英格兰区
县的大小	A、B、C、D
城市或标准都市统计区大小	5 000人以下、5000~2万人、2万~5万人、5万~10万人、10万~25万人、25万~50万人、50万~100万人、100万~400万人、400万人以上
密度	城市、郊区、农村
气候	北部气候、南部气候
人口统计变量	
年龄	6岁以下、6~11岁、12~19岁、20~34岁、35~49岁、50~64岁、65岁以上
性别	男、女
家庭人口	1~2人、3~4人、5人以上
家庭生命周期	年轻,未婚;年轻,已婚,未生育;年轻,已婚,小孩在6岁以下;年轻,已婚,小孩在6岁以上;年纪大,已婚,有小孩;年纪大,已婚,小孩在18岁以上;孤老;其他
收入/美元	5 000以下、5 000~1万、1万~1.5万、1.5万~2万、2万~2.5万、2.5万~3万、3万~5万、5万以上
职业	专业技术人员、经理、职员、业主、办事员、售货员、工匠、领班、技工、农场主、学生、家庭主妇
教育程度	小学以下、中学肄业、中学毕业、大学毕业
宗教	天主教、基督教、犹太教、其他
人种	白色人种、黑色人种、黄色人种、棕色人种
国籍	美国人、英国人、法国人、德国人、斯堪的纳维亚人、意大利人、日本人

---

① 马谋超.广告心理.北京:中国物价出版社,1997年版,第36~37页。

续表

变量	典型的细分市场
心理图解因素	
社会阶层	下下、上下、劳动阶层、中等、中上、下上、上上(最高层)
生活方式	朴素型、时髦型、高雅型
个性	好强迫人的、爱交际型的、独裁的、有权利欲的
行为因素	
使用场合	一般场合、特殊场合
追求目标	质量、服务、经济
使用者状况	未使用者、以前使用者、潜在使用者、初次使用者、经常使用者
使用率	轻度使用、中度使用、重度使用
忠诚程度	无、中等、强烈、绝对
准备阶段	不注意、注意、知道、感兴趣、想买、打算购买
对产品的态度	热心、肯定、漠不关心、否定敌视

二、消费者行为分析

消费者行为是指消费者由自身内部因素决定,又受到外部因素的影响而进行的消费活动。消费者行为具有自主性(在购买时自主决策)、有因性(产生消费行为有特定的原因)、目的性(产生于特定的目的)、持续性(是持续的活动过程)、可变性(行为会发生变化)等特征。

(一)消费者的购买决策

有学者认为:消费者行为是个人从那些能满足自己的预期需求的产品和服务中得到一系列好处的逻辑过程。由此,我们可以把个体当做一个有目的的、按部就班做事的决策者。其购买决策过程一般包括以下五个基本环节,见图2-8。

图2-8 消费者购买决策过程

1. 需求

消费者一旦意识到有什么需求,并需要购买而且准备购买某种商品去满足这种需求时,对这种商品的购买决策就开始了。因此,广告策划首要任务之一,就是了解与广告商品种类有关的实际或潜在的需求,在不同时间这种需求的程度,以及这种需求会被哪些诱因所触发,然后通过合理的、巧妙的、恰当的广告引导,在适当的时间、地点,以适当的方式引起需求。例如,每到夏季,风扇等各种降温设备的产品广告主便开始纷纷预报说又一个炎夏即将来临,鼓动消费者尽早做好准备。这类诉求的效果往往比较好。

2. 信息搜索

需求的确认会促使消费者在购买前广泛地收集信息,认真权衡各种选择机会。在这个收集和权衡的过程中,广告主有大量的机会去影响消费者的最终决策。

消费者收集信息的第一选择是调集自己的个人经验和现有知识,即所谓的内部搜索。

而消费者记忆中积累的信息,往往是他们一次又一次接触广告的结果。广告策划者应在消费者实际使用某个品牌前增强他对这个品牌的信赖,或让消费者认知并喜欢这个品牌,以便在他们进入收集状态时会立即考虑是否有可能用这个品牌来满足自己的需求。而当消费者以为从内部搜索不到足以做出决策的信息时,他们便开始进行外部搜索,包括逛零售商场进行比较,从亲戚朋友那里收集他们对目标产品的经验,以及上网搜索等。

3. 选择评估

获得信息之后,消费者便进入选择评估阶段。消费者既可以按考虑组来进行选择评估,又可以按评估标准来进行评估。所谓的考虑组是指某一特定商品种类中进入到消费者视线的那一组品牌。广告的一个重要职能就是让消费者知道这个品牌的存在,并保持这种状态,使该品牌有机会进入消费者的考虑组。评估标准是指产品属性或性能特征,如价格、质地、保修年限、颜色、味道等。广告策划要尽可能全面地了解消费者在做出购买决策时所使用的评估标准,这能为广告活动提供一个极为有利的开端。

4. 购买决策

经过选择评估,消费者形成了对某种品牌的偏好或者购买意向。但购买意向并不等同于购买行为,许多原因都会使得消费者不能形成真正的购买行为,如消费者家庭成员的坚决反对等。因此,要将购买意向真正转变成购买决策,一方面应通过广告或其他手段向消费者提供更多详细的有关产品的情报,便于消费者比较同类产品的优缺点;另一方面,可以通过各种销售服务创造方便顾客的条件,加深其对企业及商品的良好印象,促使其做出购买决策并实施。

5. 购后评估与反应

消费者实施购买行为后,往往会通过自己的使用和他人的评判对所购买的产品进行再次评估,并把他所观察的产品的实际性能和对产品的期望值进行对比,产生相应的反应。如基本满意、满意、十分满意,或失望和不满。消费者是否满意的反应,直接影响他的购后评估。有调查显示,企业的业务水平约有65%来自其固有的满足的顾客,而失望的顾客中有91%的人绝不会再买令他们失望的那家企业的产品。因此可以说,消费者对产品的评估是他们把哪些品牌纳入下一次购买行为考虑组的一个决定性因素。

通过以上分析我们可以看到,在整个消费行为决策过程中,广告都发挥着重要的作用,并对消费者行为产生影响。通过广告可以唤起消费者对商品的注意和兴趣,启发消费者的联想,诱发消费者的感情,促进消费者的购买决心,最终达到销售的目的。

(二)消费者的购买类型

购买类型是消费者购买行为的特点和表现。消费者的购买行为有各种表现类型:有的较为理智;有的满腹疑虑;有的容易冲动;有的大手大脚。由于消费者参与购买的程度和商品类别的不同,形成了以下多种购买类型。

1. 复杂型购买

一些耐用品、价格昂贵的商品或品牌差异很大的商品,如彩电、珠宝、住房、汽车等,由于不会经常购买,消费者的参与程度(关心度)较高,他们会对商品进行慎重的考察和研究,并学习产品的相关知识。因此,广告策划要针对购买的决定者,实施相应的策略,使目标消费者获得更多的学习机会,以便详细了解商品的特点、性能、优缺点等信息,影响他们对品牌的最终选择。

2. 和谐型购买

消费者在购买差别不大的商品时,多表现为这种购买方式。消费者主要关心价格是否优惠,购买时间与地点是否便利。因此,广告要帮助消费者建立对本品牌的信心,消除不平衡心理,进入和谐状态。

3. 多变型购买

多变型购买是消费者为追求新奇、时髦、风度等形成的一种购买类型。这些商品往往比较便宜,也需经常购买,如女性的小饰品等,消费者购买时参与程度(关心度)低,经常变换品牌的选择。对这种购买类型,需要正确的促销策略和广告策略,吸引购买。

4. 习惯型购买

消费者的参与程度(关心度)低,品牌之间的差别小。这主要是一些价格低廉、需要多次重复购买的商品,如肥皂、牙膏等。消费者在购买时一般不做太多考虑,经常表现为随意性购买。因此,广告要在如何帮助消费者指名购买方面制定策略,如选用信息易于接受的媒介,广告诉求内容简明扼要,多次重复等;还应设法增大产品的相关价值,提高消费者的参与程度。

此外,消费者的购买决策也受不同的社会、文化、个人和心理因素组合的影响,这些因素也能直接影响消费者的购买决策过程。

三、广告对消费者行为的影响

20世纪以来,世界上一些发达国家的消费者已逐步形成对广告的依赖。这是由于广告可以不断地向广大消费者提供许多有关生活的信息,为消费者进行消费活动创造便利,从而丰富消费者的生活,增长消费者的知识,开阔他们的视野。

1. 广告丰富了消费者的生活

现代化企业都是进行专业化生产的,任何一种新产品的问世,都是为了满足消费者的某种需要,改善消费者的生活条件,丰富消费者的物质与文化生活,提高消费者的生活水平。新产品的投放往往要通过广告把相关的产品与市场信息传递给消费者,促使消费者产生购买行为。

2. 广告能刺激消费者的个人消费

广告不仅能指导消费者合理地采购物品以改善个人或家庭的生活条件和工作条件,而且还能刺激消费者的个人消费。广告的连续播放和出现,就是对消费者的消费兴趣与物质需求进行不断刺激的过程,能够引起消费者的购买欲望,进而促成其购买行为。

3. 广告能向消费者传授知识

现代广告,五花八门地宣传着各种各样的新商品,同时,也在给消费者传授着各种各样的有关生活、工作等方面的新知识。由于现代广告有很大一部分是宣传新发明、新创造的产品,广告必须为大众介绍产品的特性、用途和使用方法,从而通过广告简洁地把有关新发明、新创造的知识传授给大众。

四、消费者行为研究对广告策划的作用

广告策划为了达到配合企业市场营销的目的,必须准确地把握消费者的需求、心理,以及购买行为。因此,消费行为学的基本原理就成为广告策划者进行消费者分析的根本依据,

它对广告策划的作用体现在如下几个方面。

1. 消费者自身的特性为广告策划中目标市场的确定和诉求对象策略提供了依据

任何产品都有其特定的消费者和潜在消费者。因此,广告策划首先要明确产品的现有消费者和潜在消费者,以确定产品的目标市场和广告的诉求对象。同时,消费者行为学提供了描述消费者特性的标准与方法,为广告策划中对消费者进行分析提供了科学的标准和方法上的依据。

2. 消费者的需求购买动机为广告策划的诉求重点和诉求方法策略提供了依据

产品只有具备满足消费者需求的特性,才能够吸引消费者的购买行为,而广告也只有在把握了消费者的实际需求和心理需求的前提下,才能选择消费者最关心的信息,从而进行有针对性的诉求。

3. 消费者具体的购买行为为广告策划抓住了消费者行为中的关键要点,为企业进行有助于销售的广告活动提供了依据

从消费者具体的购买行为中,广告策划者可以看到消费者是在什么样的时间、地点,以及何种情景下购买产品的,哪些因素是影响他们最终产生购买行为的最重要因素,从中可以发现值得利用的市场机会,进行开展促使消费者产生购买行为的广告活动。

综上所述,广告并不只是简单地向消费者推销商品。站在消费者行为学的立场上,研究广告策划与消费者行为双方的关系,可以获得许多对消费者行为研究和广告策划双方都有益的影响因素。

【小问题】

1. 在市场营销组合中广告策划有什么作用?
2. 影响消费者购买行为的因素有哪些?
3. 消费者行为研究对广告策划有何意义?

【补充阅读】

经典案例:《中国好声音》节目策划

联合星空传媒旗下灿星制作强力打造的大型励志专业音乐评论节目,源于荷兰节目《The Voice of Holland》,于2012年7月13日正式在浙江卫视播出。中国好声音不仅仅是一个优秀的选秀节目,更是中国电视历史上真正意义的首次制播分离。刘欢、那英、庾澄庆、杨坤四位著名歌手将作为明星导师言传身教,为中国乐坛的发展提供一批怀揣梦想、具有天赋才华的音乐人,树立中国电视音乐节目的新标杆。《The Voice of China——中国好声音》展现的是中国音乐类节目最顶尖的明星阵容,四大明星导师那英、刘欢、杨坤、庾澄庆(图2-9)在现场坐镇,选择最具潜力的声音。过去一些节目曾以炒作、毒舌、绯闻为卖点,对中国音乐产业却并未有明显的推动,而浙江卫视《中国好声音》节目则郑重承诺,将积极响应广电总局的号召,以振兴中国乐坛、培养未来巨星为己任,拒绝"毒舌",杜绝"绯闻",以真声音、真音乐为唯一的宗旨,力争让四位明星导师找到值得培养的乐坛新人,为中国乐坛的发展提供一批怀揣梦想、具有天赋才华的音乐人,提供真音乐、真声音!另外,姜佑泽演唱《中国好声音》励志歌曲。那些让人震惊到鸡皮疙瘩直掉的好声音,那些让刘欢、那英、庾澄庆、杨坤同时飙泪的故事和人生,是《中国好声音》走红的根本:23岁女孩徐海星一首翻唱自李

玟的《自己》，让李玟本人在微博大呼惊艳；张玮的一首《high 歌》，在起承转合间让刘欢惊呆。还有32岁依然追寻梦想的美甲店老板，双目失明的台湾街头艺人，一张嘴让全场寂静的农村姑娘，他们的人生和命运，让人听"声"之余大呼感动。对好节目，观众向来识货，大牌观众冯小刚就如此评价徐海星，"歌唱得好，情也真……这娃是去污粉，能洗掉心里的灰尘。"微博女王姚晨更是力荐，"节目真挚，嘉宾真挚，评委真挚，有这三昧真火，不火不行！"不仅是网友、观众，连浙江卫视的对手们也鲜见地在微博表达了对节目的赞赏，更有人感叹当时与这档节目的制作擦肩而过，大叹"时势造英雄"。

图 2-9 中国好声音广告图

【重点提示】
消费者的购买决策过程
影响消费行为的因素
消费者行为学与广告策划的互动关系

第四节 广告策划与文化观念

1986年5月，在芝加哥举行的第30届世界广告大会上，美国广告界的知名人士迪诺·贝蒂·范德努特以"文化的艺术和科学"为题进行了长篇发言。她说："如果没有人做广告，谁能创造今天的文化？你又能从哪儿为文化活动找到一种比广告媒介更生动的宣传方式呢……我们应该承认我们确实影响了世界的文化，因为广告工作是当代文化整体中的一部分，是文化的传播者和创造者。"可见，广告不仅仅是一种单纯的经济行为，更是一种重要的文化传播现象。它在传播信息的同时，也传播着价值观念与文化信息。

一、广告策划的文化环境

"文化"指的是在群体经历中产生的代代相传的共同的思维与信仰方式，它是一个社会的思维方式，以及适用于其成员的知识、信仰、习俗和技能。根据文化主体的不同，我们可以把广告策划中所涉及的文化分为三个层次：社会大文化、群体亚文化和个体观念。

1. 社会大文化

社会大文化是与广大群众生产和生活实际紧密相连，由广大群众创造，具有地域、民族或群体特征,并对社会群体施加广泛影响的各种文化现象和文化活动的总称。这种文化往往是一个国家,一个民族的历史凝结,在现实生活中对该民族起着主导作用。

2. 群体亚文化

群体亚文化又称小文化、集体文化或副文化,指某一文化群体所属次级群体的成员共有的独特信念、价值观和生活习惯,与主文化相对应的那些非主流的、局部的文化现象。如年龄亚文化可分为青年文化(如"80后"、"90后")、老年文化;生态学的亚文化可分为城市文化、郊区文化和乡村文化等,还有诸如单身亚文化、同性恋亚文化等。

3. 个体观念

个体观念是每个人所特有的一整套文化意义上的原则、观念,具体决定着人的思维方式。个体观念来源于社会大文化和群体亚文化,是二者个体化的结果和创造性的表现。

广告能对消费者产生强大影响力的根本原因在于广告中所蕴涵的文化内涵。著名广告策划人叶茂中曾指出:"品牌的核心价值体现在精神层面上,就是对消费者的一种承诺,力求与消费者在精神层面上取得更多的情感沟通。"广告的文化含量越高,影响力越大,说服力越强。文化在几乎所有的广告传播中都起着重要作用。

二、传统文化是现代广告弘扬的重要主题

中国传统文化博大精深、源远流长,在此基础上所积淀下来的中华传统美德内容非常丰富,有人将其概括为"尊道贵德"、"律己修身"、"仁爱孝悌"、"诚信好礼"、"精忠报国"、"天下为公"、"以义制利"、"自强不息"等诸多方面。现代广告与这些符合受众心理的传统价值观念和文化理念相结合,必将产生强大的效力。

1. 爱国爱家

中国人有着浓厚的爱国情结,以"爱国"、"报效祖国"、"振兴中华"为主题的广告都会深深震撼国人的心灵,给消费者留下深刻的印象。例如:"走中国道路,乘一汽奥迪"(一汽奥迪);"中国人的生活,中国人的美菱"(美菱冰箱);"让世界了解中国,让中国了解世界"(中国日报);"中国人,奇强"(奇强洗衣粉)。把产品与爱国感情融为一体,让消费者觉得不仅仅是在接受一种产品,更是一种自强不息、奋斗进取的爱国精神。

在中国传统文化中,"家"和"故乡"是永恒的主题。以"家"和"故乡"为主题的广告,如"孔府家酒,让人想家"的成功,在于它勾起了千万海外华人思念故土的无限乡情,震撼了人心灵深处对家的思念与归属感。

孔府家酒经典广告图见图2-10。

2. 重人情味

人情味是中国传统文化的核心,中华民族的传统美德"仁爱孝悌"、"诚实守信"、"尊老爱幼"等观念都可以通过人情味来表现。在广告中适当地采用充满人情味的表现形式,可以淡化广告的商业气息,缩小企业与消费者之间的距离,进而消除大众的戒备心理。例如:威力洗衣机的电视广告"威力洗衣机,献给妈妈的爱";静心口服液的广告"静心送给妈,需要理由吗?";菲利浦电动剃须刀的广告"别让爸爸的刮胡刀凑合着用到老"。这些广告以"孝顺父母"为主题,既打动了为人子女的消费者的心,也弘扬了中华民族的传统美德"孝顺"。

3. "天人合一"与"中庸之道"

中国传统文化还包含着"天人合一"和"中庸之道"的价值观。天人合一观念是中国传统

图 2-10　孔府家酒经典广告图

文化中强调整体动态平衡的一个表现,它的最基本的含义是肯定"自然界和精神的统一",这种观念在国内的某些广告中淋漓尽致地表现出来。如扬子电器的广告"扬子天地,扬子电器",将商品与天地融为一体,创造出强烈的"天人合一"的气氛。中庸之道是中国传统文化中的精髓,讲究含蓄和内敛,它要求人们自觉地调节思想感情和言论行动,使之达到平衡,不偏不倚。

总之,中国传统文化浩如烟海,是广告策划取之不尽、用之不竭的源泉。

三、传统文化与现代广告结合时产生的问题

广告大师大卫·奥格威有一个颇具代表性的观念:"广告的唯一正当功能就是销售,不是娱乐大众,也不是运用你的原始创造力或美学天赋使人留下深刻的印象……我们的目的是销售,否则便不是广告。"奥格威一针见血地指出了广告的最终目的是销售产品,也揭示了广告所承载的文化不可避免地具有功利性的色彩。但一些广告策划唯利是图,片面注重经济效益而忽视社会效益,滥用传统文化,造成了恶劣的影响。

1. 盲目夸大文化的作用

激烈的商业竞争使得很多广告设计者往往凭空捏造出一些所谓的文化因素附会在广告中。各种传统文化经典被切割、绞断、搓碎后揉在广告里,掺和在商品包装上;各种成语、诗歌被偷梁换柱,成为广告语,如"饮"以为荣(饮料广告)、随心所"浴"(某浴室广告)、"快治"人口(一种新型口腔药品广告)、一"明"惊人(眼罩广告)等。经常可以看到蒙娜丽莎的恶搞图(图 2-11)在各类广告中频频出现,背离文化的内在规定性,牵强附会,纯粹把文化当成吸引消费者的招牌。

2. 盲目拼接,破坏文化

文化始终是一种无形的强大力量,它在一定程度上决定了广告的成败。在甲地受欢迎的广告作品到了乙地不一定会受欢迎。2004 年 3 月初,香港地铁站悄然出现了蒙牛牛奶广告,一年轻女子身穿太空服,举着右手,画面上打着一行简体字:蒙牛牛奶,强壮中国人! 同时,蒙牛依然采用中国内地的思维习惯,把牛奶、太空人和爱国主义联系到一起,这种广告模式在香港这样一个高度商业化的国际都市,显然不合时宜。

3. 玷污历史名人

湖南电视台曾在新闻频道播出过一则长沙当地某啤酒品牌的广告,画面中屈原嘴里念

图 2-11 郑州公交站台广告恶搞蒙娜丽莎图

着"路漫漫其修远兮,吾将上下而求索",正欲投江,就在此时,其身后一位身着现代服饰的年轻人,满口湖南方言调侃似的奉劝屈原:"人都死了,你还能求索啥? 天下无大事,先干了再说!"屈原听后,眼睛一亮,一扫愁容,笑逐颜开,与这位年轻人席地而坐,开怀畅饮起该品牌的啤酒来。这样粗制滥造、低级庸俗的广告是对民族英雄的玷污,是对传统文化的蹂躏,更是历史精神和文化精神的一种缺失。

4. 文化糟粕泛滥,广告品位低下

有些广告一心追求经济效益,推崇文化糟粕,置社会责任道德于不顾。如某营养麦片广告词:"小少爷,快来喝麦片!"此例中的称呼"小少爷",似乎在鼓吹一种陈腐的贵族意识。广告画面中"小少爷"躺在床上睨视着丫环,十足的要丫环服侍的封建贵族意识和派头,对现代中国社会以独生子女为中心的观念是一种曲意的迎合,非常不利于青少年的教育。另外,性别歧视、宣扬男尊女卑思想的广告也大行其道,如洗衣粉、洗洁精等家务用品广告总是以女性作为主角,而广告中的男性往往只是居高临下地面对被洗刷的衣物和端出的饭菜露出满意的微笑,这些都是广告品位低下的表现。

四、广告策划结合传统文化的发展方向

随着市场经济的快速发展和国际竞争的加剧,我国广告业正面临着前所未有的激烈竞争和严峻考验。在国际化和全球化背景下,要想在国际市场上占有一席之地,广告策划应该在运用文化之时坚持如下原则和立场。

1. 把握时代发展的脉搏

文化不是一成不变的,它会随着历史的发展而发展,随着时代的变迁而变迁。现代广告与传统文化结合之时,应注意到文化的发展性和时代性,要与时俱进,不断创新。如南方黑芝麻糊新版广告中,那个"听到黑芝麻糊的叫卖声,就再也坐不住了"的小男孩,摇身变为重归故里的华侨老人;高大豪华的"南方黑芝麻糊"大厦替代了昔日的小作坊,广告画外音:"南方黑芝麻糊,抹不去的回忆"等,都充分展示了文化的发展和时代的进步。

2. 尊重不同区域的文化差异

每个民族,每个区域都有不同的文化积淀、风俗习惯、伦理观、道德观、价值观、人生观及

审美倾向,现代广告也正是在这些不同区域的不同文化基础上形成了不同特色。美国著名广告语"just do it"在香港电视上播放时,译成"想做就去做",这一广告语在标榜个性自由的美国是不会大惊小怪的,但在香港,不少消费者认为该广告有诱导青少年干坏事之嫌,纷纷投诉,后改为"应做就去做",才平息风波。也有不少广告在这方面做得很好,如可口可乐公司的广告主题词"无法抓住那种感觉"在日本改为"我感受可乐",在意大利改为"独一无二的感觉",在智利则改为"生活的感受"。在中国内地一直努力与中国传统文化相融合,锣鼓、狮、龙、春联、鞭炮、福娃等富有传统文化特色的元素被广告策划者信手拈来运用自如。这一切都说明了广告在进入不同区域时,应该尊重当地的传统文化。

3. 坚持走全球化道路

广东省广告公司原创作负责人创意总监胡川妮谈赴戛纳的体会时说:"中国广告界包括我们自己都曾陷入一个误区'越是民族的,就越是世界的'这个来源于文化、电影艺术上的观点,在戛纳广告节上受到了最大的冲击。"在戛纳国际广告节评奖中,许多与中国传统文化完美结合的广告作品无人问津,备受冷落。在经济全球化背景下,中国的广告要在国际市场上占据有利位置,必须在立足于传统文化的基础上采用世界性的思维,坚持走国际化、全球化道路。

【小问题】

1. 根据文化的主体不同,文化可以分为哪几个层次?
2. 传统文化与现代广告结合时产生了哪些问题?

【补充阅读】

问题广告之警醒:广告策划不可忽视文化因素

两则丰田公司汽车广告曾引起不小的波澜。其一为刊登在《汽车之友》杂志上的"丰田霸道"广告:一辆"丰田霸道"停在两只石狮子之前,一只石狮子抬起右爪做敬礼状,另一只石狮子向下俯首,配图广告语为"霸道,你不得不尊敬"(图2-12(a));其二为"丰田陆地巡洋舰"广告:该汽车在雪山高原上以钢索拖拉一辆绿色国产大卡车(图2-12(b))。事后,日本丰田汽车公司向中国消费者道歉。

(a)

(b)

图2-12 丰田汽车广告图

立邦漆滑落中国龙:2004年9月的《国际广告》杂志曾刊登了一则名叫"龙篇"的立邦漆

广告作品,画面上一个中国古典式亭子的两根立柱各盘着一条龙,左立柱色彩黯淡,龙紧攀其上;右立柱色彩光鲜,龙却跌落到地上(图2-13)。广告寓意:右立柱因为涂抹了立邦漆,把盘龙都滑了下来。引起争议后,《国际广告》杂志社给媒体发来声明向广大读者致歉。

图 2-13　立邦漆滑落中国龙广告图

闹得沸沸扬扬的美国耐克公司篮球鞋广告片"恐惧斗室"(图2-14)最终被国家广播电影电视总局叫停,不日,耐克公司通过媒体向消费者正式道歉。

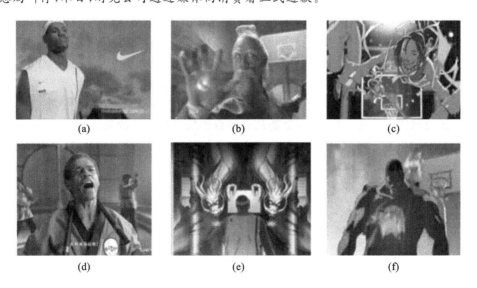

图 2-14　耐克"恐惧斗室"广告图

镜头1:詹姆斯用杂耍般的动作,摆脱一位老年的中国武林高手,从背后将篮球扔出,经柱子反弹将老者击倒。

镜头2:形似中国飞天的女子暧昧地向詹姆斯展开双臂,随着詹姆斯扣碎篮板,飞天也随之破碎。

镜头3：篮板前出现的两条中国龙变成了吐烟雾阻碍詹姆斯的妖怪，詹姆斯晃过所有障碍后投篮得分。

广告需要创意，而创意必须使人产生联想，但国际市场的广告创意要在东道国的消费者心理基础上进行。每个国家都有自己的价值观念、风俗禁忌等，广告策划者在进行策划前一定要考虑到广告内容会让人产生什么样的联想，以及如何激发正确有利的联想，让消费者能够更清晰的记住品牌或者产品。以上这些广告可以说具有很好的创意，可是却没有考虑到文化差异，以致消费者对产品和企业都产生了抵触情绪，可以说是广告策划中的败笔。

【重点提示】

传统文化与现代广告结合时产生的问题

广告策划结合传统文化的发展方向

第五节 广告策划与整合营销传播

在上文中，我们曾提到广告是一种营销传播。广告的本质是传播，是通过媒介向受众传播企业或者产品信息，以实现营销目的的活动。因此，在谈到广告运动或者广告策划时，我们必须在营销和传播的范畴内进行探讨。

一、整合营销传播的内涵与特性

（一）整合营销传播的定义与内涵

整合营销传播（integrated marketing communication，简称IMC）自出现以来就受到学界和业界的高度关注，是近些年来在营销界和广告界使用频率最高的一个概念。自整合营销传播的概念提出以来，引发了营销观念和广告传播观念的深刻变革。

整合营销传播的核心内涵是：以消费者为核心重组企业行为和市场行为，综合、协调使用各种形式的营销传播方式对准一致目标，通过各种不同的传播渠道，传递一致的营销信息，树立一致的品牌形象，实现与消费者的双向沟通，与消费者建立长久的密切关系，有效实现营销传播效果的最大化。简言之，就是从企业营销战略与营销的目标出发，对企业的营销传播资源实现优化配置和系列整合，以确保企业营销传播的统一性、一致性、一贯性。

受整合营销传播的影响，广告代理商根据企业需要也开始改变自己的工作方式，由简单地拼装各种促销工具发展成为专门化追求，如著名的奥美广告就改名为整合营销传播集团。

（二）整合营销传播的特性

整合营销传播具有如下两个特性。

1. 战术的连续性

战术的连续性是指在所有营销传播中的创意要素要有一贯性。比如，在一个营销传播战术中可以使用相同的口号、标签说明，以及在所有广告和其他形式的营销传播中表现相同行业特性等。

2. 战略的导向性

战略的导向性是设计要完成的战略性的公司目标。许多营销传播专家虽然制作出超凡的创意广告作品,能够深深地感动受众甚至获得广告或传播大奖,但是未必有助于本单位的战略目标,如销售量市场份额及利润目标等。

二、广告与整合营销传播

现在我们可以用整合营销传播的概念重新审视广告这一营销传播的手段。

1. 广告是众多营销传播方式之一

这也是我们在探讨广告的本质时,必须客观对待的事实。我们不能过分地夸大广告在整个整合营销传播系统中的功能,广告作为一种营销传播手段,是被包含在整合营销传播的系统之中的。广告具有很多别的营销传播方式所没有的优势,因此,企业在进行整合营销传播运作时,都会充分利用广告这一营销传播手段。

2. 广告与别的营销手段有着密不可分的关系

整合营销传播的实行,需要一个平台将各种营销传播手段进行整合。广告作为一种相对成熟、形式多变的营销传播手段,能够很好地承载起将多种营销传播手段进行整合的任务。而且,也只有广告这种融合性强、表达方式多样的营销传播手段,才能适应越来越复杂的商业环境,面对不断分散的目标消费者,运用日益丰富的媒介形式和媒介内容,最终实现整合营销传播的目标。

3. 广告传播在整合营销传播时代获得了新的发展

整合营销传播强调的是各营销传播要素的整合,它对营销传播范围的定义比传统的要宽泛很多,一切有关顾客与品牌接触的所有传播渠道都被包含其中,而且它又特别强调"沟通",这就催生了广告在整合营销传播时代与顾客进行沟通的新形式,如广告表现力较强的互动广告这些年的发展,就很好地说明了广告在整合营销传播中所起的作用。

许多国内企业和广告公司误把不同的广告形式和不同的媒介组合当成整合营销传播,认为只要在不同的媒体上播放广告就一定能打动消费者,全然不顾其他营销传播手段的使用。这种观念往往在营销传播上采用广告的"地毯式轰炸",只是简单粗糙地进行媒介的叠加和信息的重复。只有在整合营销传播中找到属于广告的真正位置,梳理清楚广告与整合营销传播的关系,才能把广告和整合营销传播推向新的发展,实现企业营销传播的最终目标。

三、整合营销传播理论在广告策划中的运用

广告策划是整合营销传播的重要组成部分,也是整合营销传播成功的关键,它的核心思想是以消费者为中心,一切为消费者服务。消费者可以从各种接触方式获得信息。这些信息必须保持"一种声音,一个面目",才能获得最大限度的认知,因此,广告策划必须对各种传播媒介进行整合应用,即实施整合广告策划,它主要包含整合化策划思维和营销化策划思维。

1. 整合化策划思维

整合化策划思维是整合营销传播策略在广告策划中的具体运用,它的基本目标是谋求广告工作的规模效应,具体要求如下。

广告内容的规模效应:在广告策划中,应该注意广告宣传内容的主题性,做到既有中心主题,又有内容间的互补和衬托,创造出广告内容上的规模效应。

广告媒介的规模效应:选择策划广告宣传媒介时,应该注意各种广告媒介的协调性和配合性,力求整体作战,实现媒介上的规模效应。

广告活动的规模效应:策划广告宣传活动时,注意各种广告宣传活动的系列性与多样性,创造宣传活动上的规模效应。

广告时间的规模效应:策划应注意各个广告作品宣传、推出时间上的计划性与连续性,以创造出时间上的规模效应,扩大广告的影响范围,树立良好的产品形象和企业形象。

2. 营销化策划思维

广告策划必须面向企业的市场,为企业展开系列化的营销活动服务,这是广告价值的根本所在。企业营销是一个系统工程,涉及的内容比较多,策划企业的市场营销模式,可以从以下几个方面入手。

① 构建企业的营销哲学。在企业,特别是在高层领导者和经营者中,推广符合时代要求的市场营销观念和社会营销观念,从指导思想上端正企业领导者、经营者对营销工作的价值判断。

② 明确企业的市场定位策略和产品的公众定位策略。市场定位和公众定位结论直接决定着企业的产品开发设计、广告宣传、公共关系等方面的工作。广告策划必须进行准确的市场定位,明晰目标市场的经济发展状况和公众的消费力。

③ 构建企业的营销管理体系,制定企业的营销战略与营销计划。明确了企业营销活动的基本任务和类型后,应该规划出长期、中期、短期的市场经营战略,并制订出操作性的营销计划,使企业的营销工作处于良性化的运作机制之中。

④ 制定企业的产品策略、品牌策略和包装策略。如策划应该根据公众的审美化消费心理,选择符合公众美学判断准则的包装策略,以提高产品的市场竞争力。

⑤ 制订合理的价格策略,使商品的市场价格既符合国家政策法律需求,又符合公众的消费心理需求。

⑥ 确定企业的市场销售方式和组合策略。

⑦ 制定企业市场化的售前服务、售中服务和售后服务制度。使企业在为公众提供服务的过程中,赢得公众的好感,建立广泛的公众关系网络。

⑧ 策划产品的促销活动。

总之,在广告策划中,仔细研究产品很重要,更重要的是要以消费者为中心,使消费者对品牌产生信任,并且要不断维系这种信任,使品牌长存于消费者心目中。

【小问题】

1. 什么是整合营销传播?它的内涵是什么?
2. 什么是广告策划中的整合化策划思维?

【补充阅读】

整合营销传播的成功者——麦斯威尔[①]

阿拉伯人有句格言"做咖啡是一种艺术,所以喝咖啡也是一种艺术"。这种艺术在麦斯

---

① 资料来源:IMC. http://baike.baidu.com/view/408615.htm,有改动。

威尔那里找到了最佳阐释。麦斯威尔的经典广告语"好东西要和好朋友分享"所表现的情怀确切地传达了阿拉伯人的生活趣味：他们从不独享一杯咖啡。

麦斯威尔广告图见图 2-15。

图 2-15　麦斯威尔广告图

麦斯威尔是一个运用整合营销传播策略的成功者。麦斯威尔咖啡自 1982 年在台湾市场发售以来，一直以"分享"的广告策略塑造品牌，1986 年到 1988 年，麦斯威尔通过随身包咖啡的上市，延伸"分享"的概念，并运用广告、公共关系、促销活动等手段，由形象代言人孙越发起"爱、分享、行动"的街头义卖活动，同年麦斯威尔随身包咖啡销量同上年相比增长 50%。麦斯威尔通过不同的传播媒体传达"分享"这一核心概念，运用的就是典型的整合营销传播策略。

【重点提示】

广告与整合营销传播的关系

整合营销传播理论在广告策划中的运用

■ 关键概念

自我传播　人际传播　组织传播　大众传播等传播学关键概念　广告传播的基本功能　广告策划与市场营销策略的关系　把握消费者行为对广告策划的意义　传统文化在广告创作中的体现　五大关系　传播学原理与广告策划　市场学原理与广告策划　消费者行为与广告策划　文化观念与广告策划　整合营销传播与广告策划

■ 复习思考题

1. 简述信息传播的构成与分类。
2. 广告传播有哪些基本环节?
3. 广告传播具有哪些基本功能?
4. 简述市场营销组合中广告策划的作用。
5. 广告策划应如何适应产品生命周期的变化?
6. 简述广告策划与市场营销策略的关系。
7. 如何对消费者类型进行分析?
8. 消费者的行为研究对广告策划有何意义?
9. 为什么说广告是重要的文化现象?
10. 广告文化的基本功能有哪些?
11. 广告策划中文化环境由哪些方面构成?
12. 我国传统文化如何在广告创作中得到表现?

■ 单元实训

【实训内容】
了解消费购买行为和消费心理。

【实训目标】
分析市场,了解消费购买行为。

【实训内容与组织】

1. 对有关超市进行调查,了解百事可乐及其他品牌饮料的销售资料,由学生组织分析研究,得出结论。分析的具体内容由教师指导学生拟定,如超市有需要,可作为真正的实训。

2. 根据饮料品牌分组,任课教师调控整个实训过程。主要根据他们的实际需要项目进行开展,说明其有可能受哪些行为和心理活动的影响。

【成果与检测】

1. 由组长根据各成员在实训过程中的表现进行评估打分。
2. 指导教师根据各成员表现进行讲评。

附:作业

训练的简要报告。

1. 参加活动名称、时间、地点

2. 本人预期目标

3. 本人发言提纲

4. 活动效果

第三章 广告策划的市场调查与分析

■ 课前导读

百事可乐的侧翼广告策略

百事可乐作为世界饮料业两大巨头之一，100多年来与可口可乐上演了一场蔚为大观的"两乐"之战。20世纪80年代之前，百事可乐一直惨淡经营，由于其竞争手法不够高明，被可口可乐远远甩在后头。然而经历了与可口可乐的无数次交锋之后，百事可乐终于明确了自己的定位，以"新生代的可乐"形象对可口可乐实施了侧翼攻击，从年轻人身上赢得了广大的市场，使得饮料市场的战略格局悄然改变。

百事可乐通过精心的市场调查发现：年轻人现在最流行的东西是酷，而酷表达出来就是独特的、新潮的、有内涵的、有风格创意的意思。百事可乐抓住了年轻人喜欢酷的心理特征，开始推出了一系列以年轻人认为的最酷明星为形象代言人的广告。在美国本土，1994年百事可乐用500万美元聘请了流行乐坛巨星迈克尔·杰克逊做广告，被誉为有史以来最大手笔的广告运动。杰克逊果然不辱使命，当他踏着如梦似狂的舞步，唱着百事广告主题曲出现在屏幕上时，年轻消费者的心无不为之震撼。在中国内地，继邀请张国荣和刘德华做其代言人之后，百事可乐又力邀郭富城、王菲等明星做它的形象代表，郭富城的劲歌劲舞，王菲的冷酷气质，迷倒了全国无数年轻消费者。

百事可乐广告图见图 3-1。

百事可乐广告语也是颇具特色的。它以"新一代的选择"、"渴望无限"等做自己的广告语。百事认为，年轻人对所有事物都有所追求，比如，音乐、运动，于是百事可乐提出了"渴望无限"的广告语。百事提倡年轻人作出"新一代的选择"，那就是喝百事可乐。百事这两句富有活力的广告语很快赢得了年轻人的认可。配合百事的广告语，百事广告内容一般是音乐、运动，利用大部分青少年喜爱足球运动的特点，特意推出了百事足球明星，可谓充满洞察力。

百事可乐作为挑战者，没有模仿可口可乐的广告策略，而是勇于创新，通过广告树立了一个"后来居上"的形象，并把品牌蕴涵的那种积极向上、时尚进取、机智幽默和不懈追求美好生活的新一代精神发扬到百事可乐所在的每一个角落。百事可乐是受人尊崇的，百事可乐的广告策略也是值得推崇的。

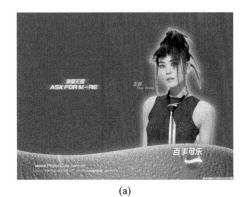

图 3-1　百事可乐广告图

第一节 广告市场调查

一、市场调查的发展与主要内容

调查是一切营销活动的基础。只有经过客观科学的市场调查,才能给之后的营销活动提供科学客观的依据。市场调查是人们为解决某项产品的营销问题而有意识地对市场进行具体的了解、认识市场的运行状况和运行机制的过程和工作。当然,对市场调查的重视并非是从策划出现之初就有的,而是在市场营销的不断发展和完善之中逐渐发展并走向成熟的。

随着广告策划概念的不断发展,美国的一些广告公司开始逐渐意识到市场调查对公司广告活动顺利开展的重要性。20世纪60年代初,大卫·奥格威的奥美广告公司负责在英国、德国和法国三国为美国旅行社制作旅游广告。大卫·奥格威着手对欧洲展开了周密的市场调查。如果不借助市场调查这种手段,人们也许根本无法知道当时英国只有3%的家庭年收入超过5 000美元,而美国则有50%的家庭达到这一水平。而且大卫·奥格威通过调查了解到,大多数欧洲人认为到美国旅游花费太高而不敢问津;调查也表明,欧洲人之所以会产生这种担心,是因为不了解到美国旅游的花费等有关情况。消除欧洲消费者的种种误会和担心是在欧洲推广美国旅游项目的关键。大卫·奥格威的调查结果表明,欧洲人过分夸大去美国旅游花费很多的这个观念,是美国旅行社旅游运作的最大障碍。于是大卫·奥格威再通过对美国各地住宿、饮食、交通等方面情况的详细实地考察和各项花费的反复核算,最后出现在欧洲主要报纸上的美国旅行社的广告语——去美国旅游,一周只需35英镑!这个广告立即在欧洲引起巨大轰动,据统计资料显示,从该广告宣传开始之后的8个月内,从法国来美国旅游的人数上升了27%,英国上升了24%,德国上升了18%。大卫·奥格威曾明确地表示,"我对什么事物能构成好的文案的构想,几乎全部从调查研究得来而非个人主观臆断。"奥美广告公司总是以市场调查来引导创作,首先通过调查来发现市场难题,找出广告应该解决的问题是什么。如果没有事先的调查,不知道问题所在,不能准确寻找消费者真正关心的东西,就无法有的放矢,不能提出消费者在商品身上所寻找的利益点,更不能把广告策划真正做到位。

在现代市场调查中,学界与业界都变得更加理性,对市场调查的内容也做了具体详细的研究。张金海教授在《广告运动策划教程》一书中,明确地把市场调查的内容分为七类:产品研究、企业研究、消费研究、媒体研究、广告研究、销售和市场研究、民意研究。

在广告策划的市场调查当中,并不一定要将以上提到的七种内容全部包括,而是应该根据策划的具体类型与对象进行合理地选择与分配,通过对选择好的内容的市场调查得出具有指导与建设意义的调查结论。

二、广告市场调查的目的与要求

广告市场调查的最终目的是促进产品的销售,直接目的是选择广告实施的方案,而具体目的在于从总体上对市场经济的运转现状有一个基本的了解。

首先,从实施的归宿方面考察,市场调查作为一种手段,服从于整个营销战略目的。因此,市场调查的目的就在于通过收集市场经济的信息,说明现有市场经济运转现状,预测市场发展的大体趋向,从而使营销战略与促销策略适合于市场经济发展的现状,选择、确定广告的目标,以避免失去机遇和虚耗投入,并且可以由此发现商品的新用途和市场的新需要。

其次,从广告运动的目标方面来看,作为广告策划与创意的依据,市场调查能从总体上提供各种不同广告决策所依据的信息,促使广告策划主体制订特有的广告目标和计划,包括确定广告对象、广告诉求重点、广告表现手法和广告活动的策略等。总之,市场调查的结果就是要适时推出有利于促销成功的广告策划和创意。

最后,广告市场调查的目的具有层次性和多样性,既有服从于整个营销目的的总体性目的,又有适应市场调查需要的具体性目的。

三、市场调查的方法

广告公司开展市场调查的方法种类繁多,按照调查资料与信息的获取渠道,可分为间接调查法和直接调查法两种。

(一)间接调查法

间接调查法是通过收集各种历史和现实的动态统计资料,从中摘取与市场调查课题有关的情报,也叫二手资料法。有人把二手资料简单理解为从书本、报刊上找来的资料,实际上,二手资料也可能是通过访问和实验获得的,但它们是别人获取的,或者是在本次市场调查之前获取的。只有在本次调研中,通过本次调研的实验人员自己访问和实验获取的资料,才能被称为一手资料。没有充分分析二手资料之前,一手资料收集工作不宜盲目展开,否则很可能使市场调研工作走一大截弯路,严重的甚至会导致市场调查的失败。

二手资料可以分成内部数据和外部数据。

1. 内部数据

内部数据是指来自企业内部的自有数据。这些数据有的可以马上应用,有的要经过调研人员的进一步处理才能应用。

2. 外部数据

外部数据主要有以下三类。

(1)出版物类

如商业年鉴、民间组织或协会的统计数据、政府部门的统计数据、报纸、杂志等。

(2)计算机数据库类

如网络查询、国家或地方统计局的数据库、各大型零售商的货物进出仓数据库等。

(3)专业信息公司

外部数据还可以向提供商业数据的专业信息公司进行购买。国内已有不少能提供这种商业数据的公司,其做法是对固定样本家庭的日常消费进行调研,形成一些基础数据,供企业和研究人员参考,我们称之为"数据公交车"。

(二)直接调查法

直接调查法能充分运用从间接调查中了解的信息源,这些信息源一般能提供大量有价值的信息。在实施直接调查之前,我们应该明确制订目标,比如,需要收集什么信息、需要用什么方法收集和测量、调研对象是谁、如何分析数据等。常用的直接调查方法有以下几种。

1. 市场普查法

市场普查法是以市场总体为调查对象的一种调查方法,这种调查方法的基本特点是具备全面性，相对稳定。市场普查法通常由专门的普查机构来主持，需要组织统一的人力和物力，确定调查的标准时间，提出调查的要求和计划，由于市场普查法的侧重点是宏观的，它本身包含着很多具体内容，因此它也是实际调查中运用较少的一种方法。

案例：

联合利华公司的冲浪超浓缩洗衣粉（Surf）在进入日本市场前，做了大量的市场普查。Surf的包装经过预先测试，设计成日本人装茶叶的香袋模样，很受欢迎；调研发现消费者使用Surf时，方便性是很重要的性能指标，新产品又做了改进。同时，消费者认为Surf的气味也很吸引人，因此联合利华就把"气味清新"作为Surf市场开拓的主要请诉求点。可是，当产品导入日本后，发现市场份额仅能占到2.8%，远远低于原来的期望值，一时使得联合利华陷入窘境。问题出在哪里呢？

问题1：消费者发现Surf在洗涤时难以溶解，原因是日本当时正在流行使用慢速搅动的洗衣机。

问题2："气味清新"基本上没有吸引力，原因是大多数日本人是露天晾晒衣服的。

显然，Surf进入市场时实施的调研设计存在严重缺陷，调研人员没有找到日本洗衣粉销售中应该考虑的关键属性，而提供了并不重要的认知——气味清新，导致了对消费者消费行为的误解。而要达到这个调研目的，只需要采用合适的市场普查方案就能实现。

2. 抽样调查法

抽样调查法是根据概率统计的随机原则，从被研究的总体中抽出一部分个体作为样本进行分析、概括，以此推断整体特征的一种非全局性的调查方法。

抽样调查法有三种常用的方式。

（1）等距离抽样

等距离抽样是将准备调查的对象排列起来，设定等距离来抽取样本的方法。

（2）任意抽样

任意抽样即采取抽签的方法，将调查对象做成签混合后再随意抽取的方法。

（3）随机抽样

随机抽样是将调查对象编成号码，运用乱数表抽取样本的方法，这是最常用的一种方法。

抽样调查法是市场调查的一种主要方法，其特点是具体、技术性强。这种方法实施的主要环节有两个：一是要注意抽样客观性，避免主观人为倾向；二是选点取样要具有代表性，使样本的特征能较为充分地表现事物的总体特征。由于样本的选择直接影响到调查的质量，所以使用抽样调查法必须特别注意。

3. 典型调查法

典型调查法是市场调查中普遍采用的一种方法，其特点是较为节省人力财力，取得资料也较快。运用典型调查法，要求调查人员只有在对被调查团体非常了解的基础上才能进行，以避免选择非典型样本作为调查对象。例如，在调查城市居民对自行车的需求中，青年组对自行车的需求与老年组对自行车的需求显然不同，这就需要选择不同的典型样本，同时还应注意典型样本未来发展的可能性问题。

4. 随意调查法

随意调查法是指调查者根据调查的目的和内容，随意选择对象进行调查研究的一种方法。但需要指出的是,这里所说的随意,仍然是服从调查目标的前提下的随意,不是毫无限制的随意。例如,调查者要了解消费者对某种产品的评价状况,就可以在繁华的街头、百货商场、购物中心等人员较为集中的场所作不定点的调查,当然这种调查也要有所选择,在确定调查对象、调查时间或调查区域时要尽量考虑代表性。

5. 访谈法

访谈法是指调查者通过询问的方法获取所需资料的一种调查方法。

访谈法有三种常用方式。

(1) 人员走访

人员走访即调查人员直接造访被调查者,从中了解情况和收集所需的情报资料。

(2) 电话采访

给被调查者打电话,通过电话询问的方式进行调查,其特点是简便快捷。

(3) 邮信查询

邮信查询即通过邮递问卷的方式调查被调查者的方法。

访谈法通常能获得较为权威而又准确具体的第一手资料,使调查的内容有深度。

6. 观察实验法

观察实验法是指注意调查现场情形的一种调查方法,它通常分为观察与实验两种方式。

(1) 观察法

观察法主要是指调查者对被调查者的行为与特点进行现场描述的一种方法。如调查者到购物中心观察某类产品的销售情况、推销方式、消费者情况等。观察法具体包括直接观察、痕迹观察、行为记录等方法。其特点是可以客观地记录事实的现状和经过,使收集资料具有较高的准确性和可靠性。

(2) 实验法

实验法主要是通过小规模实验来了解产品及其发展前途,借此把握消费者的评价意见的一种方法。例如,要了解消费者对某种新产品的评价,就可以选择某些新产品进行实验,进而进行试销调查。常用的实验法包括销售区域实验、模拟实验、购买动机实验等几种。其特点是调查结果较为客观、准确,但实验的时间较长,成本较高,有些实验因素也难以控制。在具体的市场调查中,采用哪种或者哪几种调查方法,并没有一个统一的规则,应该根据具体情况不断调整,才能取得科学客观的调查结论。

四、市场调查问卷设计技巧

广告市场调查的技巧,是指具体运用市场调查方法去实现调查目的时所需掌握的调查问卷,对获取全局准确的调查资料有很大帮助,而且往往是达到调查目的的关键。

市场调查的问卷设计从总体上讲应符合如下基本条件:

问题必须简明扼要和有较强的信息涵盖量;

问题要符合人们通常的逻辑思维进程,保证能获得对方答复;

问题必须具有典型意义,能够代表一定阶段内市场发展的基本趋向;

问题应便于评议、分析和综合说明。

设计调查问卷是一项技术很强的工作,除了要求具备以上条件外,还要注意概念的确定性,尽量避免一般性问题或与调查内容无关的枝节事项,避免对被调查者进行偏向性引导。

【小问题】

1. 广告市场调查的目的是什么？
2. 广告市场调查的主要方法有哪些？
3. 问卷设计有什么样的技巧？

【补充阅读】

市场调查经典案例：李维斯牛仔裤[①]

李维斯牛仔裤广告图见图3-2。

(a)

(b)

(c)

图3-2　李维斯牛仔裤广告图

李维斯现在是风靡全世界的知名品牌，但其发迹却是市场调查的结果。

李维斯牛仔裤的创始人是李维·施特劳斯。旧金山因为淘金热而人潮汹涌时，李维·施特劳斯的姐夫大卫·斯特恩邀请他来到旧金山。因为眼看着当地的淘金经济，大卫·斯特恩意识到，一个出售布料的机会正在来临，因此，李维·施特劳斯应邀从纽约乘快速帆船绕南美，历时五个月行程，到达了旧金山这个秩序有些混乱的边疆城镇。李维·施特劳斯带了各种各样的布料，包括用来做帐篷和车篷的帆布，但当李维·施特劳斯抵达旧金山时，他所带的货物已被同船的其他乘客买光，就只剩下帆布了。他通过了解当地的市场需求，很快想到了一个出售帆布的好主意。

"你应该带些裤子来"，探矿的人和挖金的人都这么对他说，"那种裤子矿上才耐穿！"李维·施特劳斯马上把又厚又重的棕色帆布拿到裁缝那里，制作出了他称为"骑腰套装"的裤

[①] 资料来源：牛仔裤之父——李维·施特劳斯. http://www.u1958.com/niuzaiku/nzk/lwstls.html，有改动。

子,这些裤子就成了世界上首批牛仔裤。质量上乘的"李维斯裤子"很快传遍矿区,年轻的李维·施特劳斯开始大批量地生产裤子,最初带去的帆布很快全部用完了。李维·施特劳斯转而使用一种法国尼姆产的结实的斜纹布。随着靛蓝染料的出现,最初的自然棕色变成了现时广为人知的深蓝色。

李维·施特劳斯的新产品很快得到了大家的喜爱。但这时新的问题又出现了,探矿人发现沉重的金块常常把裤兜撑开。这一点提醒李维·施特劳斯要改进裤子的质量,他马上接受了在裤兜四角订铆钉加固裤兜的主意,而且申请了专利。迄今,铆钉仍然是李维斯适体防缩、纽扣裤门牛仔裤的重要标志。这种牛仔裤如今命名为李维斯。

李维·施特劳斯取得的成功远远超过了自己的梦想,以他名字命名的牛仔裤如今在70多个国家销售,牛仔裤已经成为这家多样化经营的全球性企业的拳头产品。150年后的今天,李维斯仍极负盛名,其全球销量已超过李维斯企业的创业史,我们可以看到对市场的调查和分析有多么重要。在广告策划当中,应当充分认识到这一点。

【重点提示】
产品市场调查的主要内容
产品市场调查的基本方法

第二节 营销环境分析

企业是社会不可缺少的构成要素之一,是存在于社会中的重要组成部分。它不仅与生产者有关,更与消费者、竞争对手、社会公众等有着不可分割的密切联系。因此,在为企业进行市场调查时,必然要对整个营销环境进行调查与分析,从中获取对企业有效的信息,掌握市场机会,规避风险。

一、营销环境的定义和构成

什么是营销环境?美国著名市场学家菲力普·科特勒的解释是:影响企业的市场和营销活动的不可控制的参与者和影响力。具体说就是:影响企业的市场营销管理能力,使其卓有成效地发展和维持与其目标顾客交易及关系的外在参与者和影响力。因此,市场营销环境是指与企业营销活动有潜在关系的所有外部力量和相关因素的集合,它是影响企业生存和发展的各种外部条件。

企业的营销环境的构成如图3-3所示,由宏观环境和微观环境两大部分组成。

(一)宏观环境

宏观环境是指影响企业市场营销微观环境的巨大社会力量,包括人口、经济、自然、科技、政治和法律、社会和文化等环境,它主要由一些大范围的社会约束力量构成。

1. 人口环境

人口环境主要有人口规模、地理分布、年龄分布、迁移等因素。

2. 经济环境

企业的经济环境包括:宏观经济形势,如政府财政、金融情况;本行业在整个经济体系中的地位和行业特点;企业的直接经济环境,包括人均实际收入、平均消费取向、消费支出分配

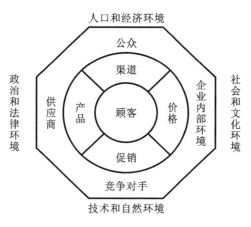

图 3-3 营销环境的构成

模式。

3．自然环境

自然环境是指一个国家的自然资源与生态环境,包括生产的布局、人的生存环境、自然资源、生态平衡等方面的变化。

4．科技环境

科技的发展使产品结构发生了巨大的变化,整个世界处在新的产业革命时期。

5．政治和法律环境

政治和法律环境是指强制或影响社会上各种组织和个人的法律、政府机构和利益集团。

6．社会和文化环境

社会和文化环境是指社会结构、社会风俗、习惯、信仰、价值观念、行为规范、生活方式、文化传统等。

（二）微观环境

微观环境是指对企业服务其顾客的能力直接构成影响的各种力量,包括企业本身及其市场营销渠道。企业内部环境、供应商、顾客、竞争对手和公众,都对企业的市场营销顺利有效地进行起着重要的作用。

1．企业内部环境

企业是由各职能机构,如计划、财会、技术、供销、制造、后勤等部门组成的以赢利为目的的经济单位。企业内部各职能部门的分工合作科学、和谐与否,会影响企业的整个经营活动。在制订计划时,营销部门应兼顾企业的各个部门,如最高管理层、财务、研究与开发、采购、生产、会计等部门。所有这些相互关联的部门构成了企业的内部环境。

2．供应商

供应商是向企业供应其生产产品和劳务所需要的各种资源的企业,是企业的整个顾客"价值传送系统"中的重要一环。企业要进行生产,首先就要有各种原材料、燃料、辅助材料等的供应作保障,供应商能提供企业生产产品及提供服务所需的资源。

3．顾客

顾客是企业的目标市场,也是直接营销环境中最重要的因素。顾客的变化意味着企业市场的获得或丧失。顾客市场可划分为消费者市场、企业市场、经销商市场、政府市场、国际市场这五种顾客市场,企业应当仔细研究其顾客市场。

4. 竞争对手

大多数企业都不可避免地会遇到现实或潜在的竞争对手的挑战。从消费需求的角度划分,企业的竞争者可以分为四种类型:

① 产品竞争者,指生产同种产品但不同规格、型号、款式的竞争者;
② 品牌竞争者,指产品相同,规格、型号等也相同,但品牌不同的竞争者;
③ 平行竞争者,指能够满足同一种需求的不同产品的竞争者;
④ 需求竞争者,指提供不同产品,以满足不同需求的竞争者。

前两类竞争者都是同行业的竞争者,是营销企业必须认真了解、研究、对待的竞争者。

5. 公众

公众是指对企业完成其营销目标的能力有着现实或潜在利益关系和影响力的群体或个人。公众对企业的态度会对企业的营销活动产生巨大的影响,它既可能增强企业实现自己营销目标的能力,又可能妨碍这种能力,所以企业必须采取一定的措施,成功地处理与主要公众的关系,争取公众的支持和偏爱,为自己营造和谐宽松的社会环境。

二、企业营销分析的要点

(一)营销的宏观制约因素

1. 宏观经济形势

宏观经济形势包括:宏观政策、市场环境、技术趋势等。

企业外部的政治环境:进出口政策、外汇与税收制度、国有化政策与社会治安等。

经济与具体市场环境:宏观经济形势、地区的产业结构与政策、人均收入与可支配收入、消费模式等。

基础设施与人力资源环境:科教文化设施的分布与服务水准、交通通信能源的建设、消费者受教育的程度与薪资水平等。

企业所属产业的发展政策:所属产业的发展前景、受鼓励或受限制程度。

2. 市场的政治、法律背景、文化背景

法制与社会文化环境:高效廉洁的司法机关、无歧视性且与国际接轨的法律、良好的知识产权保护、健康开放的社会生活方式、积极向上的文化氛围等。是否存在有利或者不利的政治因素可能影响产品的市场;企业的产品与市场的文化背景有无冲突之处;是否存在有利或不利的法律因素可能影响产品的销售和广告(如对香烟、烈性酒、药品等的特殊政策);等等。

(二)市场营销环境中的微观制约因素

市场营销环境中的微观制约因素有:

企业的自身目标和资源;

企业供应商与企业的关系;

企业营销与企业的关系;

顾客对企业和产品的态度及其实际的购买行为;

竞争者的情况。

(三) 市场概况

1. 市场的规模

整个市场的销售额;市场可能容纳的最大销售额;消费者总量及总的购买量;以上要素在过去一个时期中的变化;未来市场规模的变化趋势等。

2. 市场的构成

构成这一市场的主要品牌;各品牌所占据的市场份额;居于竞争优势地位的品牌是什么?对本品牌构成竞争的品牌是什么?未来市场构成的变化趋势如何?

3. 市场构成的特性

市场有无季节性;有无其他突出的特点。

三、营销环境分析的总结

对市场环境的各要素进行分析的目的在于找出企业在市场上面临的主要机会点和问题点。在各要素的分析完成后,应对其中的要素按照机会和问题进行分类总结,没有机会点和问题点的要素在总结中可以忽略不计,而作为机会点或问题点的要素则要重新明确。在分析完成后还须进行总体审核,以确定没有漏掉一个重要因素。

【补充阅读】

联想海外拓展过程中的营销环境分析

联想集团在向海外发展的过程中,曾经对其所处的环境成功地进行了分析,从而制定出有针对性的营销战略,获得了快速发展。

(一) 宏观环境分析

1. 技术背景:以中国科学院为依托的新兴计算机企业

联想集团的前身是中国科学院计算机公司,是 1985 年由中国科学院计算机技术研究所 20 多名科研人员投资 20 万元创办的,而香港联想公司是由中国科学院联想集团与香港导远公司合作创办的。中国科学院计算技术研究所拥有 1 800 多名各类计算机专业人才,技术实力雄厚,在计算机技术研究领域里代表着国家最高水平,被称为中国计算机技术的"发源地"。

2. 政策背景:对外开放政策和科技体制改革的产物

中国科学院有 100 多个研究所,基本上是 20 世纪 50—60 年代按照苏联模式建立起来的经院式的研究学府,偏重基础研究,忽视应用研究,科研工作与国民经济脱节。另外,由于过去国家实行对外封闭政策,使中国的计算机技术研究与发达国家拉了距离。

3. 经济背景:走向欧美市场是双方经济发展的共同需要

香港是国际贸易中心,商品经济发达,信息灵敏,渠道畅通,加上市场竞争机制和行之有效的企业管理方式,使它在吸收、消化最新技术,尽快取得经济效益等方面具有突出的优势。如香港导远公司的优势就在于它了解市场行情,熟悉出口渠道。

(二) 行业环境分析

几年来在国内计算机行业的竞争中,通过技术服务产生增值的流通领域内的公司,可能会发迹一时,但实质上时刻被危险的阴影所笼罩。鉴于以上情况,联想公司就用汉卡作为微机促销的手段,努力建设销售网点并做好培训服务工作使自己在计算机流通领域内站稳了脚跟。完全由自己开发具有多种效益的产品,如联想汉字系统,这部分产品占公司营业额的30%左右。公司的主营产品之一是微机,尽管它的营业额占公司营业额的份额最大,但是微机的硬件部分全部依靠进口,于是,公司按照工价政策,同时也为自己能继续发展下去,决心研制自己的微机。

（三）市场环境分析

1988年,整个世界计算机市场已进入一个高速成长期,信息产业在全球呈现爆炸性增长,高技术产品更新换代和价格下降极快,生产成本对价格影响很大,此时要用战略眼光抓住市场。联想发现计算机主机板在整个计算机制造业中是个市场需求量大、利润率不高的产品,这就要求制造企业具有相当的技术实力,同时,计算机主机板在计算机行业中又属于劳动密集型产品,由于利小,国外企业一般不把主要精力和人才投放在这里。联想看准了这个机会,没有选择从计算机整机入手,与发达国家竞争对手正面交锋,而是选择了配套制造业,把我国计算机技术的精锐部队投向计算机板卡制造业。于是联想借助香港导远公司了解市场行情、熟悉出口渠道的优势,与其合作组建了香港联想公司,这成为联想又一个飞跃的起点。

联想笔记本广告图见图3-4。

图3-4　联想笔记本广告图

【小问题】

1. 企业在进行营销环境分析时,主要考虑哪些宏观因素?
2. 试述社会文化环境对市场营销的影响。

【重点提示】

营销环境的构成（宏观环境与微观环境）

营销环境分析的主要内容

第三节　竞争对手分析

一、竞争对手分析的目的

在对企业自身状况进行分析之后,应该对竞争对手进行一番调查和分析,即"知己知彼,百战不殆"。对竞争对手进行分析的目的是寻求个体间的竞争优势。广告策划活动必须要从广告主的视角出发,来捕捉竞争对手,并通过确认竞争者之间的竞争优劣势地位,判断其各自的市场竞争行为的原则,并以此来决定客户本身的市场反应策略。

为了确立自己相对于竞争对手的优势,明确客户核心的竞争力,找到成功的关键方向,我们可以直接将自己的竞争资源同竞争对手的竞争资源进行对比,考虑的因素如表3-1所示。

表3-1 竞争对手分析考虑的因素

确定竞争对手间的地位,需要先考察和对比竞争对手间各方面的实力,通常需要考察的因素有:	
○ 市场占有率	○ 产品质量、产品基本功能和附加功能
○ 心理占有率	○ 新产品开发
○ 情感占有率	○ 产品系列的宽度和深度
○ 产品/服务差异化(多样化)程度	○ 细分市场的数目
○ 广告投放	○ 生产能力
○ 企业理念与形象	○ 成本情况
○ 研究开发的重心	○ 能源和原材料供应
○ 企业总部与分支机构所在地	○ 财务状况
○ 销售组织和销售渠道	○ 营销工具使用
○ 地域市场范围	○ 分销渠道
○ 品牌的数量	○ 营销体系的规模与力量
○ 纵向一体化程度	○ 产品或服务的质量
○ 技术领先程度	○ 研究开发能力
○ 成本结构和价格定位	○ 设备水平
○ 所有者结构	○ 组织的规模
○ 背景及关系资源(如与政府、银行的关系)	

通过对比分析,我们可以获得关于"主要竞争对手的优势是什么?"、"主要竞争对手的弱点是什么?"等问题的结论。直接和竞争对手对比的确是比较简单和直接的方法。虽然各个企业的产品不完全一样,但对每个企业来说,都可以将自己的产品和竞争对手的产品进行比较,以便能够确定扩大市场份额的独特方法。

二、竞争地位分类

企业获取的市场竞争优劣势决定了各个竞争对手的市场地位。竞争对手的地位可以划分为四大类:市场领袖、市场挑战者、市场追随者和获取市场利基者。它们的市场地位和应用策略如表3-2所示。

表3-2 不同竞争对手市场地位及策略

竞争对手地位	市场地位与应用策略
市场领袖	市场占有率最大者,在产业创新、经销渠道的拥有、价格调整,以及促销运动方面,均居于行业、市场的领导地位,为同行确定指标、模仿、挑战的焦点

续表

竞争对手地位	市场地位与应用策略
市场挑战者	市场占有率排名第二、第三、第四或第五名者,具有强劲的竞争潜力,可以打正规战,是市场领袖所忧虑的竞争对手。进可攻,退可守,运用自如
市场追随者	竞争中无意愿或无能力对市场领袖采取反击策略的企业,通常在战场上采取"追随模仿"市场领袖的行为,要比采取对抗策略更为经济与安全,尤其在产品同质性高,顾客不易分辨产品差异时
获取市场利基者	利基是英文 riche 的音译,其战略目标在于获取各个行业中较具有专业性,较小型的市场区隔,这类专业型市场区隔通常为大型企业所忽视

三、竞争对手情况分析

（一）竞争对手的市场情况分析

1. 竞争对手的历史背景

我们在确定广告战略之前,应该首先深入了解所有重要竞争企业的历史、品牌、企业文化、本企业以前遭遇过的关键时刻、本企业的重大失误和巨大成功。所有的新的决策都会建立在企业的历史之上,广告公司应该善于研究那些历史。

2. 与竞争对手进行产品比较

直接和竞争对手进行对比的确是辨别竞争对手间优势-劣势的比较简单直接的方法。虽然行业中或不同行业的各个竞争企业的产品大多不会完全一样,但对每个企业来说,都可以将自己的产品和竞争对手的产品进行比较,以便能够确定扩大市场份额的独特方法。

3. 竞争对手对市场发展趋势的关注

市场发展趋势是指来自其他行业的竞争,它有可能会给本行业的竞争方向带来一些影响。另外,竞争对手对这一市场发展趋势有何反应,将直接影响客户的广告策略的决策。

4. 竞争对手的市场现状

了解市场有一个基本的起点,就是找到竞争对手的市场成长状况、市场容量、市场竞争结构、通路结构等相关的数据。市场中占市场份额前三位的大公司一共占据了多少市场份额？主要竞争对手对消费者的承诺是什么？这些数据是进行竞争分析、完成市场策略和广告决策的基础。

（二）竞争对手广告分析

随着信息传播手段的日益多元化,通过广告等多种手段吸引消费者成为竞争的重要手段。对竞争对手的分析应该包括对其广告作品发布的关注。具体的内容应当包括：

竞争对手的广告投放量；

竞争对手的广告投放的行程安排；

竞争对手的广告定位；

竞争对手的广告诉求重点；

竞争对手的广告作品风格；

竞争对手的广告作品更换的频率；

竞争对手的广告投放媒体组合的特点。

四、SWOT 分析法

SWOT 分析法是 20 世纪 80 年代初由美国旧金山大学的管理学教授韦里克提出,是进行竞争对手分析的最主要方法,其内容包括分析企业的优势(strength)、劣势(weakness)、机会(opportunity)和威胁(threats)。其中,S 代表 strength(优势),W 代表 weakness(弱势),O 代表 opportunity(机会),T 代表 threat(威胁),S、W 是内部因素,O、T 是外部因素。因此,SWOT 分析实际上是对企业内外部条件的各方面内容进行综合和概括,进而分析组织的优劣势、面临的机会和威胁的一种方法。通过 SWOT 分析,可以帮助企业把资源和行动聚集在自己的强项和有最多机会的地方。

(一) 优势与劣势分析(SW)

与竞争者企业处于同一市场时,我们把以下几种因素进行综合比较,扬长避短,创造自己的竞争优势。

① 更高的赢利率或赢利潜力。
② 人员状况。
③ 市场份额。
④ 产品的大小、质量、可靠性、适用性、风格和形象等。

(二) 机会与威胁分析(OT)

企业对外部环境的机会与威胁可就以下各个环节进行相应的分析。

① 环境发展趋势(包括政治、经济、法律、社会文化)。
② 产业新进入的威胁。
③ 供货商的议价能力。
④ 替代品的威胁。
⑤ 现有企业的竞争等。

作为一个企业,不管是销售产品还是服务,运用 SWOT 时时分析自己企业的处境是一种明智的做法,因为市场环境在不断地变化,企业只有处处采取积极的措施才能生存。运用该方法可以全面地了解竞争对手的状况,发现市场的变化,更快地适应市场。

【小问题】

1. 为什么要分析竞争对手?
2. 怎样对竞争对手进行分析?

【补充阅读】

薇姿成功之道:回避竞争对手①

法国薇姿作为具有 70 多年研究皮肤科学经验的欧洲药房第一护肤品牌,一直选择并坚持"全世界只在药房销售"的市场策略。在欧洲,护肤品的主要销售渠道首先是超市,其次是药房,只有极少数的化妆品品牌能够通过严格的医学测试得以进入药房,而薇姿就是其中的一个,并且是在药房销售名列第一的品牌。

---

① 资料来源:一绝二妙三畅想——薇姿的营销. http://www.mrhzp.cn/look.asp? id=6112,有改动。

与欧洲不同,我国护肤品主要的销售渠道依次是百货商店、超市、专业店,药房只是最近几年零星的几个品牌选择的"开拓地"。薇姿在进入我国市场时,依然走药房专销之路,实在是一绝——因为在最大限度上回避了竞争。护肤品市场一向是风起云涌、硝烟弥漫,高、中、低档各类品牌不胜枚举,而且绝大多数聚集在百货商店内"厮杀"。寥寥几百平方米的化妆品卖场里,往往承载着数十种护肤品,竞争激烈程度可以想见。薇姿选择进入药房销售,恰恰回避了在商场弹丸之地上与众多品牌的正面冲突,这无疑起到了减少竞争压力的作用。薇姿只在药房销售,这本身就会吸引一部分消费者,再凭借其高质量的产品和专业化的服务,自然会使购买者对自己未来的选择"一目了然",大大降低了消费者购买的时间和精力成本。药房在我国向消费者传递的是"健康、放心"的信息,专业大药房更是如此。薇姿选择大型药房,不仅衬托了它在护肤方面的专业性,而且增加了购买者对这种专业性的信任感,这对薇姿彰显"拥有健康的肌肤"的品牌目标,起到了强有力的推动作用。

薇姿平面广告图见图 3-5。

 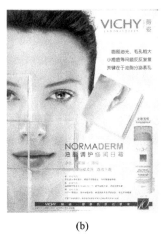 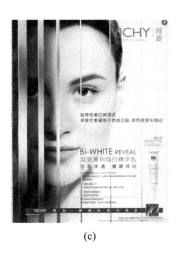

(a) (b) (c)

图 3-5　薇姿平面广告图

【重点提示】

竞争对手的市场情况分析

SWOT 分析法

第四节　消费者分析

一、消费者购买行为过程

传统的经济理论认为,消费者决定购买的依据是其收入水平,决策过程就是根据其有限的收入来选购其最满意、最有效的商品。但自 20 世纪中期起,行为科学家经过研究,认为这种观点是不正确、不全面的。他们指出,影响消费者行为的因素是复杂多样的,消费者行为程序并非仅由收入水平支配。消费者的思维和行为除了个人的感知、了解与劝服、动机外,还会受人际和非人际两组因素的影响。人际影响包括家庭、社会和文化影响;非人际影响往往不以消费者的意志为转移,包括时间、场所和环境影响,这些因素都会进一步影响到个人的感知、认知和动机过程。从消费者的角度来看,消费者的行为程序可以分为以下五个阶段。

1. 唤起需求

消费者的购买过程是从唤起需求开始的。一个人的需求可以由内在原因引起,如腹饥而想到购买食物,这种需求为主动需求;也可能是受到外部刺激或诱导而唤起,如看到亲戚朋友买了大屏幕彩电自己也想买,这为被动需求。主动需求的主观意识很强,而被动需求由于购买前没有成熟的购买目标,正是广告宣传的大好时机。

2. 收集信息

当消费者需求唤起并确立了满足需求的购买目标后,往往会着手了解和收集各种有关信息,以便进行评价比较,帮助自己作出决策。此阶段是广告宣传的最佳时机,此时广告的目的是建立商品、企业的声誉,强化消费者的购买信心,促使其指明购买或认牌购买。

3. 综合评价

当消费者收集到足够的商品信息之后,就会对所有可供选择的商品进行分析对比和综合评价,从而缩小挑选的范围。这时候的广告,特别是终端售点广告,具有稳定信心、促进购买的心理功能作用。在消费者犹豫之时,提示性的广告能帮助消费者下决心。一个暗示或说明往往都能起到很大的作用。

4. 决定购买

当消费者对商品信息经过综合评价后,就进入决定购买阶段。一般来讲,消费者有三种类型的购买行为:第一是试购,即少量购买尝试新产品;第二是重复购买,对于熟悉的品牌再次或者经常购买;第三是连锁购买,也即系列购买,指消费者购买主要商品后对附属商品的购买。

5. 购后感受和评价

购后感受和评价常常会作为一种经验反馈到购买活动的第一阶段,起着帮助作出新决策的作用。

二、消费者购买动机分析

所谓消费动机,就是消费者在选购和消费产品时的心理动力,是驱使消费者产生各种购买行为的内在原因。对消费者的购买动机进行分析,有助于觉察和掌握消费者进行购买的真实意图,从而有助于在广告中进行有针对性的广告诉求。

在购买动机分析方面,美国心理学家马斯洛的"需求层次说"具有广泛的影响。他认为,人类的一切行动都基于需要,他将需要分为五个层次,如图 3-6 所示,并认为需求的满足是从低级到高级的,其中,生理需求是最低层的需求。

一般来讲,只有最低层次的需求获得满足后,才会产生高级的需求;未满足的需求是购买者动机和行为的源泉和动力;当一种需求获得满足以后,它就失去了对行为的刺激作用。马斯洛的观点基本上是符合客观实际的。但在实际生活中,一个人的需求并不是机械地逐级满足的,有时会同时进行,所以这些需求层次并不是固定的,一种产品也可能同时满足几个层次的需求,需求还具有动态性。制定广告战略之前必须对这些需求和动机因素进行全盘考虑。

消费动机起源于消费需要,又包含着多种消费心理因素。对于广告策划影响较大的消

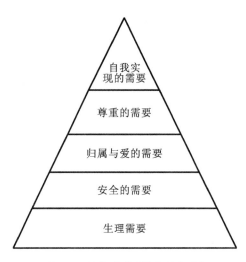

图 3-6 马斯洛的"需求层次说"

费心理因素有以下几个方面。

1. 从众心理

从社会心理学角度看,从众心理就是由一个人或一个团体的真实的或是臆想的压力所引起的人的行为或观点的变化。古代"三人成虎"、"曾参杀人"的故事说的就是从众心理的表现。

2. 求名、求美、求新、求廉心理

喜欢追求名牌或者吉利的商品名称;追求商品美感;追求时尚与流行,追求独具一格;喜欢实惠,买东西时讲求物美价廉。这些都是人们普遍的购物心理。

3. 逆反心理

逆反心理是客观环境与主体需要不相符合时产生的一种心理。其特征表现为认识的偏见、观点的极端、情绪的抵触、行为的盲从和放纵等。广告巧妙地运用逆反心理有时能起到意想不到的效果,以下几个案例可以说明这一点。

案例一:"最糟糕的食品"

美国有家饭店的老板别出心裁地做了一个"本饭店经营最差的食品,由差劲的厨师烹调"的广告。同时老板还在店门口亮出一块上书"最糟糕的食品"的招牌。许多顾客感到新奇,纷纷光顾这家饭店,都想尝尝"最糟糕的食品"的味道。品尝后发现,这里的食物其实很美味,结果,该饭店美名远扬,顾客纷至沓来。

案例二:"不准偷看"

泰国曼谷有家酒吧的老板也是巧用消费者逆反心理的高手。他在门口放了一个巨型酒桶,外面写着醒目的几个大字:"不准偷看!"引发了过往行人的好奇心,过往行人非要看个究竟不可。哪知道,只要把头探进桶里,便可闻到一股清醇芳香的酒味,还可以看到桶底酒中隐约显现的"本店美酒与众不同,请享用"的字样,不少大叫"上当"的人,却因酒瘾顿起,也都进去试饮几杯。

案例三:"三碗不过冈"

我国四大名著《水浒传》里写武松到达景阳冈时,路口有一家酒馆号称酒香醇厚,酒旗上写着"三碗不过冈"。听说真的是很多人喝了三碗立刻烂醉如泥,不能当天过冈。但是武松偏偏不信这个邪,倚仗着自己的酒量和武功,喝了多碗好酒,摇摇晃晃地走出酒家,走向景阳冈。即使这家酒馆的酒果真有如此魔力,但是其酒旗上的话也可以说是利用了人们的逆反心理,做了一回广告。

三、现有消费者分析

(一)现有消费者人口状况

从社会经济学和人口统计学的角度来看消费者的人口状况,主要是了解消费者的性别、年龄、民族、文化程度、职业、收入、社会阶层、家庭状况等情况,为人口细分打好基础,以便为广告选择目标市场。

1. 性别

性别的差异对于广告的影响几乎是众所周知的。比如:男性较为习惯于理性思维,而女性则较为习惯于感性思维;男性和女性对于某些商品的感觉完全不一样。

2. 年龄

随着人们年龄的增长,所重视的商品会有所改变,对于某些商品的看法也会有所改变,所以必须认识到产品所面临的年龄层次才能很好地进行诉求。

3. 地区

消费者的地理分布不同,对商品的需求会产生很大的差别。无论吃穿住行,对于城市消费者与农村消费者、南方消费者与北方消费者来说,其爱好、消费结构、消费水平上都有不少差异,对广告的认识和接受也有明显差别。

4. 职业

不同职业的人有不同的消费观念,所以针对工人、农民、知识分子应该采取不同的广告策略。一般来讲,体力劳动者比较喜欢简洁明了、通俗易懂的感性诉求的广告,而脑力劳动者则能够接受理性诉求的广告。

5. 民族

在漫长的历史发展过程中,各民族形成了不同的语言、文化和生活习惯,因此对消费品有着不同的爱好和要求,对广告信息有不同的评价标准。一些民族还有自己长久形成的某种禁忌习惯,比如,在伊拉克,绿色代表伊斯兰教,在各类商品广告中绝对禁止使用;其他民族也有一些各自的禁忌习惯,这些应该引起重视。

6. 社会阶层

社会学家一般将社会阶层划分为上层、中上层、中层、中下层、下层等。同属于某一阶层的人往往具有相近的态度、身份标志和消费模式。实际生活中,虽然不能那么呆板地将社会公众分为哪几个阶层,但在一定范围内找出一定社会阶层的共同特征,对于广告策划来讲还是大有裨益的。

(二)现有消费者的消费行为

现有消费者的消费行为包括购买动机、购买时间、购买频率、购买数量、购买地点。

所谓消费动机,即消费者在选购和消费产品时的心理动力,为什么买?为什么不买?消费者心理需要是促成消费者购买行为的关键因素。心理需要具有多变性、多样性和复杂性,一般而言,消费者购买产品和消费产品都接受两个因素的影响,即个人主观因素和外在客观因素影响。

案例：

20世纪40年代，美国速溶咖啡投入市场后，销路不畅。厂家请调研专家进行研究。先是用访问问卷直接询问，很多被访的家庭主妇回答说，不愿选购速溶咖啡是因为不喜欢速溶咖啡的味道。调研的新问题出现了：速溶咖啡的味道不像自制的咖啡味道吗？在试饮中，主妇们却大多辨别不出速溶咖啡和自制咖啡的味道有什么不同。这说明，主妇们不选购速溶咖啡的原因不是味道问题而是心理因素。

为了找出这个心理因素，研究人员设计出两张几乎相同的购物清单，唯一的区别在于两者上面写了不同咖啡，然后把清单分给两组可比性的家庭主妇，要求她们评价清单持有人的特征。结果差异非常显著：看到含有速溶咖啡购物单的绝大多数被访者认为，按照这张购物单买东西的家庭主妇是个懒惰、差劲、浪费、蹩脚的妻子，且安排不好自己的计划；而看到含有自制咖啡购物单的被访者则认为，按照这个购物单购物的主妇是勤俭、称职的妻子。由此可见，速溶咖啡之所以受到冷落，问题并不在于自身，而是家庭主妇不愿让人非议，想要努力保持社会所认定的完美形象。

谜底揭开以后，厂家首先对产品包装做了相应的修改，在广告中也不再强调简便的特点，而是宣传速溶咖啡同自制咖啡一样醇香、美味。很快，速溶咖啡销路大增，成为西方世界最受欢迎的咖啡。

（三）现有消费者的态度

现有消费者的态度应包括如下几个方面。

① 消费者对商品印象及评价是怎样的？对本品牌的忠诚度是怎样的？对竞争者产品的忠诚度是怎样的？
② 对本品牌的认知程度。
③ 对本品牌的偏好程度。
④ 对本品牌的指名购买的比率。
⑤ 认为本品牌有哪些未满足的需求？
⑥ 对本产品最满意的方面。
⑦ 对本产品最不满意的方面。

四、潜在消费者分析

现有消费者是保持销售的主体，潜在消费者却能给企业带来惊喜。很多新的购买，都是由潜在消费者带来的，因此必须对这部分人群加以关注。这也是营销活动的重点之一。

对潜在消费者的分析，可以从以下三个方面进行。

1. 潜在消费者的特性

潜在消费者的特性包括总量、年龄、职业、收入、受教育程度及分布。这和上面提到的现有消费者分析有着很大的共同点，由于这部分人群是相对较为隐蔽的，调查难度较大。但是这些特征的把握，却是十分重要的。企业和营销人员只有通过对这部分消费者的消费习惯和消费方式的把握，才能策划出合适的营销活动，吸引其关注，最后实现购买行为。

2. 潜在消费者现在的购买行为

现在购买哪些品牌的产品？对现在购买品牌的态度如何？有无可能改变计划购买的品牌？这种对购买行为的分析，是企业进一步了解潜在消费者的重要步骤。通过这些信息，可以发掘潜在消费者的购买习惯和对产品的认知,从而明确主要竞争对手,并根据此制订出有效的营销方案。

3. 潜在消费者被本品牌吸引的可能性

对本品牌的态度是什么样的?他们需求的满足程度是什么样的?这是挖掘潜在消费者的潜在购买热情的关键步骤。因为无论是对潜在消费者特征的了解或是对其现在购买行为的分析,都是为了实现一个目标——让潜在消费者把消费转移到自身产品上来。

五、消费者分析的总结

消费者分析的总结应包括如下几个方面。

1. 现有消费者的主要问题点

① 现有消费者在消费能力上的分析。

② 现有消费者对产品有无明显的不满。

2. 现有消费者的主要机会点

① 对本产品的偏好。

② 购买频率提高的可能。

③ 购买量扩大的可能。

④ 影响他人的可能。

3. 消费者的机会点

① 对其他品牌的不满。

② 对本产品的态度。

③ 未满足的需求。

【小问题】

1. 哪些因素能影响消费者的购买动机?
2. 对于广告策划影响较大的消费心理因素有哪些?

【补充阅读】

网络游戏广告:因消费者的变化而变迁

任何一个行业,都需要经历循序渐进的发展过程。网络游戏(简称网游)广告同样也在经历不同的发展阶段,根据消费者的变化不断地进行自身的摸索与改变。从十多年的网游广告发展史来看,整个网游广告市场的发展可以分为三个阶段。

第一阶段,简单告知型。

简单告知型网游广告图见图3-7。

那时网游市场方兴未艾,整个市场的竞争没有完全形成。游戏玩家在不断增长,而游戏厂家和数量的增长有限。很多厂商广告的目的只有一个:吸引不断增长的新玩家加入。厂商的广告策略也很简单,就是纯粹投放告知性广告。当时与游戏相关的平面媒体并不多,2000年7月创刊的《大众网络报》是国内第一家开辟网络游戏版块的媒体。从当时的整个环境来分析,竞争并不是很激烈,宣传阵地不太多,所以广告策略也平平。

第二阶段,恶俗轰炸型。

图 3-7 简单告知型网游广告图

随着网游行业的发展,玩家数量的增长放缓,厂商和游戏数量却在不断增长,竞争变得越来越激烈。简单告知型广告吸引不了老玩家,甚至连新玩家都无法吸引。一些厂商开始注重广告内容,但由于竞争过于激烈,很多厂商采取了轰炸性的做法。不仅在传播渠道方面进行海陆空轰炸,在内容上也尤其低俗大胆。在2010年久游的一款游戏发布会上,甚至请来了日本女优苍井空与国内低俗的网络红人同台,虽然当时吸引了眼球,但过后久游不得不为自己的行为道歉。类似于此的恶俗擦边球广告,现在已经越来越多地充斥网游广告市场。

第三阶段,优秀创意型。

创意是网游广告的灵魂,是整个行业发展的最终阶段。虽然现在很多企业还停留在第二阶段,但已经有很多企业步入了第三阶段,利用丰富的创意来吸引受众,让受众在快乐的情绪中接受广告。像比较热门的《神鬼世界》,从十国美女与世界名画猜谜活动,到富有创新的《神鬼世界》微电影,整个广告过程都充满创意,不仅不会让受众反感,反而会主动喜欢(见图3-8)。很多受众更乐意于接受这样的创意广告。由此可见,如今网游宣传,创意是扣人心弦的重要法宝。

图 3-8 优秀创意型网游广告图

【重点提示】

现有消费者分析

潜在消费者分析

第五节 产品分析

美国著名广告大师威廉·伯恩巴克曾说:"在你开始工作之前,你要彻底地了解要做广告的商品。你的聪明才智,你的煽动力,你的想象力,你的创造力都要从对商品的了解中产出。"威廉·伯恩巴克的这段话,充分表明了产品分析对广告策划的重要性。通过产品分析,搞清楚广告产品在品质、性能、价格上有何特异之处,在市场上处于哪一生命周期,主要销售对象是谁,产品所包含的个性内涵与精神意义是什么,然后才能确定产品在市场上的位置,确定产品的销售重点和广告诉求的重点,争取消费者的关注与青睐。所以,深入分析产品是现代广告策划中的重要一环。

一、产品形象分析

产品形象是较难以把握的概念,因为它不仅是人们的主观观念,而且是由公众的主观观念聚集起来的。我们知道,任何产品都有满足社会生产和人民生活需要的使用价值,它的质量、性能、用途、商标等,能给人们带来某种好处,这一切构成了产品的价格,也就在人们的心目中形成了产品的形象。

产品形象一旦形成,就会在某种程度上脱离产品的具体特点,表现为两种情形。一是某种产品在消费者心目中的形象一旦形成,就具有一定的延伸性和惰性。人对产品的印象,只是从一种具体的产品上产生出来的,但这一特定印象生成之后,却并非只固定在生成这种印象的该种具体产品身上,而往往会延伸到几乎所有该系列产品上去。如果不是该系列产品的发展令人大失所望,使消费者心目中的产品形象深受损害的话,人们甚至对它所具有的一般不足之处也会持较宽容的态度,不轻易去掉已生成的产品印象。二是消费者对产品的印象,并非就是产品的种种具体特点。人们对产品的印象,还具有能够传播开去的特点。它能够脱离某些直接形成该印象的人而在社会上广为散布,并且,这种产品形象一般只被评价为"好"、"一般"、"不好",而不是对产品各种性能一一具体评说。

可以说,产品形象对企业经营至关重要,现代企业也正在逐渐地将竞争的重点从质量、价格、性能等硬指标追求转向软的综合指标——产品形象的追求。而成功的广告活动,恰恰是塑造产品形象的有力手段,因而,进行广告策划时,策划者对产品形象进行分析就是十分必要的了。

通过广告策划来塑造产品的形象,应着重宣传广告产品的闪光点,即其他同类产品所不具有的优点、特点,这样将更具说服力。例如,蝙蝠牌电风扇的广告策划就是采用一个电风扇作为陈列品放在玻璃橱窗里,让它日夜不停地转动,转了4 000个小时之后,邀请顾客当场鉴定,并以此作为广告宣传,一举打开了销路。策划者抓住了蝙蝠牌电风扇能够长时间工作的优点,塑造了该产品具有超强生命力、耐久力的形象,为促销起到重要的作用。

但如果广告仅仅着眼于介绍产品所具有的优点、特性,那么广告策划和创意也就平淡无奇,难以成功了。所以,以广告策划来塑造产品的形象应着重宣传产品的闪光点,这不等于说仅仅停留在对产品具有的闪光点宣传的层面上就万事大吉了。当代美国销售专家韦勒先生有句名言:"产品的广告如果仅仅将产品简单地介绍给了消费者,那是难以吸引消费者的。广告应在介绍使用,或享受这种产品时,赋予其一种生动、美好的印象——如果这种形象是独一无二的,那么效果就更好。"

二、产品物质特点分析

分析产品的物质特点,是产品分析的重要而具体的步骤。开展广告活动时,必须以产品的物质特点为依据确定广告诉求的重点。分析产品的物质特点,有助于把握消费者对广告产品形成大致的印象,以保证广告运动围绕产品的优势与特色展开诉求,达到引起注意、激发兴趣、刺激欲望、加强记忆、导致购买的目的。

从广告策划的角度讲,应分析产品的如下物质特点。

(一) 用料

用料,即分析广告产品所使用的原料是什么,以及原料的产地、性质、特点同同类产品相比有无优势。

如芭蕾珍珠广告策划者就刻意分析了产品的原料、产地,暗示了它与同类产品比较所具有的优势,"采用太湖淡水珍珠精心加工而成","太湖"属风景优美,令人神往的游览胜地,"淡水珍珠"有着海水珍珠无法比拟的品质保证,在人们心目中享有较高的美誉。

(二) 用途与性能

用途与性能即分析广告产品究竟有何种用途,其性能怎样,表明它可以满足消费者哪些需要,消费者如何使用等。这些是确定广告宣传重点和进行产品定位的关键依据。

"白加黑"广告,"白加黑治感冒,黑白分明,白天吃白片不瞌睡,晚上吃黑片睡得香。治感冒良药,白加黑。"此广告很明白地告诉消费者广告产品的用途——治感冒。同时表明了与同类产品相比所具有的独到之处——黑白分明,白片不瞌睡,黑片睡得香,很好。

(三) 产品外观

1. 色彩

不同地区、不同民族,或者同一地区、同一民族的不同消费者,因其生活方式、生活水平、生活习惯、文化背景的不同,对色彩的表达是千差万别的。

策划人策划广告、宣传产品,应分析产品颜色对于不同消费者所起的不同作用,学会尊重消费者的习俗。比如,阿拉伯民族,酷爱鲜明醒目的颜色,服装色彩对比鲜明,常常黑白搭配,鲜亮的绿与大红搭配,而把粉红色、紫色、黄色等色彩作为消极色彩加以排斥;受佛教的影响较深的东南亚地区,则认为黑色是丧色,是参加葬礼才使用的颜色,因而那里的人平常几乎不穿黑色衣服。因而,进行广告策划时,就要根据受众目标的不同,分析选择产品的色彩。

2. 规格

同色彩一样,消费者对产品规格和尺寸大小的要求也各不相同。就拿手表来说,男、女消费者对手表这种产品在规格上的要求就不同,男人要求手表规格要大些,显得大方、庄重,而女人则要求手表规格要小些,显得小巧玲珑。所以,有些厂家就注意到了消费者的这种不同需求,生产出了成双出售的"情侣表"。

3. 款式

分析消费者对产品式样、款式的喜爱和要求,是广告策划不可缺少的一步。同样质地的产品,款式新颖才更能满足消费者在使用产品的同时追求新鲜的愿望。比如,女用包款式很多,单肩背的、手拎的,等等,品种齐全。所以,广告策划只有抓住产品的销售目标,细分市场的各类消费者所喜爱的款式、类型,以及近期可能出现的变化趋向,向特定消费者集中诉求才能取得良好的宣传效果。

4. 产品服务

产品服务有无特色,也是产品分析的重要方法。产品服务分售前服务、售中服务和售后服务。

有的产品在售前可以让消费者试吃、试穿、试用后再决定是否购买;有的产品如服装,在售中售货员不仅当顾问,帮消费者选择,还可以当模特,让消费者当场目睹试穿效果;有的产品送货上门,免费安装调试,一定期限内免费维修或更换。广告策划就要分析广告产品是否提供产品服务,分析产品服务有什么特色,然后有针对性地进行宣传,这是增强消费者对广告产品好感的重要因素。

5. 包装

包装本来是实体产品的一个组成部分,以往的包装仅仅出于储藏和运输的需要,但随着市场的发展,包装的作用发生了变化,包装本身也具有广告的作用。包装精美,也是产品的一个卖点。因而,在广告策划中,还须认真分析产品的包装,分析其造型是否美观,包装质量是否同产品价值相协调;是否能显示出产品特点与独特风格;文字设计是否直接回答了消费者最关心的问题;包装装潢的色彩图案是否符合消费者心理需求;是否与消费者习俗、宗教信仰相抵触,等等。策划者只有很好地解决了这些问题,才能策划出成功的广告活动,否则,可能不但不能起到促销的作用,反而适得其反。

三、产品识别标志分析

广告作为一种宣传促销的手段,特别要注意如何生动地将产品的识别标志告知消费者,使之留下鲜明深刻的印象,以便记住它、了解它、喜爱它。因而,分析产品时,应特别重视对产品识别标志的分析。

(一)商标

商标,是商品的标志,它就如同商品的"脸",是要给人看的,当然应追求美。如果广告人能为商品塑造一幅形象感人、惹人喜爱的"脸",无疑会提升商品的信誉价值。从现代广告策划的角度来说,对商标的分析应着重抓住如下问题:

商标是否独一无二,应避免与其他商标雷同或类似;

商标是否将企业与产品的特点充分表达出来,并使它具有一定的意义;

商标是否美观大方、构思新颖、造型独特、有吸引力,便于广告促销;

商标是否简洁鲜明,易看易记。

(二)企业标志

企业标志是创造企业形象最重要的手段。它不仅是企业与产品的代表符号,而且是质量的保障,是沟通人与产品、企业与社会的最直观的中介之一。它可以起到让消费者识别产品服务的作用。因而,在广告宣传中,除了要突出产品商标外,还应明确突出企业标志,以便给消费者留下一个完整的形象。

世界驰名的企业标志身价高得惊人,比如,"可口可乐"标志价值244亿美元,相当于其每年营业额的3倍。难怪美国可口可乐公司的一名经理说:"即使一夜之间他的工厂化为灰烬,他也可以凭借可口可乐的标志声誉从银行立即贷款而重建工厂。"可见,对拥有名牌标志的企业来说,标志就是企业自身发展的一种依托与保证,是一笔巨大的资产。

(三)口号

用一句口号代表一个产品,是从早年叫卖形式中继承而来的,因为它颇为适用于广告宣传,因而在现代产品推销中又受到青睐。

在广告策划中,应对产品口号予以分析,主要包括以下几点。

1. 口号要简练,朗朗上口

通俗易懂,合辙押韵

如"牙好,胃口就好,身体倍儿棒,吃嘛嘛香",这句天津蓝天六必治的广告口号朗朗上口,而且通俗易懂,一播出就成为人们互相慰问的常用语。

2. 语言要富有情趣,号召力要强

如娃哈哈果奶经典广告语"喝了娃哈哈,吃饭就是香"。亮点在"就是香"的"就是"两个字上,有一种孩子气的武断和执著,许多小孩子都学会了,整天挂在嘴边上念叨,娃哈哈想不畅销都难。

3. 广告语要突出产品的服务特点,语言要高度概括

如"农夫山泉有点甜"、"雀巢咖啡,味道好极了"、"钻石恒久远,一颗永流传"都极具鲜明的商品特点,给人留下了深刻的印象。

4. 要关注消费者心理,满足特定消费者的心理需求

如"人头马一开,好事自然来",多少人就是冲着这个广告口号来开人头马的,"好事自然来",谁不想试试,要的就是这种豪迈的感觉。

此外,产品生命周期分析也是产品分析中较为重要的一环。

【小问题】

1. 产品的物质特点分析如何进行?
2. 简述产品的识别分析。

【补充阅读】

名车标志设计赏析①

名车标志设计赏析见表3-3。

表3-3 名车标志设计赏析

	保时捷(德国)的英文车标采用其创始人费迪南德·保时捷的姓氏,车标采用公司所在地斯图加特市的盾形市徽。"PORSCHE"为保时捷;"STUTTGART"表示公司总部在斯图加特;骏马表示斯图加特盛产的名马;鹿角表示斯图加特曾是狩猎的好地方;黄色条纹代表成熟了的麦子颜色,喻指五谷丰登,黑色代表肥沃的土地

① 资料来源:汽车标志大全. http://www.pcauto.com.cn/zt/chebiao,有改动。

续表

标志	说明
	雄狮形象是标致(法国)品牌的标志,把企业与猫科动物所代表的灵活、力量和秀美等特质紧密地联系起来。160年来,标致过去和现在出厂的产品都带有狮子标记,标致汽车发动机罩或前栅板上都能见到狮子的身影
	美国别克(BUICK)商标中那三颗颜色不同(从左到右:红、白、蓝三种颜色)并依次排列在不同高度位置上的子弹,给人一种积极进取、不断攀登的感觉;它表示别克分部采用顶级技术,刃刃见锋;也表示别克分部培养的人才个个游刃有余,是无坚不摧、勇于登峰的勇士
	梅赛德斯-奔驰(德国):1909年6月申请戴姆勒公司登记了三叉星作为轿车的标志,象征着陆上、水上和空中的机械化。1916年在它的四周加上了一个圆圈,在圆的上方镶嵌了4个小星,下面有梅赛德斯"Mercedes"字样。"梅赛德斯"是惊奇的意思,它是卡尔·奔驰最喜欢的一个单词,他甚至给他的女儿起名为Mercedes,原意给人们的生活带来惊奇
	奥迪(德国)的标志为4个圆环,代表着合并前的4家公司。这些公司曾经是自行车、摩托车及小客车的生产厂家
	宝马(德国)汽车公司,全称巴伐利亚机械制造厂股份公司(德文:Bayerische Motoren Werke AG,即BMW)。BMW公司始于1916年,公司最初是一家飞机发动机制造商,1917年还是一家有限责任公司,1918年更名巴伐利亚发动机制造股份公司并上市
	丰田(日本)标志的重点是椭圆形组成的左右对称的图形。椭圆是具有两个中心的曲线,表示汽车制造者与顾客心心相印。并且,横竖两个椭圆组合在一起,表示丰田(TOYOTA)的第一个字母T。背后的空间表示TOYOTA的先进技术在世界范围内拓展延伸,面向未来,面向宇宙不断飞翔

【重点提示】
产品生命周期
产品形象分析
产品标志

■ **关键概念**

产品调查 消费者调查 市场调查 市场营销的微观环境和宏观环境 企业市场营销环境分析的要点 对目标市场及竞争对手分析的主要内容 市场调查与分析的方式方法

■ **复习思考题**

1. 为什么在企业营销活动之前,要进行市场调查?
2. 影响企业发展的内外部因素分别有哪些,各自有怎样的影响?
3. 如果有一家企业要为其生产的饮料产品做一个竞争对手分析,谈谈你的分析角度。
4. 产品生命周期包括哪些阶段?每个阶段应该采取怎样的广告策略?
5. 试对百事可乐进行产品分析。

■ **单元实训**

【实训内容】

市场调查

【实训目标】

1. 训练学生市场调查方法的应用,尤其是对实地调查方法的运用。
2. 培养市场调查的能力。

【实训内容与组织】

假设你是一名新业务员,在进行广告策划之前首先要进行市场调查。调查你所在的学校销量在前面的五大品牌饮料的市场情况。

1. 学生自愿组成小组,每组 6~8 人。
2. 调查访问之前,每组须根据课程所学知识经过讨论,制订调查访问的提纲,包括调查的主要问题与具体安排。

【成果与检测】

1. 运用实地调查方法,每个小组提供一份锦州市饮料市场调查报告。
2. 在班级进行交流,每个小组推荐 1 个人进行介绍。
3. 由教师对学生评估打分。

【操作注意事项】

1. 调查样本的抽选方法及其结构。
2. 调查问卷的发放方式及其回收率。
3. 各种访问方式的选择及其走访的次数。
4. 方案调查资料的来源。
5. 对调查资料进行加工、整理、分析。

附:作业

市场背景的调查。

1. 地理的条件

① 地理位置。

② 主要商业区的分布。

③ 交通运输的条件。

2. 气候的条件

（说明当地季节变化对产品交易量或消费方式产生的影响）

3. 经济发展趋势

（说明其经济发展的现状和可能达到的增长程度，以及与产品销售有关的各种经济部门的发展变化情况）

4. 产品工业的状况

（说明某种产品工业的现有状况及其发展变化的趋势，以及对该产品的市场经营、竞争情况和消费者的购买将会产生的影响）

5. 政局的状况

（政局的现状和可能变化的趋势及其对当地市场的经济贸易政策可能产生的影响）

6. 社会和文化的趋势

（说明当地市场社会和文化方面的变化趋势将会给本公司产品带来的影响或者对产品提出的新要求）

7. 各种法令与法规

（包括税法、配额、许可证、卫生安全规定等）

第四章 广告策划中的目标策略与表现策略

■ 课前导读

奇瑞 QQ 广告文化推广之路①

奇瑞 QQ 是奇瑞公司深具战略眼光的一款产品,意在细分市场,争夺新一代年轻用户,是"让大学生们都能买得起的一款微型轿车"。奇瑞 QQ 的上市充满了创意和缜密的安排。奇瑞公司一方面大刀阔斧地在全国布点,提升奇瑞营销服务网点的竞争力和网点形象;另一方面,利用大众传媒迅速扩大奇瑞 QQ 的知名度。奇瑞 QQ 要想成功,就不能只卖产品,更重要的是要推销一种属于奇瑞 QQ 的生活方式和独特文化。奇瑞 QQ 的推广不能仅仅靠广告,更要靠事件营销,让它成为一个公众议题。后来的实践证明,这条路走对了。

一、以个性时尚抢夺话语权

2003 年 5 月,围绕奇瑞 QQ 的上市,在有限的费用支持下,令人眼花缭乱的"营销鏖战"开始了。

首先,以"网络上市三部曲"确立品牌形象。

第一曲:"奇瑞 QQ 车价网络竞猜"。近 60 万人浏览了页面,近 20 万人登录新浪网竞猜奇瑞 QQ 的车价。本活动以一辆奇瑞 QQ 车的投入制造了巨大轰动,新闻界在报道活动的盛况时说:奇瑞 QQ 的兵法胜在吊足了市场的胃口——时尚个性的名字与价格竞猜活动使奇瑞 QQ 在一周内成为一个妇孺皆知的品牌,而 4.98 万元的价格也随即引起了市场的巨大反响。价格竞猜作为一种造势方式从此被多个汽车厂商效仿。

第二曲:"奇瑞 QQ 上市系列活动"。在大都会广告公司统一策划指导下,全国各地举办了一系列奇瑞 QQ 上市推广活动,制造了浩大声势。前往经销商处看车、订车的用户接踵而来,挤破了门槛儿,提车往往要排到三个月后。

第三曲:"奇瑞 QQ 之缘网络创作大赛"。大赛分文字、图片和 Flash 三个部分,全国各地近 500 人投稿,十几万人上网浏览、投票和发表评论。在知名度与销量一路攀升的情况下,本次活动成功地将时尚文化注入了奇瑞 QQ 体内,使奇瑞 QQ 再次成为公众关注的热点。

紧接着,"奇瑞 QQ 秀,个性汽车装饰大赛"于 2003 年 11 月再掀奇瑞 QQ 狂

---

① 资料来源:佚名. 以文化的名义——上汽"奇瑞 QQ"营销方案.《广告人》2005 年第 10 期,有改动。

潮。活动在 16 个城市展开，并在杭州举行了全国总决赛。各路奇瑞 QQ 车主一展奇思妙想，有的把奇瑞 QQ 车装饰成憨态可掬的熊猫，有的把奇瑞 QQ 车装饰成霸气的赛车，有的奇瑞 QQ 像双龙戏珠，有的奇瑞 QQ 是一张京剧脸谱。而全国总冠军车是耗资近 10 万元装饰成的毛茸茸灵性可爱的 Snoopy-QQ 形象，装饰车的费用是车价的两倍。这个活动再次将奇瑞 QQ 个性化的形象推向高潮。

在大众传媒上，奇瑞 QQ 时尚、新锐的系列平面广告"动物系列"（图 4-1）、"都市篇"系列平面广告图（图 4-2）、"FLASH 系列"，以及 16 幅《对话篇》系列路牌广告把奇瑞 QQ 可爱、俏皮、个性的形象传达得淋漓尽致，而"奇瑞 QQ，秀我本色"的广告语也成为"2003 年十大汽车广告口号"之一。同时，奇瑞 QQ 电视广告进一步塑造了奇瑞 QQ 前卫时尚的形象。

(a)　　　　　　　　　　　　　(b)

图 4-1　奇瑞 QQ"动物系列"系列广告图

(a)　　　　　　　　　　　　　(b)

(c)　　　　　　　　　　　　　(d)

图 4-2　奇瑞 QQ"都市篇"系列平面广告图

二、奇瑞 QQ 文化的第二阶段

尽管奇瑞 QQ 在时尚个性上出尽风头，大都会广告却时刻提醒自己不能"做过了头"。因为，奇瑞 QQ 不是"甲壳虫"，中国的汽车消费环境也和国外的汽车消费环境截然不同。奇瑞QQ还是一款大众微型轿车,它还要追求较大的销量和市场占有率。需要避免其走入"小众化"的窄巷。因此,从2004年3月起,奇瑞QQ酝酿着品牌文化塑造的第二张牌:就这么开心!

"就这么开心"实际上是"秀我本色"的另一个表现主题,是继"时尚的个性"之后延伸出来的"快乐的个性"。它包含了快乐、年轻、个性、豁达、自信等多种"QQ式"的情感态度,是一种消费群生活状态的集合体。

"就这么开心"主题的提出出于以下几点原因。

第一,在"个性化、差异化"的第一阶段,奇瑞QQ已经具有较高的知名度,形成了时尚化、个性化的品牌联想,营造了独特的微型轿车文化。这种文化塑造必须进行到底,进入主流,成为一种可以引导消费者生活形态的主流时尚文化。

第二,为了能够更好地向二级、三级市场渗透,吸引更多特质的消费者加入到奇瑞QQ阵营里来,成为主流时尚文化的奇瑞QQ品牌形象必须是时尚大众能够接受的、不另类、不反叛,可以容纳百川、兼收并蓄的。

第三,根据消费者调查研究及深度访谈得到的资料显示,奇瑞QQ的主要购买人群认为其形象是积极、快乐、时尚、年轻、个性的。而奇瑞QQ为消费者带来的是一种年轻向上、充满活力和热烈快乐的生活形态。这种生活形态就构成了奇瑞QQ具有强感染力的品牌DNA。

就此,一系列"就这么开心"文化传播运动计划开始执行。

为了着力塑造和推广这种年轻向上、充满活力和热烈快乐的生活形态,并基于此建立奇瑞QQ独特的品牌文化,以其影响潜在用户对奇瑞QQ产生的情感和文化共鸣,从而辅助销售,"就这么开心"奇瑞QQ摄影大赛2004年4月隆重登场。

与此同时,一系列"就这么开心"平面广告(图4-3)、路牌广告、电视广告、电梯广告、直投广告、网络广告、奇瑞QQ专用礼品、奇瑞QQ屋专卖店等在全国范围铺开,打造奇瑞QQ生活形态。2004年下半年,一系列事件营销活动还在继续进行。

图4-3 奇瑞QQ"就这么开心"平面广告图

三、推销文化比推销产品更重要

和车友一起FB("腐败"拼音首字母,网络常用语)、和女儿一起学习探戈、用在校打工赚的第一笔钱分期付款买一辆奇瑞QQ、淋着雨放声高歌、和朋友们开车给山区小学送书……奇瑞QQ文化告别了"琐碎、繁忙、枯燥"的"公式化",推崇并引导一种时尚、阳光、乐观、向上的生活,无论身在何处,无论有无奇瑞QQ,只要你是热爱生活、快乐生活着的人,你都可以过奇瑞QQ生活。这就是奇瑞QQ的宣言!而奇瑞QQ的文化内涵和时尚形象为奇瑞这一本土品牌注入了新鲜的内涵,使其和吉利、夏利、奥拓、哈飞等其他国产汽车品牌区隔开来,开始改变人们心目中国产汽车价廉低质、"土气"和无文化内涵的观念,为奇瑞品牌现代化、时尚化发展奠定了重要基础。

第一节　广告目标策略

广告活动都是要达到一定目的的,这也是广告策划市场调查之后面临的至关重要的问题。本节主要通过对广告目标的含义和分类的介绍,重点讲解广告目标的制定需要考虑的要素,广告目标制定应该具备的特点。人员配备齐整,再经过大量翔实的广告调查和缜密的研究分析,广告就进入广告策划的起步阶段,同时也是非常重要的环节——制定广告目标。广告作为一种付费的传播,任何一个广告活动都以达到一定目标,尤其是以促销目标为目的。

一、广告目标的含义及分类

（一）广告目标的概念

广告目标是指企业广告活动所要达到的目的。确定广告目标是广告策划中至关重要的起步性环节,也是为整个广告活动定性的一个环节。

（二）广告目标的分类

1. 根据广告目标效果划分

（1）广告促进销售的目标

广告促进销售,这是广告最基本的功能,也是最重要的功能之一。

（2）改变消费者态度和行为的目标

当广告目标不能直接以最后销售制定时,可用消费者某种行为上的活动类型作为一种广告信息效果的测定标准。

（3）社会效果目标

一个广告对社会公众能够产生什么样的影响,必须进行综合研究和分析。

2. 根据广告目标在市场营销不同阶段作用划分

（1）创牌广告目标

其目的在于开发新产品和开拓新市场。

（2）保牌广告目标

其目的在于巩固商品市场占有率,并且在此基础上进一步开发潜在市场和刺激购买需求,加深社会公众对于已有商品的认识,促使既有的消费者养成对商品的消费习惯趋势,强化潜在的消费者对商品产生兴趣和购买欲望。

（3）竞争广告目标

其目的在于加强企业和品牌的宣传竞争,提高市场竞争能力。

3. 根据内容划分

（1）产品推广目标

其目的在于扩大产品的影响,希望通过一个阶段的广告活动使以企业的产品为目标市场的消费者接受。一般注重产品知名度和美誉度的提高,注意广告的覆盖面和目标市场消费者对广告的接受率,较适合于企业新产品的宣传。

（2）市场扩展目标

该目标旨在拓展新的市场,做广告的目的就是能使一批新的消费者加入本企业产品的消费行列。一般注重在新的消费群体中树立产品或企业的形象,注重改变这些消费者的消费观念,广告战略具有较强的竞争性和挑战性。

(3)销售增长目标

销售增长目标主要是通过广告增长销售额,一般注重刺激消费者的购买欲。通常适合于在市场上已有一定影响力和销路的产品。

(4)企业形象目标

企业做广告的主要目的是扩大企业的影响,提高企业的知名度和美誉度,或提供某种服务,以显示企业对社会和大众的关注,注重同目标市场消费者的双向沟通,努力增强其对企业的好感,建立良好的公共关系。如图4-4 TescoLotus(盛世莲花超市)平面广告,过扫码器时激光刺上了鱼眼,鱼下意识地用鳍去挡,说明这条鱼还活着,超市产品的新鲜不用更多解释,起到了宣传企业形象的良好效果。

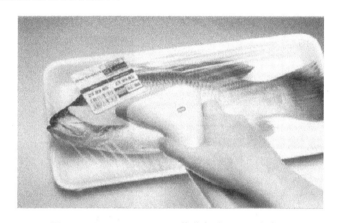

图4-4　TescoLotus(盛世莲花超市)平面广告图

二、制定广告目标时应考虑的因素

(一)影响广告目标的因素

在广告目标制定过程中,影响广告目标形成的因素有很多,概括来讲主要有以下几个方面。

1. 企业经营战略目标

企业广告目标是企业营销目标的重要组成部分,而企业营销目标又是企业经营战略目标的分支表现。企业经营战略决定了广告目标。如经营战略是长期渗透战略,那么广告目标就应有长期目标和为实现长期目标制定的各阶段的短期目标,采用长久持续的广告手段和多样化的广告形式宣传企业和产品形象。

2. 市场供求状况的变化

企业商品处于不同的供求状态,广告目标必然不同。在商品供不应求的条件下进一步巩固企业和品牌形象就显得十分重要,此期的广告活动有可能带动企业的系列品牌销售,甚至是极好的连带促销良机。

3. 商品所处生命周期的阶段

商品在市场上销售的过程,是商品的市场导入、成长、成熟和衰退的过程。商品在市场上处于不同生命周期的阶段时，所采取的广告目标必然有所不同。比如，成长期的产品主要传播产品的优点，而成熟期的产品在保证已有市场份额的基础上，要创立品牌。

4. 市场状态

市场状态是指市场上的垄断与竞争态势。可以概括为四种模式：纯粹垄断市场状态、寡头垄断市场状态、垄断性竞争市场和纯粹竞争市场。根据本企业在市场的状态制定符合特点的目标。

5. 广告对象

广告对象是影响广告目标确立的重要因素。广告作为企业促销的一种手段，不是决定商品销售的唯一因素，因此，从广告对象因素来确定广告目标，较为合理的做法是以产品的认知度、广告的回想率、品牌的知名度和消费者行为态度的转变作为广告活动的目标。

下面的两则食品创意广告的广告产品分别是以儿童为广告对象的面包(图 4-5)和以小资为广告对象的冰淇淋(图 4-6)，是从广告对象因素来确定广告目标的典范。

图 4-5　面包广告

图 4-6　哈根达斯广告

（二）企业在制定广告目标时应当考虑的因素

企业在制定广告目标时应考虑如下因素：

提高商品的知名度和认知度；

提高企业的美誉度，树立企业良好的形象；

加强社会公众对企业和商品品牌的印象；

对人员推广一时难以达到的目标市场进行事先广告宣传；

消费者对品牌的指名购买率；

在销售现场进行示范性广告宣传，促使消费者缩短决策过程，产生直接购买行为；

维持和扩大广告品牌的市场占有率；

通过广告宣传，增加产品使用的持续性，维持市场销售率或增加产品的销售额；

向社会公众传播企业和品牌、企业经营和服务的信息;

劝诱潜在消费者到销售现场或展览宣传场所参观,提高产品认知,增强购买信心;

加强新产品的宣传,普及新产品知识,介绍新产品的独特之处;

以广告宣传扩大影响、造就声势,鼓舞企业推销人员的士气以提高其工作的积极性;

纠正社会公众对企业和品牌的认知偏差,排除销售上的障碍;

创造市场,挖掘潜在市场目标;

创造流行,推进社会文化潮流的发展。

三、制定广告目标的要求

1. 符合企业整体营销的要求

广告不是一项独立的活动,而是企业整体营销活动中的一项具体工作。所以,广告目标必须在企业的整体营销计划指导下制定。广告目标特别要反映出整体营销计划中的考虑重点,如广告发挥影响的范围、时限、程度等,以便使广告运动配合整体营销活动。

2. 清楚明确,可以被测量,同时要有一定的弹性

因为广告目标将会成为广告主同广告公司之间相互协调的宗旨、一系列广告决策的准则,以及最后对广告效果进行测定的依据,所以广告目标不能含含糊糊、模棱两可,使得人们可以对其肆意加以解释。对广告目标的确立要求清楚明确,可能还是一个容易实现的要求;但要求广告目标可以被测量,就有一定的困难了。广告目标无法被测量导致的最大缺点就是无法准确地评价广告的效果。因此,广告主应尽可能在广告运动规划之前,将广告运动的目标具体化,使得人们可以以一套公认的标准对其进行测量。当然,可测量不一定是严格地要求广告目标定量化,可测量是要求广告目标具有可以明确进行比较的性质。前文中我们介绍的广告目标,只是一系列广告目标的趋向,广告主在将其定为真正的广告目标时,一定还要对其加以限定和具体化,使得其可以被测量。

广告目标必须明确,只有这样才能够起到指导整个广告运动的作用。但是,正因为广告目标要指导整个广告运动,所以必须考虑环境的种种变化对广告运动的影响。广告运动为了更好地配合整体营销的进行,可能会做出适当的调整。而这样的调整,又应该是广告目标所能够允许的。因此,广告目标还应该具有一定的弹性。

3. 切实可行、符合实际

广告目标虽然主要由广告主来确定,但是广告活动是集团与个人相互协调的产物,所以这就要求广告目标必须切实可行、符合实际。也只有切实可行、符合实际的广告目标,才能保证广告运动的顺利进行。

4. 能够被化为一系列具体广告活动的目标

因为广告运动是由一系列具体的广告活动组成的,而每一项具体的广告活动又都需要一个具体的目标来指导,所以广告目标若要发挥其指导整个广告运动的作用,就要能够分解为一系列广告活动的具体目标。而这些具体的广告目标的一一实现,将能够逐步使得总的广告目标实现。

【小问题】

导入期和衰退期的商品做广告时目标应该如何制定呢?

【补充阅读】

广告目标的制定方法[①]

在制定广告目标上,国外有三种比较有影响力的方法。

1. 科利的 DAGMAR 法

21 世纪 60 年代初,科利创造了 DAGMAR 理论,即"制定广告目标以测定广告效果"。他认为"广告目标是记载对营销工作中有关传播方面的简明陈述","广告目标是用简洁、可测定的词语笔之于书",其"基准点的决定依据其所完成的事项能够测量而制定"。科利提议采用"商业传播"的四阶段理论去研究、分析消费者在知觉、态度或行动上的改变,从而达成广告最后说服消费者去行动的目标。其一,知名:潜在顾客首先一定要对某品牌或公司的存在"知名"。其二,了解:潜在顾客一定要了解这个品牌或企业的存在,以及这个产品能为他做什么。其三,信服:潜在顾客一定要达到心理倾向并信服想去购买这种产品。其四,行动:潜在顾客在了解、信服的基础上经过最后的激励产生购买行为。

2. 莱维奇和斯坦纳模式

莱维奇和斯坦纳于 1961 年在美国期刊《市场杂志》上,提出了一种不同于 DAGMAR 理论的"从知名到行动的进展"层级模型。

广告可认为是一种必须把人们推上一系列阶段的力量:

第一,人们完全不知道某种商品品牌或企业的存在;

第二,对产品的存在已经知晓,但到购买还有一大段距离;

第三,对产品进行了了解,开始接近购买;

第四,使产品与自身利益相联系后,更接近购买;

第五,对于产品产生偏好,离购买有一步之遥;

第六,产生购买欲望,相信购买为明智之举,开始行动;

第七,产生实际购买行为。

该模式存在一定的缺陷,主要有以下几个方面:

第一,对于某些商品的购买,消费者可能并不按照这一模式进行,他们可能在开始后就停止,或者可能在做错后重新开始;

第二,后面的阶段对前面的阶段产生影响;

第三,从知名到购买全过程可能在瞬间完成,尤其在低风险、低花费产品购买上更为常见;

第四,有的消费者购买行为可能完全不遵循这种过程,他们可能按照某种其他途径做出购买决策。

3. 采用过程模式

1971 年,罗伯逊提出了消费者最终采用其产品或服务前经过的六个阶段理论,被称为"采用过程模式",又被称为"采用分级模式"。

【重点提示】

广告目标的分类

制定广告目标时应考虑的因素

---

① 资料来源:广告目标.http://baike.baidu.com/view/929167.htm.有改动。

第二节 广告定位策略

广告是针对特定对象的传播,广告只有充分了解消费者的需求,才能在目标消费者心目中树立鲜明的形象。广告目标制定了以后,首先面对的就是确定广告的具体内容和形式的问题。广告定位可以帮助形成广告内容。

一、广告定位的含义

广告定位就是在广告宣传活动中,通过突出商品符合消费公众需要的个性特点,确定商品的基本品位及在竞争中的方位,促使公众树立选购该商品的稳固印象。

定位理论的创始人阿尔·里斯和杰克·特劳特曾指出:"'定位'是一种观念,它改变了广告的本质"。"定位从产品开始,可以是一种商品、一项服务、一家公司、一个机构,甚至是一个人,也许可能是你自己。但定位并不是要你对产品做什么事。定位是你对未来的潜在顾客心智所下的工夫,也就是把产品定位在你未来潜在顾客的心中。所以,你如果把这个观念叫做'产品定位'是不对的。你对产品本身,实际上并没有做什么重要的事情。"

可见,广告定位是现代广告理论和实践中极为重要的观念,是广告主与广告公司根据社会既定群体对某种产品属性的重视程度,把自己的广告产品确定于某一市场位置,使其在特定的时间、地点,对某一阶层的目标消费者出售,以利于与其他厂家进行产品竞争。它的目的,就是要在广告宣传中,为企业和产品创造、培养一定的特色,树立独特的市场形象,从而满足目标消费者的某种需要和偏爱,以促进企业产品销售服务。

二、广告定位的策略

一般而言,广告定位有三种基本策略,即市场定位策略、商品信息定位策略和观念定位策略。

(一) 市场定位策略

市场定位策略是依据市场细分原则,找出符合产品特性的基本顾客类型,确定自己的目标公众,就是策划者通过市场调研,依据消费者的需要与欲望,购买行为和购买习惯等方面的显著差异,把某种产品的市场整体划分为若干个消费者群体。实际上这就是一个市场分类过程。任何一个广告都是针对特定对象的传播活动,在广告宣传中,如果市场定位失误,那么整个宣传活动就会失败。

根据市场细分的依据,消费者市场细分分为地理细分、人口细分、心理细分和行为细分。

1. 地理细分

地理细分即按照消费者所处的地理位置、自然环境来细分市场,具体变量包括:国家、地区、城市规模、不同地区的气候及人口密度等。地理因素是一种相对静态的变数,处于同一地理位置的消费者对某一类产品的需求也会存在较大的差异,因此,还必须同时依据其他因素进行市场细分。

2. 人口细分

人口细分是指根据各种人口统计变量来细分消费者市场,具体变量包括:年龄、婚姻、职业、性别、收入、教育程度、家庭生命周期、国籍、民族、宗教、社会阶层等。

3. 心理细分

心理细分即按照消费者的心理特征细分市场。按照上述几种标准划分的处于同一群体中的消费者对同类产品的需求仍会显示出差异性，原因之一是心理因素在发挥作用。心理因素包括：个性、购买动机、价值观念、生活格调、追求的利益等变量。

4. 行为细分

行为细分即按照消费者的购买行为细分市场，包括消费者进入市场的程度、使用频率、偏好程度等变量。按消费者进入市场的程度，通常可以划分为常规消费者、初次消费者和潜在消费者。消费者对产品的偏好程度是指消费者对某品牌的喜爱程度，据此可以把消费者市场划分为四个群体：绝对品牌忠诚者、多种品牌忠诚者、变换型忠诚者和非忠诚者。

市场细分结束后，就可以根据市场细分的结论和特定消费者群体的特性，针对目标受众的需要和兴趣，策划制作相应的广告作品和宣传活动。

（二）商品信息定位策略

企业商品具有许多方面的特性，拥有许多优势。但在一个广告作品中，要找出诸多信息中符合目标消费者要求和商品形象的主要特征信息。

商品信息定位策略的实质是：明晰广告宣传作品中需要突出宣传的商品信息或促销活动信息。一是实体化信息，即依附于商品而存在的外形、包装、价格、功能、质量、技术指标等方面的信息；二是程序化信息，即表达商品促销活动运作特别是活动方面的信息，如领取赠品的方法、兑奖的方案等。

（三）观念定位策略

观念定位就是在广告策划过程中，根据公众的接受心理，确定观念所采用的一种策略，根据诉求方式的不同，观念定位策略可分为正向定位和逆向定位两种。正向定位就是在广告中正面宣传产品的优点，产品给顾客带来的利益；而逆向定位则在广告中"宣传"产品的缺点，以反诉求的手法引起公众的注意。

【小问题】

1. 假如化妆品在广告中宣传"男女老少，四季皆宜"，你认为这样宣传合适吗？为什么？
2. 分析下面两幅广告作品（图4-7和图4-8）运用的定位策略。

图4-7　百事流行鞋广告

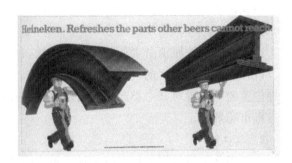

图4-8　喜力啤酒广告

【补充阅读】

打破产品生命周期的宿命[①]

1965年,《哈佛商业评论》刊登了西奥多莱维特的经典之作 Exploit the Product Life Cycle,介绍了产品生命周期这个概念,并展示了如何将其用做"竞争力工具"。时至今日,这个概念仍然是大多数公司制定营销和定位战略的根本依据,指导着他们按部就班地管理自己的产品,让它们沿着生命周期的钟形曲线,依次走过导入期、成长期、成熟期和衰退期。

备受尊崇的产品生命周期曲线描绘了大多数产品从导入期直至衰退期的成长轨迹。但是,企业可以通过改变产品在市场中的定位,促使产品重返或者提前进入利润丰厚的成长期。可以用来改变消费者观念的三种定位战略:逆向定位战略、分离定位战略和隐匿定位战略。

1. 逆向定位战略(用于各类服务)

提供同一类产品的大多数公司,都会不断扩充自己的价值主张,因为他们想当然地认为消费者永远不会知足。换句话说,他们会不断为自己的产品增加新功能。

实施逆向定位战略的公司则不同。他们认为:虽然消费者除了要求产品有基本的功能以外,还会有其他要求,但这并不一定表明他们希望产品无休无止地推陈出新。他们不走不断增加产品功能这条老路,而是另辟蹊径,舍弃一些被同行奉若珍宝的产品功能,在产品回复到只具备基本功能的状态之后,再从只有增强型产品才拥有的功能中精心挑选出一到两项,补充到这个产品当中去。这种打破常规的属性组合,能够改变产品在该类别中的竞争地位,并促使产品从生命周期的成熟期重返成长期。

◆宜家集团

长期以来,全球家具零售巨头宜家集团(IKEA)以营销创新和高速增长而频见于报端。宜家取得成功的原因有很多,其中较为重要的一点就是它的家具价格低廉、款式新潮。不过,宜家取得出色业绩的关键,还是它出色的逆向定位。

与成熟行业中的大多数企业一样,许多家具企业也持续不断地增加自己的产品功能。为了赢得竞争,大的家具零售店不仅种类繁多,而且持有大量存货,以确保顾客能够买到他们需要的家具。而且,顾客要是买把躺椅,就要保证它跟邻居家的肯定不一样。销售顾问会极力迎合顾客的需求,帮助他们测量家具尺寸,推荐备选家具。在顾客购买了新家具后,大多数销售商会送货上门,甚至还负责把旧家具运走。另外,家具零售商们千方百计地想让顾客接受这样一个观念——家具能够经久不朽,甚至成为传世之宝。

在这样一种行业背景下,宜家的成功出人意料。走进宜家,消费者会发现店内没有销售员,品种也不那么丰富,不提供送货服务,大部分家具还要自己组装,而且不能指望家具能够经久耐用。

不过,倘若宜家仅仅坚持提供简化的产品和服务,它能否在强手林立的家具行业中脱颖而出,这还很难说。宜家之所以能够成功,在于它巧妙地实施了逆向定位战略:在坚持最基本的价值主张的同时,辅以普通低档家具零售商几乎闻所未闻的门店环境和服务。它的零售店装潢风格轻快,极富现代感。店里设有漂亮的日托所,供带着孩子的顾客在购物时免费

[①] 资料来源:扬米穆恩. 打破产品生命周期的宿命。市场营销.2005年第11期,有改动。

托管孩子。在午餐时间,顾客们可以到店内雅致的餐厅用餐,品尝熏鲑鱼等美食。除了家具以外,顾客还可以在这里买到色彩明快的家用器皿和设计精巧的玩具,这些东西在其他大多数家具店里是买不到的。通过逆向定位战略,宜家与中档家具店、低档仓储店和大型购物中心明显地区别开来。它撼动了整个家具行业,吸引了从学生到年轻的都市专业人士等各种顾客——他们从前在各种不同的门店购置家具——实际上创建了一个全新的顾客细分市场。

宜家个性创意广告见图4-9。

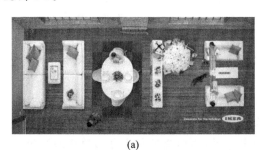

(a)

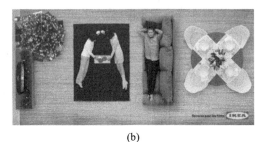

(b)

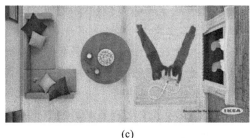

(c)

图4-9 宜家个性创意广告图

2. 分离定位战略(用于包装消费品)

使用逆向定位战略的产品,虽然在所属类别中建立了独特的定位,但仍然明白无误地属于这个类别。使用分离定位战略则有所不同,它有意与一个新的产品类别建立关联,使产品脱离原属类别,从而让营销人员能够使用新类别的各种惯例,改变产品的消费方式和竞争对手。

产品的类别归属体现在许多方面,例如,设计、分销渠道、促销和定价方式等。这些营销组合要素对消费者有暗示作用,会引导他们以某种方式划定产品或服务的类别。通过巧妙地利用这些暗示,企业可以改变消费者"框定"产品的方式,进而改变他们对产品的反应方式。产品实现分离定位以后,消费者不会把它当做原属类别中的一种选择,而是把它看成另一个类别的产品。与逆向定位战略一样,分离定位战略也能促使产品从生命周期的成熟期重返成长期,摆脱走向衰退的命运,重新迸发勃勃生机。

◆ 斯沃琪集团

1983年以前,造型端庄,经久耐用,价格昂贵的瑞士手表被当做珠宝出售,小心翼翼地促销。每个消费者只买一块,终身使用。但是,1983年斯沃琪手表的面世彻底改变了这一切。造型有趣,容易过时,价格低廉的斯沃琪没有延续瑞士手表的传统定位,而是把手表当做一种带有休闲色彩的时尚配饰,大张旗鼓地促销。它们能够激发人们的购买冲动,消费者常常会一口气买下几块款式各异的手表。它们在推出时的价格仅为四十美元,突破了瑞士手表的常规类别(高档珠宝),打入时尚配饰这个类别,消费群体和竞争对手也随之发生了改变。它不仅为自己开创了这个毫无竞争的增长空间,而且为其他企业带来了通过这种手表扩展的机会,惠及天美时和西铁城等几乎所有钟表业巨头,以及卡尔文克莱恩和 Coach 等众多时尚品牌。例如,在斯沃琪手表推出一年后面世的 Fossil 手表,就是冲着这块市场来的。通过分离定位,斯沃琪成为有史以来最畅销的手表。

斯沃琪手表创意广告见图 4-10。

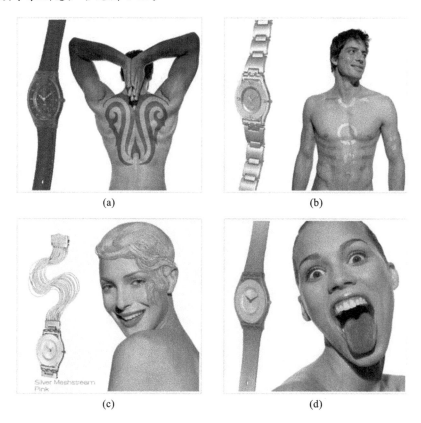

图 4-10 斯沃琪手表创意广告图

3. 隐匿定位战略(用于消费技术)

在采取逆向定位战略或分离定位战略时,企业不会掩饰自己的真实意图。它们会有意打破常规,利用一些不同寻常的促销、定价手段和产品特性,巧妙地对产品进行定位,从而吸引消费者的关注。与此相反,实施隐匿定位战略的公司会采取一种较为隐蔽的策略,把产品与某个完全不同的类别联系起来,故意掩盖产品的真实属性。

当某类产品存在一些不利因素时,采用隐匿定位战略会十分有效。例如,消费者可能对该类产品望而生畏;他们也可能对产品持怀疑态度,因为此前推出的类似产品未能达到他们的预期;他们还可能对某类产品或者生产商抱有成见。在这样的情况下,采取隐匿定位战略可以巧妙地将产品推入市场,并为消费者所接受。尽管隐匿定位一般不会让产品突破原属类别,却能让产品获得新生,避免在导入期就趋于凋萎,甚至完全消亡。

◆AIBO 机器狗

为了在刚刚萌芽的市场占据一席之地,索尼公司采取了隐匿定位战略。当时,它的机器人尚处于初期开发阶段,在许多方面家用机器人不够完善,因此,如何让消费者接受这一产品,成为索尼必须应对的一大挑战。

索尼耗费了数千万美元,用于开发世界上第一个家用机器人,希望抢在本田、丰田和松下等强大的竞争对手之前,占据这个新兴市场的领先地位。但事实证明,研制真正能做家务的机器人,实非易事。该公司十分清楚,如果向消费者推销一个性能不可靠,而且连简单的家务也干不了的家用机器人,结果只会适得其反。这是因为,不够完善的产品最终只会让消费者大失所望。针对这个问题,索尼采取了隐匿定位战略。它放弃了将 AIBO 机器狗作为家用机器人推出的计划,而是把它定位成一只可爱的电子宠物狗。尽管 AIBO 机器狗存在很多问题,性能也不够稳定,但它刚一推出,即大获成功。在面市的头两年里,索尼限量生产的 10 万只 AIBO 机器狗被抢购一空。同时,索尼还利用这次机会,对这项存在缺陷的技术进行了长达 5 年的市场测试,从消费者的反馈中收集了许多宝贵的信息,用于指导后续开发。目前,索尼正在对下一代机器人 QRIO 进行原型设计——这种机器人开始具备人类的少许特点。

索尼 AIBO 机器狗广告见图 4-11。

图 4-11 索尼 AIBO 机器狗广告图

【重点提示】
三种定位战略的区别

第三节 广告主题策略

广告主要包括两个部分:内容和形式。广告必须传达一定的中心思想,即广告主题。

一、广告主题的定义

广告主题就是广告为达到某项目的而要说明的基本观念。这一观念是在广告商品中提炼出来的,对消费者有着实质的或心理上的价值。

广告主题统帅广告作品的创意、文案、形象、衬托等要素,如一根红线贯穿于广告之中。

二、确定广告主题的三要素

广告主题＝广告目标＋信息个性＋消费心理

1. 广告目标

广告目标是指广告活动所要达到的最终目的。广告目标是根据企业的目标设定的,营销目标是指通过包括广告在内的多种营销手段所获得的实际物化效果;而广告目标是广告实施对目标对象的最终影响,即沟通的目标。广告目标决定了为什么要做广告和怎么样做广告的问题。确定广告主题,必须以广告目标为依据,针对要达成的广告目标提出广告所要说明的基本观点和要告诉人们什么。

2. 信息个性

信息个性也称"卖点",这是站在广告主角度说的,在广告传播中即为诉求重点——广告对商品、服务和观念所要传播的主要内容。信息个性是整个广告活动的亮点,信息个性对广告主题的要求是:主题必须具有独特的个性信息。

3. 消费心理

消费心理是消费者在购买、使用和消耗商品或接受服务过程中反映出来的心理现象。这种心理现象不是千篇一律的相似和雷同的,而是多种多样和千姿百态的。对消费者的心理把握不准的话,就难以挑起消费者的购买欲望。

只有同时兼顾广告目标、信息个性和消费心理三个要素的广告主题才是合理的。消费心理尤其重要,产品和服务的广告是要面对市场和受众的,符合消费者需求的广告主题才能让消费者心动,进而采取购买行动。

三、广告主题策划的基础

广告创作者应想办法建立起产品价值体系,这个体系的建立可以从以下三个方面进行:建立产品价值网、建立产品价值链和挖掘产品潜在价值与创造产品新价值。

（一）建立产品价值网

建立产品价值网可从如下几个因素出发。

① 从产品实体因素出发:产品的品质、原料、构成成分、结构、性能等;产品的生产和管理的方法、生产过程、生产条件、生产环境、生产历史等;产品的外观、品牌、包装等。

图 4-12 的彪马广告就是从产品实体因素出发建立产品价值的例子。

② 从产品的使用情况出发:产品的用途和用法;产品使用的实际价值和效果;消费者对产品使用的反应。

③ 从商品价格、档次出发。

④ 从消费者对产品的关心点和期望出发。

（二）建立产品价值链

产品价值链是指产品某一价值、价值的第一层引申、价值的第二层引申。建立产品价值链应注意如下几个方面。

① 从产品与其他产品的关系出发:从产品与其他相关产品的关系出发;从产品与竞品的关系出发。

图 4-12　彪马广告图

② 建立产品的社会价值链。
③ 建立产品的主观价值链：产品给人的感觉；产品的性格；产品的象征。

(三) 挖掘产品潜在价值与创造产品新价值

挖掘产品潜在价值与创造产品新价值，应从如下几个角度入手。
① 唤醒消费需求。
② 创造消费需求。
③ 突破消费观念障碍，挖掘产品价值。
④ 逆向思维，从负价值中挖掘新价值。

四、确定广告主题应注意的问题

确定广告主题应当注意如下几个问题。
① 必须为消费者提供利益承诺。
② 广告主题应单纯、集中、精练。
③ 广告主题应保持统一性和连贯性。
④ 广告主题要易懂。

【小问题】

举例说明消费心理在确定广告主题中的重要性。

【补充阅读】

表 4-1 为广告主题与其他文学艺术的显著区别。

表 4-1　广告主题与其他文学艺术的显著区别

	主题的来源	主题的提炼与确定	主题表达的集中性	主题表达的鲜明性	主题表达的篇幅限定性
其他文学艺术	现实生活	作家自己	单一/多义皆可	含蓄（曲径通幽）	可长可短
广告	广告目标、信息个性和消费心理三者结合	产品特点与广告主的意图	单纯、集中	鲜明、突出（开门见山）	受资金和时间版面等的限制

【重点提示】
建立产品价值网
建立产品价值链
挖掘产品潜在价值
创造产品新价值

第四节　广告表现策略概述

广告构思是无形的、抽象的,广告最终还是要使之具象化、直观化,这个过程就是广告表现。广告表现就是借助各种手段将广告的构思创意转化为广告作品的过程,即创意的物化过程。广告表现的好坏直接影响广告效果的实现。

一、广告表现的意义

1. 广告表现是实现广告目标的中心环节

广告活动以广告调查和分析为起点,接着制定目标,确定广告主题、构思和创意,再接着就是把构思创意具体化的过程,这就是广告表现。广告表现之后是通过特定的媒介传达给目标消费者。由此可见,广告表现是广告活动中承上启下的环节,是实现广告目标的中心环节。

2. 广告表现反映了创作人员的基本素质

水平高的创作人员创作的广告作品能紧紧围绕广告表现的目标和主题,选择适合的表意元素抓住消费者的注意力。

3. 广告表现的好坏决定着消费者对产品的评价

广告表现其实就是选择材料表现主题和创意的过程。选择的材料如果让消费者感到亲切、感到信服,无形间就会让消费者增加对产品或服务的好感。

二、广告表现的手段

广告表现的手段是多种多样的。广告作品都要依托一定的媒介刊播出来,而不同媒体的广告表现手段是不同的。这里主要以几种常见媒介的表意手段为例来做说明。

1. 平面广告

平面广告指的是以纸质为媒介的广告形式。常见的有报纸、杂志、招贴、海报、路牌等。平面广告主要的表意手段是插图、颜色和字体。借以表现文案的字体在平面广告里很重要,作为静态的媒体,相对别的媒体文字的表意更加受重视,文字部分也可以稍微长些。

2. 电视广告

电视是目前我国传播效果最好的媒体,主要特点是声画结合。广告表现的主要手段是视觉(字幕、画面)、听觉(有声语言、音乐和音响)、蒙太奇(电视广告的文法句法)。

3. 广播广告

广播媒体是诉诸人的听觉的媒体,广告表现的主要手段是人声、音乐和音响。

三、广告表现的策略

我们通常把广告表现策略分为三种:理性广告表现策略、感性广告表现策略和情感广告表现策略。

1. 理性广告表现策略

理性广告表现策略是指直接向消费者实事求是地说明产品或服务的功能、特点等,用合乎逻辑的方式摆事实、讲道理。它的主要特点是以理服人。比如,国窖1573的电视广告:你能听到的历史124年,你能看到的历史162年,你能品味的历史428年,国窖1573。这个广告简单陈述历史,没有过多的渲染,而消费者的常识告诉自己,一个有这么悠久历史的酒不会不好,这样广告就达到了预期的效果。

2. 感性广告表现策略

感性广告表现策略是指依靠图像、音乐、文字等的技巧塑造一种让消费者心动的意境和氛围来达到广告的目的。这种意境和氛围可以是温馨感人的,也可以是阴森恐怖的;可以是热情洋溢的,也可以是冷酷压抑的……它的特点是以境动人。雀巢咖啡的一则电视广告:一个上班族走进办公室,这时的画面是黑白的,他从墙上的日历架子上取下一包雀巢咖啡,画面随之变得有色彩,接着是冲泡咖啡等的画面,配之活力动感的歌曲、音乐,让人精神为之一振。整个广告不关乎理性,也不关乎情感,重在营造一种为之心动的意境,让人看了被这种氛围所感染,随之对产品或服务产生好感。

伊利牛奶广告(图4-13)也是运用的感性广告表现策略。

图4-13 伊利牛奶广告图

3. 情感广告表现策略

情感广告表现策略是指通过讲述友情、亲情、爱情等人类共通的情感来打动目标消费者,让消费者情动于衷,进而对产品或服务产生好感而达到广告目的。如诺基亚手机的一则广告(图4-14):一个男人为了向心爱的女友求婚,煞费苦心地在不同场所拼写成"will you mary me"的画面,用手机传给女友。最后这个男人当然如愿以偿。广告只是传达手机很常见的拍照功能,但它却是通过一个温馨、浪漫、感人的爱情故事来达成的。这样的广告因为诉诸人的情感,很容易达成广告的预期目的。

奥利奥饼干广告(图4-15)亦是情感表现策略的典范。

图 4-14 诺基亚"will you mary me"广告图

图 4-15 奥利奥广告图

【小问题】

广告表现除了按媒体形式分类,还有没有别的分类方式?

【补充阅读】

感性诉求广告创造遵循的一般原则[①]

感性诉求广告具有极大的魅力和说服力,但它毕竟基于人类的感情。人的感情是最复

---

① 资料来源:杨正雄.感性诉求广告创意新思维:http://www.xici.net/d7220507.htm.

杂而又最易变的,要想真正使感性诉求广告达到预期的目的,必须遵循如下原则。

1. 现实基础的原则

消费者不是一个可以任意施加影响的消极主体,而是一个具有一定的要求、信念、定势和意向,有着判断是非标准的积极客体,他们对广告的内容完全是根据自己要求的价值标准进行摄取或排斥的。所以,说实话、抒真情是广告的生命,是赢得受众的本质力量,也是对社会负责,对消费者负责的表现。

心理学家鲁道夫·阿恩海姆认为:艺术创作是以知觉为基础的,它不是凭空创造,而是以生活积累和生活体验为基础的,而艺术家的生活积累则以知觉为媒介,艺术创造的基础就是对客观对象的表现性的知觉。感性诉求广告本身就是一种浪漫型的艺术,它的创作也应以现实为基础,以现实为对照,不满足于现实而表达理想和激情。同样,这种理想激情应来源于生活,来源于内心深处对生活的热爱和憧憬,只有做到了这一点才能真正被受众所接受。

2. 谐趣幽默的原则

幽默是生活和艺术中的一种特殊的喜剧因素,又是能在生活和艺术中表达或再现喜剧因素的一种能力。它通过比喻、夸张、象征、寓意、双关、谐音、谐意等手法,运用机智、风趣、凝练的语言对社会生活中不合理、自相矛盾的事物或现象作轻微含蓄的揭露、批评、揶揄和嘲笑,使人在轻松的微笑中否定这些事物或现象。

幽默广告之所以受人们的喜爱,根源在于其独特的美学特征与审美价值,它运用"理性的倒错"等特殊手法,通过对美的肯定和对丑的嘲弄两种不同质的情感复合,创造出一种充满情趣而又耐人寻味的幽默环境,促使接受者直觉地领悟到它所表达的真实概念和态度,从而产生一种会心微笑的特殊审美效果。感性诉求广告正是通过幽默的情趣淡化了广告的直接功利性,使消费者在欢笑中自然而然、不知不觉地接受某种商业和文化信息,从而减少了人们对广告所持的逆反心理,增强了广告的感染力。

3. 理性浪漫的原则

感性诉求广告创作的一个最基本的条件就是要具有创作的冲动,在广告中表现激情,只有在这种情感状态下才能够创作出优秀的作品。在感性诉求广告创作中,情感始终起着重要的作用。日本广告艺术设计师松井桂三说过:情感经常是一种在广告设计中不可缺少的元素,它能够把观赏者的心吸引过来,让他们获得全新的感受。但关于艺术创作中的情感极限问题,自古以来就众说不一。在柏拉图看来,艺术创作的时候极其需要灵感,他认为创作的灵感就是一种"迷狂"状态。法国现代非理性主义哲学的代表柏格森更是认为艺术创作应该舍弃理性,注重直接、刹那间的情感,他认为只有在直觉中人和客体世界才能在本能冲动下互相渗透,达到统一,从而洞察到世界的本质。但是,我们知道,感性诉求广告不同于一般的艺术创作,它的目的是促进消费,它的目标受众是消费者。如果说自由艺术创作的情感可以是隐晦的、深奥的,别人不理解也可以的话,感性诉求广告则不能这样,它必须注重效应,因此它要求较为直观和外露,使人们能够在短时间内能够理解。因此在进行感性诉求广告的创作时,我们鼓励宣泄激情,但这种激性的宣泄又必须在一定的理智控制之下进行,这就是我们所说的"理性浪漫",只有这样它才能把主体内在的浓烈的情感作为对象纳入一定的视觉形式之中,使之对象化和物态化,成为有意义的形式。

澳大利亚著名广告设计师靳祈岛就特别重视设计的情感控制,他说:"我喜欢高尔夫,就是因为其需要高度控制感情"。这一点在感性诉求广告创作中十分值得借鉴。

4. 艺术表现的原则

感性诉求广告的目标受众是消费者,在人们的社会心理和市场竞争日新月异的今天,它的表现形式更应该向艺术化的方向发展。今日的消费者不再纯粹地追求物质满足,他们不仅要求广告能告知产品信息,而且要求广告具有艺术性和娱乐性,满足其心理上的审美需要,所以,没有震撼的艺术感染力的广告是很难与消费者产生情感共鸣的。众多的广告活动表明,具有极强的艺术性和表现力的广告总是容易引起消费者的注意与兴趣,起到引导消费的作用。因为它使人们在获得信息的同时得到了艺术美的享受,正因为具有艺术表现力,它才能造成一种生气勃勃、富于情趣的意境,才能极大地增强了广告作品的吸引力和感染力。

在感性诉求广告中可运用的艺术表现手法很多,除了我们前面所提到的谐趣幽默外,还有对比、抒情、夸张、比喻和联想等,应在不同的场合下运用不同的创意以期达到预期的目的。

【重点提示】

广告表现策略的分类

运用广告表现策略时应考虑的因素

第五节 广告主题的决策

广告主题的最终确定需要经历必要的过程。本节主要讲述广告主题决策的五个阶段。简要分析各个阶段在这个过程中的作用及应注意的问题。

一、广告主题的决策模型

广告主题的科学决策过程见图 4-16。

二、广告主题的决策过程

1. 检讨已有广告主题

经过检讨,如果发现已有的诉求主题是成功的、合理的、正确的,就可以继续进行运用。当发现过去的宣传主题或广告诉求点不合适,广告效果不佳时,策划者就要从重新对产品进行分析入手,即进入第二阶段。新的产品或以前的广告活动未经精心策划的产品,可直接从第二阶段开始。

2. 产品分析

第二阶段是产品分析,分析产品有什么特点,能给消费者带来什么好处或利益,与竞争品牌相比有什么显著的优点或相对优势。如果产品是一般的产品,没有自己独特的地方,检查一下是否有某一产品特点未被同类竞争产品的广告宣传所重视,假如情况的确如此,产品的特点又有诉求的价值,广告的诉求主题可由此提出;当这些途径都行不通时,就只能考虑从感性诉求方面入手。

3. 提出广告主题

经过产品分析,产品的特点和产品给消费者可能带来的利益了然于胸。广告策划人员

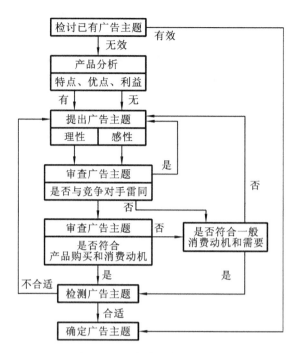

图 4-16 广告主题的决策模型

依据分析结果可以提出广告活动的诉求主题或诉求点。策划人员可以采用座谈会方式,通过脑力激荡法,提出尽可能多的主题。

4. 审查广告主题

对于初步提出的广告主题,需要进行若干步骤的审查,才能确定。第一步是审查已提出的主题是否与竞争对手的主题雷同。对于理性诉求主题来说,第二步的审查是,检查该诉求主题是否符合这一类型产品消费者的购买或消费动机。对于感性诉求主题来说,只要它不雷同于其他竞争对手,就可以直接从消费者的一般消费动机和需要方面作进一步审查,这就要求策划或检查人员具备心理学的知识,同时能够把握消费者在不同时期的不同心态。在审查过程中,获得通过的主题进入最后一步的检验,如未能通过,则必须重新提出诉求主题。

5. 检测广告主题

上述审查过程主要是检查提出的广告诉求主题的诉求方向是否正确、是否合理。至于它是否可以在广告活动中进行运用,还需要作进一步检查,检测广告主题是广告效果预测的一个重要组成部分,它不是根据已有的信息和经验来判断,而是采用科学的调查法或实验法来甄别。一旦一个广告主题经过广告效果预测被证实是比较理想的,就可以确定下来,并着手进行广告创作,以及媒体发布等广告活动。

6. 确定广告主题

一旦一个广告主题经过广告效果预测被证实是比较理想的,就可以确定下来,并着手进行广告创作,以及媒体发布等广告活动。

【小问题】

根据广告主题的决策模型,尝试归纳总结广告主题的决策过程。

【补充阅读】

香奈儿爱情广告主题欣赏①

CHANEL N°5 是世界上最著名的香水之一,1921 年,香奈儿女士与著名的格拉斯香水大师恩尼斯·鲍合作,推出了世界上最受欢迎的设计师香水:CHANEL N°5 香水,直至今日,CHANEL N°5 仍是全世界销售第一的香水。玛丽莲·梦露"我只穿 CHANEL N°5 入睡"的名句(图 4-17),也成为 CHANEL N°5 不朽的传奇故事。

图 4-17 玛丽莲·梦露 CHANEL N°5 经典广告图

2004 年,奥斯卡影后、澳洲美女妮可·基德曼成为 CHANEL N°5 新的代言人,她花了 4 天的时间为 CHANEL N°5 香水拍了一则两分钟的广告,报酬高达 500 万美元。广告画面(图 4-18)是:妮可·基德曼从尖叫的影迷和摄影记者的包围中匆匆脱身,冲进汽车,发现由演员桑托洛扮演的年轻作家坐在后排座位上。两个年轻人在公寓的晒台上拥抱,公寓屋顶上悬挂着两个大大的 C(香奈儿的标志)。其后,女主角发现自己还是离不开光彩夺目的明星生活,因此,男主角就带着"她的吻,她的笑和她的香味"离开了。这部广告耗资 6 000 万美元,妮可·基德曼在片中佩戴价值 4 100 万美元的珠宝。知名设计师拉格费尔德为她设计了拍摄广告时身着的服装,包括一条带波浪线的粉色晚礼服,晚礼服上点缀着鸵鸟毛和一条长约一米的钻石项链。香奈儿公司的人士表示,妮可·基德曼外形高贵典雅,与生俱来的气质极佳,因此她的形象与 CHANEL N°5 香水的定位非常吻合。再加上妮可·基德曼总是一脸迷人的微笑,而且她喜欢佩戴银色的首饰,这些特性都将给香水本身赋予特殊的内涵,使得这款香水在知性女性圈里广受好评。同时,妮可·基德曼不喜欢男人送她香水:"因为

---

① 资料来源:香奈儿 5 号广告研究. http://www.docin.com/p-385071794.html.

女人应该自己选择香水,选择一款适合自己气味的香水。就跟爱情故事一样,香水这种东西是非常个人化的,别人无法干预我要选择何种爱情故事。"其自由高雅的气质与 CHANEL N°5 香水好似天作之合。

图 4-18　妮可·基德曼 CHANEL N°5 广告图

【重点提示】
广告主题的决策步骤

■ 关键概念

广告目标　广告定位　市场定位策略　商品信息定位策略　观念定位策略　广告主题　广告表现

■ 复习思考题

1. 什么是广告目标?如何确定广告目标?
2. 什么是广告定位?常见的广告定位策略有哪些?
3. 什么是广告主题?决定广告主题要考虑哪些要素?
4. 简述广告主题决策的程序。
5. 什么是广告表现?举例说明不同媒体的广告表现手段。

■ 单元实训

【实训内容】

广告定位训练

【实训背景】

1. 许多人对商品往往熟视无睹，在心目中只有一个较笼统的概念，因此导致"千人一面"的误解。

2. 到市场或服务现场对不同品牌或同一品牌不同型号的商品进行考察，关键是要勤"看"、勤"问"和"现场体验"。

3. 要善于从第一手、第二手的资料中发现不同商品或服务的独特之处，做个有心人。

【实训目标】

引导学生从不同类型的商品中，发现其独特的广告定位和诉求点，培养他们敏锐的洞察力，并引导他们尝试用文字、语言等形式将广告定位全面有效地表达出来。

【实训内容与组织】

通过对制造业、服务业、家电业等典型商品，如汽车、银行、电视机等进行广告定位分析，找出技术、服务、外观形象等因素在不同类型商品广告宣传中的不同侧重面和机会点。

1. 对某一品牌或某一型号的汽车、电视机进行深入的调查与分析。

2. 对某一家商业银行的服务、社会形象等进行深入的调查与分析。

3. 每位同学至少要确定一种商品为训练对象，进行广告定位分析，并在 A4 纸上通过文字形式有效地表达出来。

【成果与检测】

1. 由分组小组长根据小组成员的分析进行评估。

2. 教师根据各小组的方案进行打分评估。

第五章 广告创意

■ 课前导读

贝纳通：服饰广告中的一朵奇葩[①]

脐带还没剪断的新生婴儿、被手铐合铐在一起的黑人与白人、接吻的牧师与修女、在死牢里的囚犯、濒死的被亲属拥抱的艾滋病患者、战争中阵亡士兵沾血的迷彩军裤与白色圆领衫、浑身沾满石油欲飞不能的海鸟……这些画面出现在纪实报道中并不让人惊讶，然而这一切却一直与一个品牌相关。

"主张宽容、带有争议的广告使其名声大振，但还有谁在穿贝纳通的衣服呢？"这是美国《商业周刊》去年推出全球100个最佳品牌后给排名第100位的贝纳通的评语。2006年，在北京仁艺术中心开幕的"贝纳通精选广告之旅"再一次将其当代广告的批判者面目展现在国人面前——这也给我们提供了一个审视当下中国广告文化创意的机会。

此次"贝纳通精选广告之旅"汇集了贝纳通公司40年来创作的公益广告经典力作60幅，分别以反映社会差异、反映现实、反映言论自由与表达权益三个阶段为主题。置身于这些经典广告作品中，参观者仿佛在走近一种"世界的真实和真相"。

长发的白种女人、黑发的黄种男人、短发的黑种男人……两人高的纸板墙被摆放在展馆入口的玄关处，上面铺满了500个年轻人的头像——这是贝纳通摄影师托斯卡尼1997年的作品，当时他亲自拍下了500个年轻人的脸，旨在强调贝纳通品牌超越种族，主张只有一个"人类族"的理念。

贝纳通服装广告见图5-1。

人像墙后，主展场是一个老厂房改建的两层高空间，现场布置非常简单，只是在地面、展板等处用上了贝纳通标志性的绿色，而整个展览场分为三个展区，反映种族、社会融和、战争、艾滋病和环保方面的矛盾和现实。

灵魂人物托斯卡尼——一个"视觉恐怖分子"的人文关怀

当一个广告创意超越了产品本身，成为宣传品牌的某种精神或思想的主张时，创意设计本身的美感和文案本身已经显得无足轻重了。在贝纳通张狂创意的包装下面掩藏了很多玄机，很多人怀疑和批评它在利用一些敏感的社会和宗

[①] 资料来源：http://www.cncatalog.com/catand.asp? id＝8076967，有改动。

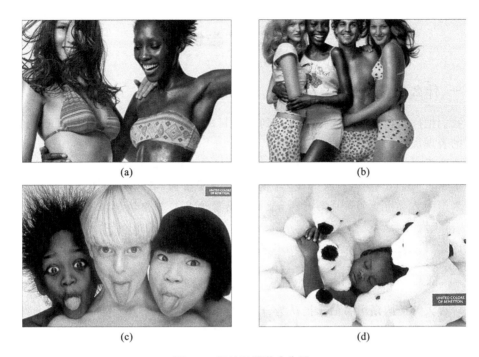

图 5-1 贝纳通服装广告图

教问题沽名钓誉。但帮助贝纳通成功的前创意总监托斯卡尼却说:"贝纳通与其他品牌的不同之处,只不过是在广告中展现出我们所认知的人类现实的一面。"

贝纳通公司创业时期,聪明的卢契亚诺·贝纳通 20 世纪 80 年代决定起用当时正踌躇满志的摄影师托斯卡尼,放手让他做整个贝纳通的广告设计。这一决策使贝纳通产品伴随着它的广告,迅速闻名于世,发展壮大。

作为贝纳通广告的灵魂人物,托斯卡尼创造了那些备受争议的公益广告,同样,也正是贝纳通使原本默默无闻的他成为当今最聪明也最受争议的视觉传播工作者,喜欢他的人尊称他为大师,批评他的人直呼他为"视觉恐怖分子"。

托斯卡尼以反对工业化文明的斗士形象塑造了贝纳通广告,他的出发点在于对当代广告的批判与反思,他认为西方企业广告行为完全是一种犯罪行为,并给社会造成了许多伤害,特别是对年轻人,他还一针见血地说:"过去的广告只是想要出售幸福,但这反而使得人们变得贪婪。"托斯卡尼因此将"发生在广告之外的"事情拉进了广告,颠覆了广告回避现实、回避现在,只与未来发生关系的老套习惯,艾滋病、环境污染、种族歧视、战争、废除死刑、宗教间的和平共处等都被收纳其中,而其所表现出的激进态度也常常因此激怒各种不同的社会力量,从而遭遇被拒绝刊出的命运。

具有讽刺意味的是,托斯卡尼认为出售幸福会使人贪婪,但出售苦难并不能让人变得俭朴。由于托斯卡尼的广告,贝纳通名气大增,而其服装销量也大增,有人将其称之为"以反对聒噪消费的愤世嫉俗的形象来促进消费"。

第一节 广告创意原理

一、什么是创意

我们把广告创意概括为使广告达到广告目的的创造性主意,它包括策略性的思想和相对应的表现形式两个方面的内容。

广告策划中的"创意",其实质是根据产品情况、市场情况、目标消费者的情况,竞争对手情况等制定的广告策略,寻找一个"说服"目标消费者的"理由",并根据这个理由通过视、听表现来影响目标消费的情感与行为,使目标消费者从广告中认知该产品能给他们带来的利益,从而促成行动。

因此,广告创意的核心在于提出"理由",继而讲究"征服",以求促成行动。

二、创意产生的过程

广告大师詹姆斯·韦伯·扬认为:广告创意的产生如同生产福特汽车那么肯定,创意并非一刹那的灵光乍现,而是要经过一个复杂而曲折的过程,靠人脑中的各种知识和阅历累积而成,是通过一连串看不见、摸不着的心理过程制造出来的。他把创意产生比喻为"魔岛浮现"。

为了科学地阐述广告创意的过程,他把它划分为如下五个阶段:

收集资料——收集原始资料;

分析资料——用心智去仔细检查这些资料;

酝酿阶段——深思熟虑,让许多重要的事物在有意识的心智之外去做综合;

顿悟阶段——实际产生创意;

验证阶段——发展、评估创意,使之能够实际运用。

下面我们将对这五个阶段进行逐步分析。

(一)收集资料

广告创意需要收集的资料有两个部分:特定资料和一般资料。

詹姆斯·韦伯·扬举了一个肥皂创意的例子,"起初,找不到一种许多肥皂所说过的特性来说,单做了一项肥皂与皮肤及头发的相关研究后,得到了对这个题目相当厚的一本书。而在此书中连续得到广告文案创意达五年之久;在此五年中,这些创意使肥皂销售增长十倍之多"。

俄罗斯音乐家柴可夫斯基说:"灵感——一个不喜欢拜访懒汉的客人。"

收集一般资料,用广告大师乔治葛里宾的话说就是"广泛地分享人生"和"广泛地阅读"。

(二)分析资料

分析资料应注意如下几点。

其一,列出广告商品与同类商品都具有的共同属性。

其二,分别列出广告商品和竞争商品的优势、劣势,通过对比分析,找出广告商品的竞争优势。

其三,列出广告商品的竞争优势带给消费者的种种便利,即诉求点。

其四,找出消费者最关心、最迫切需要的要求,即定位点,找到了定位点也就是找到了广告创意的突破口。

(三)酝酿阶段

欧阳修总是在骑马时、枕头上和厕所里获得灵感;爱因斯坦产生解决相对论的灵感出现在他生病中。

1983年日本一家研究所对821名日本发明家产生灵感的地点做了一次调查,得出的结果如下:

①在枕头上产生灵感占52%,②在家中桌旁占32%,③浴室占18%,④厕所占11%,⑤办公桌前占21%,⑥资料室占21%,⑦会议室占7%,⑧乘车中占45%,⑨步行中占46%,⑩茶馆中占31%。其中⑧至⑩项是在户外,比率最高,①至④项在家中,比率较高,而⑤至⑦项是在工作单位,比率最低。这说明思维处于松弛、释放状态,比处于紧张状态更能做出创造性思考。在工作单位,身心比较紧张,灵感较少,在家中和户外时身心都很松弛,所以容易产生灵感。①

(四)顿悟阶段

古希腊科学家阿基米德科学灵感实现时忘情呼喊的"尤里卡效应"标志着伟大创意的诞生。詹姆斯·韦伯·扬把它称为"寒冷清晨过后的曙光"。苏东坡也曾作诗"火急追亡捕,情景一失永难摹"。王国维评论的做学问的三种境界:"'昨夜西风凋碧树,独上高楼,望尽天涯路',此第一境界也。'衣带渐宽终不悔,为伊消得人憔悴'此第二境界也。'众里寻他千百度,蓦然回首,那人却在灯火阑珊处'此第三境界也。"

当广告创意人高喊"尤里卡效应"的时候,就意味着创意的想象力进入了"寒冷清晨过后的曙光"的时刻。就像阿基米德那样,在问题遇到困难时,把问题放入潜意识之后而获得顿悟。

(五)验证阶段

验证是创意产生过程的最后一个阶段。大卫·奥格威非常热衷于与别人商讨他的创意。他为劳斯莱斯汽车创作广告时,写了26个不同的标题,请了6位同仁来审评,最后才选出最好的一个——"这部新型的劳斯莱斯汽车在以每小时60 mi的速度行驶时,最大声响来自它的电子钟。"写好文章后,他又找出三、四位文案人员来评论,反复修改后才定稿。

【小问题】

广告创意与"点子"有什么区别吗?为什么?

【补充阅读】

怎样成为优秀的创意人②

常人看不到的东西,广告人却能看到;常人看到的东西,广告人能看出新花样。充满好奇,随时注意观察,不倦地探寻是广告人的秉性,也是广告人创意的来源。所以,广告人必须永远充满好奇心,也必须时时刻刻注意观察。因为好奇心是最好的老师,也是灵感不竭的源

---

① 余明阳,陈先红.广告策划创意学.上海:复旦大学出版社,第286页,1999年2月第1版。
② 资料来源:怎样成为一个优秀的广告创意人. http://www.yemaedu.com/pyycz/show.asp? id=112,有改动。

泉。广告人可以带着创作的问题走街串巷，东张西望，尽情浏览繁华的都市风光；也可以在无意识之间留心身边一点一滴的小事。而这时，创意或许已悄悄爬上心头。

创意应该是90%的努力加上10%的灵感。广告从业经验的积累对于创意来说是非常重要的，因为创意也不是没有规律可循的。大部分人谈到创意，谈的总是那10%，这是很危险的。事实上，没有长期浸淫在一个工作里的90%的努力与经验，如果不是掌握了大多数广告运作的通则与常规，如果没有驱使自己另类思考与行动的勇气，就不会有最后那10%的灵感。

有前面的90%，未必一定会有最后的10%；但没有前面的90%，一定不会出现最后的10%。

创意人的特征与要求

身为现代广告业之父的大卫·奥格威引用了加利福尼亚个性评估学院研究所进行的一项研究的结果。该研究发现创意人具备如下特征。

① 创意人员观察力特别敏锐，他们事实上比其他人更为看重准确观察力的价值。

② 他们经常表现部分事实，但却做得栩栩如生；他们表现出来的那部分正是人们一般没有认识到的；通过替换表述方式、突出重点和适宜地进行部分陈述，他们指点出人们一般观察不到的地方。

③ 他们像其他人一样看问题，但是考虑问题时也会采取跟其他人不一样的视角。

④ 他们与生俱来就拥有超越于一般人的思考能力，能够一下子想出很多主意，并且用这些主意与另一些主意对比，因此综合性极强。

⑤ 他们比常人更加精力充沛，因此他们拥有特别充足的心理能力、思想体系和体力。

⑥ 他们的世界更复杂，此外还过着比常人更复杂的生活。他们在生活中拥有比大多数人更生动的无意识部分，满脑子荒谬的念头，爱做白日梦，活在想象的世界中。

他们对问题总有不同寻常的答案，并总能创新性地解释事件（这种品质通常不怎么让他们的教育者喜爱）。

广告创意人不能把一块香皂看做是洗涤用的简单的植物性脂肪的固体，必须看到其中蕴涵着的生产厂家的荣耀经历，以及看到过去使用这种香皂的一长串美丽妇女和将来使用这种香皂的人们娇嫩细腻的皮肤。想象力是创意的关键部分。

好奇心和想象力的结合导致具有高度创造力的人不会像其他人那样，对黑白作明显的区分。他们手头有比常人更多的资料，因此，他们看待一切问题几乎都戴着有色眼镜，他们的特殊天赋也使得他们偏爱复杂的问题而非简单的问题，因为那种容易理解的问题容易让他们厌烦。

创意人员还有一个特征是移情能力很强，无论是否关心其他人、动物或非生命物体，他们都能轻松地"以事物本身的感受方式去感受"。温馨显示了他们的幽默感，他们通常总是将幽默注入大部分人都觉得不宜的情况中去。创意人员还很热心。事实上，热心就是他们的好奇心和想象力背后的驱动力。它替代了强烈的使命感，与之伴随而来的是持续的孤独感，这同样导致他们只信任自己的能力。与其他人比起来，他们一般不太依赖权威，不怎么担心自己的作品，不太关心薪水和地位。相应的，他们寻找的是能提供刺激和挑战的工作，这个事实可能是造成广告代理公司的人员流动率极高的最大因素。一位创造力活跃的人变换工作时，不太可能是由于薪水变动（尽管工作的变化可能会伴随着薪金的大幅上涨），而更多的是为了寻求更有趣的挑战和机会。

最后一点,创意人员是灵活多变的。他们发现变换着寻找、尝试解决问题的新途径很容易。他们乐于迎接新的挑战。他们可以轻易地将孤立的经历联系起来,能迅速地将信息和观点来源与内容分离开来。他们对收到的任何信息都作出自己的判断,对信息来源比其他人更少受影响。然而,尽管十分灵活,他们同时相当诚实,而且一旦争议发生,他们通常坚持观点。极富创造力的人除非是权宜之计,一般不会轻易屈服于团体压力。

在设计广告产品时,创意人员共有的这些品质是无价之宝。创意人员没有这些品质,广告很难成功。创意人员一般并非具备以上的全部素质,这也就是为什么人们总是寻求真正优秀的创意人才,并(如果他们运气好的话)向他提供优厚薪酬。

【重点提示】

詹姆斯·韦伯·扬关于创意产生过程的理论

第二节　广告创意原则

广告创意既要打破常规,力求新颖独到,又要受制于产品或服务的特点、消费者、广告主的营销目标、竞争对手等因素。因此,创意必须遵循一定的原则。本节主要介绍 R.O.I 理念,该理念是 20 世纪 60 年代由广告大师 W. 伯恩巴克创立的美国 DDB 广告公司提出的广告策略与创意原则,它比较全面地阐述了广告从业人员在创意时应遵循的规范。

一、关联性原则

关联性原则指广告创意要与商品信息相关、与目标对象的生活形态相关、与企业期望的公众行为相关,否则就失去了意义。

(一) 与商品信息相关

广告是为表现商品或服务的特点而做的,它所表现的内容和形式都要紧紧围绕商品相关的主观或客观信息,让受众看了知道是宣传商品或服务哪一方面的信息。表现的内容和形式要让消费者有很自然的联想,有说服力。比如,做治嗓子的药品广告,选择歌星或主持人等代言比用足球明星更能让人产生自然的联想,更有说服力。

(二) 与目标对象的生活形态相关

广告是针对特定对象的传播。广告中所宣传的内容和借以宣传内容的形式应该是目标对象熟悉的,与目标对象息息相关的。这样才容易让受众产生亲近感、好感,进而采取广告所期望的购买行动。尤其在表现方式上要充分考虑受众的好恶。比如,丰田(Toyota)的一则广告(图 5-2):广告主题很好,表现车的设计以人为本,从安全带到车灯、到雨刷、到后备箱……一切细节的设计都体贴入微。为了表现这个主题,广告用了拟人和夸张的手法,小伙子坐进车,坐在了一个人的怀里,安全带是人的手,前面的车灯位置是两个人在照明,雨刷是由一个人手动的,诸如此类。广告结尾打出了商标 Toyota 和广告主题:human touch。主题很突出,也很容易懂,但这样表现让人有些毛骨悚然,缺少了愉悦感。

(三) 与企业期望的公众行为相关

这一点说的其实就是:广告要为实现企业的目标服务。广告主之所以投资广告,是因为

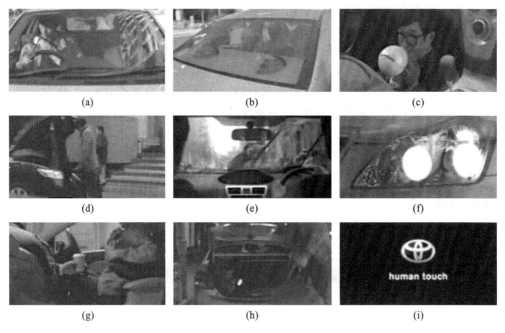

图 5-2 丰田轿车广告图

和别的投资一样,要有收益。每个广告作品、广告活动都是为达到一定目的而做的。

二、原创性原则

原创即自己首创、非抄袭模仿的、内容和形式都具有独特个性的作品。广告创意的原创性实质就是创新、与众不同。

《蔚蓝诡计》的作者乔治·路易斯在 1961 年为一种小儿感冒药"咳定"(Coldene)做平面广告(图 5-3)。没有产品、包装、商标,黑漆漆的画面上只有白色的字,两句简单的对话:"约翰,是比利在咳嗽吗?"、"起来喂他吃咳定"。做止咳的药品的平面广告,像路易斯这样来表现的就是原创的。

下面的这则汽车广告也是具有颠覆性的(图 5-4)。

三、震撼性原则

震撼性指的是广告要给消费者留下深刻的印象。记住广告的重要画面或有特色的声音或语言,有助于消费者在有相关需求的时候想起这个广告的产品,从而去购买该产品。

事实和情感都可让我们震动,广告的震撼力来自纯粹的感官刺激,同时"从平凡见崎岖,化腐朽为神奇"正是广告创意震撼性的又一体现。画面的用色、音乐、节奏、数字等都可以达到震撼的效果。

辣酱广告(图 5-5)就是极好的例子。

【小问题】

试分析下面这则广告(图 5-6)的产品特性。

图 5-3 Coldene 平面广告图

图 5-4 标致 406Turbo 广告图

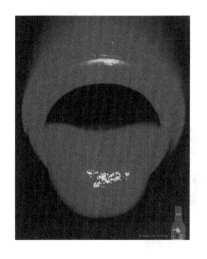

图 5-5 辣酱广告图

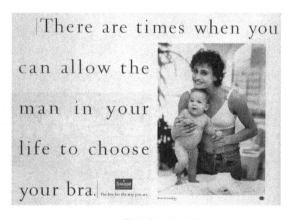

图 5-6 黛安芬胸衣广告图

【补充阅读】

乔治·路易斯的大创意[①]

乔治·路易斯是美籍希腊裔广告人,最叛逆另类的艺术指导,是美国广告首席创意指导,是艺术指导名人堂及创意名人堂的会员,身兼 LOIS/GGK 广告公司董事长及创意总监。他是美国历史上最有天分、作品最多的艺术指导,经典作品数不胜数,成为流行文化。

---

① 乔治·路易斯,http://baike.baidu.com/view/1332178.htm,有改动。

"伟大的创意不能够被测试,只有平庸的才可以。"

传统的解说式风格广告在20世纪三四十年代的美国占统治地位。当时许多欧洲现代派人士移民到美国,同时也带来了新鲜观点。路易斯深受影响,特别是著名招贴画设计师Cassandre和现代派艺术指导领袖Rand。路易斯使广告更加人性化、新鲜、贴近消费者。他总能凭借天分敏感地抓住时代精神,无论是1964年为Bobby Kennedy做的参议员案例,还是1969年为《绅士》杂志设计的那个令人目瞪口呆的封面(拳击手Sonny Liston被设计成第一个黑皮肤圣诞老人(图5-7);无论是Andy Warhol溺死在巨大的Campbell番茄汤罐头里(图5-8),还是1982年设计的那句家喻户晓的口号:"我要我的MTV"(图5-9)。

图5-7 《绅士》杂志封面

图5-8 Campbell番茄汤罐头广告图

图5-9 "我要我的MTV"广告

作家海勒说:"他的创意总是出其不意,充满了叛逆,但反而更能打动消费者的心理。"

著名的 Wolfschmidt 伏特加酒的平面系列广告其中有两个是这样的:一瓶伏特加对红番茄说:"嗨,你这个正点的红番茄,若我们两个加在一起可以调成血腥玛利。我可是和别的家伙不同喔!"番茄说:"我喜欢你,沃尔夫·史密特,你的确有品味。"一个平放的伏特加瓶子对橘子说:"甜心,我很欣赏你,我可很有品味,我要发掘你的'内在美',亲一个。"橘子回答:"上个星期我看到的那个跟你在一起的骚货是谁?"(图 5-10)接下来的还有柠檬、洋葱、橄榄等,它们都和沃尔夫·史密特在说着性暗示的双关语,这段对话将文字和视觉很好地融合在一起,体现了现代派提倡的两个原则"功能优先于形式"和"少即是多"。路易斯认为广告中的一切因素都是为了更清晰地表达创意。信息要简化,交流要有力、清晰。

(a)

(b)

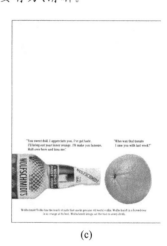
(c)

图 5-10　Wolfschmidt 伏特加系列广告

这在销售上是崭新的尝试,讲究画面的纯粹和统一。把产品的名字带到对话中,既微妙又有效。和伏特加广告一样,它也成为数年后"极简主义"的代表作。

【重点提示】

关联性原则

原创性原则

震撼性原则

第三节　广告创意思维

一、广告创意的思维特征

(一) 广告创意思维的求异性

所谓思维的求异性,就是打破原有的思维模式,寻求事物质和形的变异。思维的求异性是广告创意思维的本质特征。

广告创意的生命力就在于与众不同。主题可以独特,在产品同质化严重的今天,平凡的主题转换中表现手法就是创新。给饼干做广告,常见的特点就是口味、包装、形状等,但奥利奥的口号"扭一扭,舔一舔,泡一泡"(图5-11),就向我们呈现了眼前一亮的卖点。究其实,就是饼干的吃法。实际生活中,饼干的吃法重要吗?很显然不重要,但没有关系,喜欢求新求奇的消费者喜欢就行了。奥利奥的广告就是一种求异的思维,不跟在别人后面,而是另辟蹊径去寻求让人心动的卖点。

图 5-11　奥利奥饼干广告图

（二）广告创意思维的抽象性

思维的抽象性就是在比较分析的基础上,从事物的许多属性中抽取其本质属性。抽象性是广告创意思维的形式特征。

物理学家海森堡把抽象定义为:"一种可能性,只用一种观点思考一个物体或一组物体,而不管物体的其他特征。抽象的本质在于抽出一个与其他特征对比来看特别重要的特征。"

广告创意思维的抽象性其实是考验广告人的概括能力、透过现象看本质的能力。比如,卖汽车,可以卖汽车的价格、外形、省油等特点,这些都是有形的,有限的。但考虑到消费者的心理,把它上升到文化的消费层次,视野就开阔了。奇瑞QQ就是这样来卖汽车的。本来是卖"高性价比"这样的特点,但经过大都会广告公司的策划,定位于"时尚化、个性化"的品牌形象,从充满时代气息的名字"奇瑞QQ",到广告语的提炼"奇瑞QQ,秀我本色",到广告推广活动"就这么开心",把"积极、乐观、快乐、热情"的个性主张发挥到淋漓尽致。奇瑞QQ的成功在于它不只卖产品,更重要的是要推销一种属于奇瑞QQ的生活方式和独特文化。这就是一种抽象概括的能力。

（三）广告创意思维的联想

思维的联想,就是由一种事物想到另一种事物的心理过程。它的产生,可能由当前感知的事物所引起,也可能由回忆中的事物引起。

联想实质上是在承认事物的同构性的基础上,在不同系统间交换表达符号的过程。对广告设计者来说,就是要找出能与所要表达的信息具有同构性质的形式符号,靠大脑中的联想机制创造出新的形态。而受众在观看广告时,也会展开另一种联想活动,通过对同构的认同来理解广告的意义。

事物本身能表现同构性的成分包括:事物的概念、形态、意义等要素。同构性还有作为整体的事物与事物之间的联系基础。广告创意的切入点和表达意向,可以从这些同构性要素中去寻找。

广告创意的联想包括事物概念间的联想、事物形态间的联想和事物意义间的联想、事物性质特征的联想等。

在心理学上,联想可分为接近联想、类比联想、对比联想和关系联想等四种类型。

1. 接近联想

接近联想是指由一事物想到与它在时间或空间上接近的另一事物的过程。"桃花流水鳜鱼肥"是在时间上接近,见到铁轨就联想到火车则是空间方面的接近。接近联想最常见的就是名人代言了。不太知名的产品或服务利用名人的影响力,目标受众会很自然地把熟悉的名人形象附会到他所代言的产品或服务上。借助名人,不但可以提高产品或服务的知名度,名人良好的形象也会提升其代言的产品或服务的美誉度,这利用的就是接近联想。

2. 类比联想

类比联想是由一事物想到与它在性质或特征上具有相似性的另一事物的过程。例如,由春天想到繁荣,由劳动模范想到战斗英雄。类比联想反映事物间的相似性和共性。一般的比喻都是借助类比联想,如以风暴比拟革命形势,以苍松翠柏形容坚强的意志。作诗时用韵律,由一个字想到同音同韵的字,也是一种类比联想。如"德芙"巧克力广告词为"牛奶香浓,丝般感受"、"愉悦一刻,更想德芙与巧克力的纯正口味"(图5-12)进行类比。

3. 对比联想

对比联想是由一事物想到与它在性质或特征等方面相反的另一事物的过程。

例如,由沙漠想到森林,由光明想到黑暗等。对比联想反映事物间共性和个性的和谐统一,事物在某一种共同特性中却又显示出比较大的差异,从而形成比

图 5-12　德芙巧克力广告图

较强烈的对比。我国律诗中讲究对仗,对联的应用也非常广泛。对比联想使人容易看到事物的对立面,对于认识和分析事物有重要的作用。美国艾思龙公司董事长波希耐有一次在乡间散步,发现有几个孩子在玩一只昆虫,这只昆虫不但满身污垢,而且还长得十分难看。他想市场上都是形象优美的玩具,假如生产一些丑陋的玩具投入市场会如何呢?结果这些玩具带来了丰厚的利润。

对比联想和对立联想可以通过逆向思维的方式让人联想到另一事物,启迪和训练我们摆脱常规的束缚,从中获得新奇而特别的绝妙创意(图5-13)。

4. 关系联想

关系联想是由一事物联想到与它具有各种关系的另一事物的过程。可分为因果关系、情境关系、逻辑关系等。比如,由"冰雪"想到"寒冷",看到"阴天"就想到"下雨"等,都属于关系联想。

图 5-13　百事可乐运用对比的广告图

第45届戛纳广告节有一则头痛药的广告,画面的主要部分是克林顿的头像,在其额头上有一张莱温斯基的照片,画面的一角是要做广告的产品,这就是典型的关系联想的广告(如图5-14)。

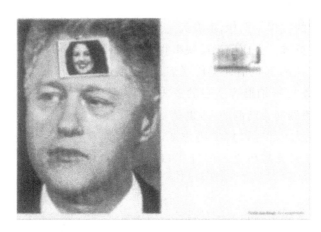

图 5-14　TYLENOL 强力止痛药广告图

二、广告创意的思维形式

(一) 发散思维与聚合思维

发散思维与聚合思维是广告策划常用的思维方式,本书第一章中已有提及。

1. 发散思维

发散思维就是从已经明确或被限定的因素出发,进行各个方向的思考,设想出多种构思方案的思维方式,也叫扩散思维或多向思维、辐射思维。发散思维主要用于创意构思的初级阶段,是展开联想、发挥想象,寻求尽可能多的答案、设想或解决方法的有效手段(图5-15)。运用发散思维主要在于寻找发散点和调整发散方向。

2. 聚合思维

聚合思维是在所掌握的众多材料和各种信息的基础上,从一个方案入手,朝着一个目标进行深入构想的思维方式,又叫辐合思维或集中思维。主要用于创意构思的中后期。

聚合思维是一种异中求同、量中求质的方法,具有同一性、集中性与系统性的特点。同一性指思维的同一,始终沿着求同方向进行;集中性是指其思考范围有限,面向中心议题;系

(a)　　　　　　　　　　　　(b)

图 5-15　脚气药广告图

统性是指思维过程循规蹈矩，遵循逻辑规律，系统全面，但缺少变化。

聚合思维的运用要按照理性和感性、自己和他人共同参与的原则进行构思，重点是寻求唯一的或习俗所能接受的最好结果，以求创作的尽善尽美。

（二）侧向思维与逆向思维

1. 侧向思维

侧向思维是利用局外信息，从其他领域、事物中得到启示而产生新方案、新设想的思维方式，也叫旁通思维。《孙子兵法》是我国用于指导战争取得胜利的兵书，是打仗的无形军师。现代的企业家纷纷学习兵书，将其中的经典战略和奇妙战术用于商战，不断拓宽企业在市场上的规模和提高企业的知名度。改革开放初期，将荷兰"小人国"的市场环境移植到中国的建设中，建成了深圳民俗村、锦绣中华市场环境，从而成功地开启了中国主题公园型旅游开发的新时代。

2. 逆向思维

逆向思维是按照人们的习惯的思路走向进行逆向思考，设想出一些出乎人们意料的新方案的思维方式，也称为反向思维。如历史上被传为佳话的司马光砸缸救落水儿童的故事，就是一个用转换型逆向思维法的例子。由于司马光不能通过爬进缸中救人的手段解决问题，因此他就转换为另一种手段，破缸救人，进而顺利地解决问题。再如 Nokia 新加坡版的手机广告也是用的这种方法（图 5-16）。

(a)　　　　　　　　　　　　(b)

图 5-16　Nokia 新加坡版广告图

【小问题】
1. 由接近联想到名人代言,有什么启发?
2. 名人代言应注意什么?

【补充阅读】

颜 色 联 想

通过色彩使人产生不同的心理感受,这就是颜色联想。此种联想产生的原因在于色彩与人的心理密切相关,它会影响人的情感、意志和愿望。人们对色彩的爱恨不同,接受的刺激也不同,联想也会十分的丰富多彩。例如:红色,一般是代表温暖、快活、热烈、喜庆、希望等,但也会使人联想到危险、斗争、愤怒。在广告运用上,它可以引起注意,给予强力的刺激,但使用太多,会降低整体的效果。比如,白色,严格来说白色不是颜色。白色能使人联想到真实、纯洁、神圣、朴素、光明。广告运用也较多,能使人联想到商品的卫生与品质优良。再比如,黑色,严格来说黑色也不是颜色,它是颜色的否定。黑色多用于表示坚定、严肃、沉默、焦虑等感情,也会使人联想到黑暗、罪恶、悲哀。印刷广告使用黑色较多,原因在于这是一种极为触目的颜色,极易引起人们的注意(图5-17)。

图 5-17 韩国辣酱广告图

【重点提示】
广告创意思维的四种联想方式

■ 关键概念

创意 R.O.I原理 思维的求异性 思维的抽象性 接近联想 类比联想 对比联想 关系联想 发散思维 聚合思维 侧向思维 逆向思维

■ 复习思考题

1. 什么是创意?你是怎样理解广告创意的?
2. 简述詹姆斯·韦伯·杨关于广告创意过程的理论。
3. 广告创意应遵循哪些原则?
4. 广告创意思维有哪些特点?试举例说明。
5. 发散思维与聚合思维有什么不同?在广告创意中应如何运用?
6. 举例说明什么是侧向思维和逆向思维。

■ 单元实训

【实训内容】
感受广告创意

【实训目标】

通过对市场上同类商品广告创意的调查分析,使同学们初步直观感受广告创意的魅力,了解广告创意在促进商品销售、树立品牌形象、细分市场等方面的作用。

【实训内容与组织】

1. 内容

调查收集 10 种同类商品广告并分析其创意内涵。

(1) 按食品饮料、家用电器、电子设备、化妆品等大类进行分组。可将兴趣一致的同学分在一个组,每组选定一类商品,到超市、商场、专卖店等处收集产品样本、招贴、POP 广告、报纸或杂志广告。

(2) 讨论分析时将侧重点放在广告的创意上,不要脱离主题。

(3) 本次实训主要是感受广告创意,因此不必过于追求理论性、完整性和深刻性。

2. 组织

(1) 分组调查并收集同类商品广告。

(2) 分析同类商品广告创意,并用书面文字形式进行归纳。

(3) 按每小组 4~5 人分组进行实训,每小组收集不少于 10 种处于竞争的同类商品广告,小组集体分析研究结束后,上交一份《关于同类广告创意的调查分析报告》。

【成果与检测】

每小组须保质保量地完成练习。由教师对各小组分析报告进行评估,小组集体的成绩也是小组成员个人的成绩。

第六章 广告创意表现与策略

■ 课前导读

中智中药系列平面广告赏析

中智中药系列平面广告图见图 6-1。

图 6-1　中智中药系列平面广告图

  这是一款新产品系列广告,针对中智中药对传统中药口味的改良,颠覆了以往人们对中药的习惯认识,找出了"中智中药,越来越好吃"这一鲜明的利益点,并运用冰淇淋、汉堡、牛排、冰棍等令人垂涎三尺的美食,与中药包做了一个结合,不料效果奇好,一下子颠覆了中药令人生畏的形象,同时也使中智中药初步展现出与以往不同的新面貌。

  对于中药,许多人是望而却步的,因为它是味觉经验中痛苦的一个极端,虽然大家都很明白其中的疗效。于是,这一套作品来了个 180°大转弯,以令人垂涎的美食颠覆了传统的中药印象,既合乎常理又令人震撼,味觉的两极体验使系列创意产生出足够的张力,引人关注。作品对主题的把握精准,信息传达口语化,画面和谐统一,比较精彩地烘托出产品的独特卖点,令人印象深刻。

第一节　广告创意类型

在前面的章节中,我们给大家介绍了广告创意的基本原理及思维方式。下面跟大家谈谈广告创意的基本类型。

广告创意可以区分为抽象创意和形象创意两种形式。

抽象创意:通过抽象概念创造性地重新组合,以表现广告的内容。

形象创意:通过具体形象创造性地重新组合,以表现广告的内容。这种类型的广告创意以形象的展现来反映广告主题,从而直观地吸引公众。

除了上述分类方法,广告创意还可分为如下几种类型。

一、商品情报型

商品情报型广告是最常用的广告创意类型。它以诉求广告商品的客观情况为核心,表现商品的现实性和真实性本质,以达到突出商品优势的目的。

二、对比型

对比是趋向于对立冲突的艺术美中最突出的一种表现手法。它把作品中所描绘的事物的性质和特点放在鲜明的对照和直接对比中来表现,借彼显此,互比互衬,从对比所呈现的差别中,达到集中、简洁、曲折变化的表现。通过这种手法更鲜明地强调或提示产品的性能和特点,给消费者以深刻的视觉感受。对比型的广告创意是以直接的方式,将自己的品牌产品与同类产品进行优劣的比较,从而引起消费者注意和认牌选购。在进行比较时,所比较的内容最好是消费者所关心的,而且是在相同的基础或条件下的比较,这样才能更容易地引起消费者的注意和认同。

对比型广告创意的具体应用就是比较型广告。在进行比较型广告创意时,可以是针对某一品牌进行比较,也可以是对普遍存在的各种同类产品进行比较。广告创意要遵从有关法律法规及行业规章,要有一定的社会责任感和社会道德意识,避免给人以不正当竞争之嫌。在我国,对于比较型广告有严格的要求,所以在进行比较型广告创意时一定要慎之又慎,不要招惹不必要的麻烦或纠纷。

在国外,百事可乐与可口可乐曾做过大量的比较型广告,不少都具有攻击性,但也不乏经典创意。如图 6-2 中的百事可乐电视广告,一个孩子想要买可乐,他走到自动柜员机的前面,买了两瓶可口可乐,把它们踩在脚下,达到了可以按到百事可乐柜员机按钮的高度,然后按下百事的按钮,最后拿着百事可乐走了,扔下了地上的两瓶可口可乐。

三、戏剧型

这种广告创意类型既可以是通过戏剧表演形式来推出广告品牌产品,又可以在广告表现上戏剧化和情节化。在采用戏剧型广告创意时,一定要注意把握戏剧化程度,否则容易使人记住广告创意中的戏剧情节而忽略广告主题。如图 6-3 中的欧宝轿车广告就运用了戏剧化的广告表现方式,一个男人牵着爱犬散步,却看到他的车上有一堆鸟粪,男人纠结了一下,然后拿起埃及的爱犬把鸟粪擦掉了,擦完之后还把狗从车上扔了出去。最后出现广告词,欧宝轿车,男人的新好朋友。

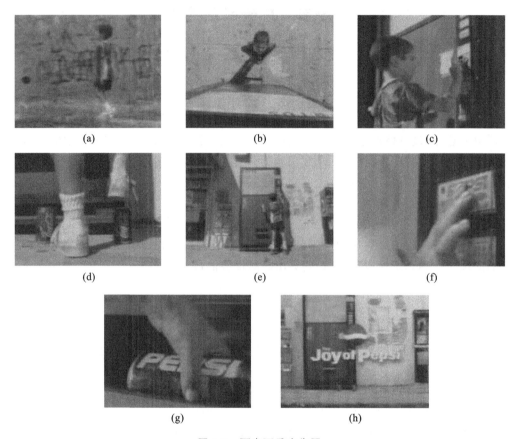

图 6-2　百事可乐广告图

四、故事型

这种类型的广告创意是借助生活、传说、神话等故事的内容展开,在其中贯穿有关品牌产品的特征或信息,借以加深受众的印象。由于故事本身就具有自我说明的特性,易于让受众了解,使受众与广告内容发生连带关系。在采用这种类型的广告创意时对人物择定、事件起始、情节跌宕都要做全面的统筹,以使在短暂的时间里和特定的故事中,宣传出有效的广告主题。

图 6-4 中的泰国潘婷洗发水广告就给观众讲述了一个励志的故事,堪称故事型广告创意的经典之作。一个小女孩在街上看到有人在拉小提琴被吸引住了,但这个女孩天生耳聋,并不适合学小提琴。她还是执意要学,她的缺陷给别人带来了困扰,理所当然地成了迁怒的对象,委屈难以言说。女孩走到街上,找到了那个为她打开音乐梦想的人,当导师问到她的梦想时,她也只能掉眼泪。导师慢慢地开导她,说的话意味深长,让女孩更坚定了学琴的梦想。从此,女孩开始了艰苦的学琴历程。她和自己的对手各自练习,两人都看到了古典音乐大赛的通知,女孩和导师在街上练琴被对手看到了,怒火中烧的对手使出了阴招,不仅砸了女孩的琴,还打伤了导师。古典音乐大赛上,本来女孩的对手已经是最后一个表演选手,但拿着被砸坏的琴的女孩还是在舞台上出现了。此时导师还躺在病床上,女孩想起导师讲过

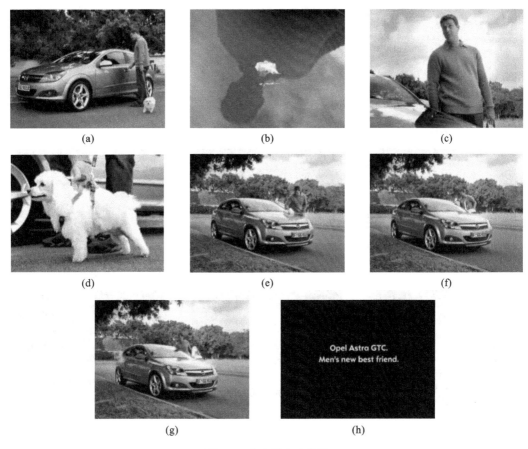

图 6-3 欧宝轿车广告图

的话,开始演奏。当她在演奏的时候,所有受过的委屈,所有经历过的苦涩,一一涌上心头,终于破茧成蝶,在飘逸的秀发衬托下成功地演奏了名曲《卡农》。台下响起了雷鸣般的掌声,最后出现产品的标板——潘婷,你能型。

五、证言型

这种广告创意有两层含义:一是援引有关专家、学者或名人、权威人士的证言来证明广告商品的特点、功能及其他事实,以此来产生权威效应。人们一般信以为真地、毫无批判地接受来自权威的信息。这揭示了这样一个事实:在其他条件相同的状况下,权威效应更具影响力,往往成为第一位的作用。许多国家对于证言型广告都有严格限制,以防止虚假证言对消费者的误导。证言型广告有如下两点注意事项:其一,权威人的证言必须真实,必须建立在严格的科学研究基础之上;其二,社会大众的证言,必须基于自己的客观实践和经验,不能想当然和妄加评价。

六、拟人型

这种广告创意以一种形象表现广告商品,使其带有某些人格化特征,即以人物的某些特征来形象地说明商品。这种类型的广告创意,可以使商品生动、具体,给受众以鲜明的深刻

图 6-4　泰国潘婷洗发水广告图

的印象,同时可以用浅显常见的事物对深奥的道理进行说明,帮助受众深入理解。

图 6-5 是喜力啤酒的拟人型广告,用酒瓶子象征着人,瓶贴成了衣服,诉说着人类社会中的故事。

七、类推型

这种类型的广告创意是以一种事物来类推另一种事物,以显示出广告产品的特点。采用这种创意,必须使所诉求的信息具有相应的类推性。如一个汽车辅助产品的广告,用类推的方法宣传为,"正如维生素营养你的身体,我们的产品可营养你的汽车引擎。"

八、比喻型

比喻法是指在设计过程中选择两个互不相干,而在某些方面又有些相似性的事物,"以此物喻彼物",比喻的事物与主题没有直接的关系,但是某一点上与主题的某些特征有相似之处,因而可以借题发挥,进行延伸转化,获得"婉转曲达"的艺术效果。与其他表现手法相比,比喻手法比较含蓄,有时难以一目了然,但一旦领会其意,便能给人以意味无穷的感受。

比喻型广告创意是指采用比喻的手法,对广告产品或劳务的特征进行描绘或渲染,或用浅显常见的道理对深奥的事理进行说明,以达到帮助受众深入理解,使事物生动具体、给人以鲜明深刻的印象。比喻型的广告创意又分明喻、暗喻和借喻三种形式。

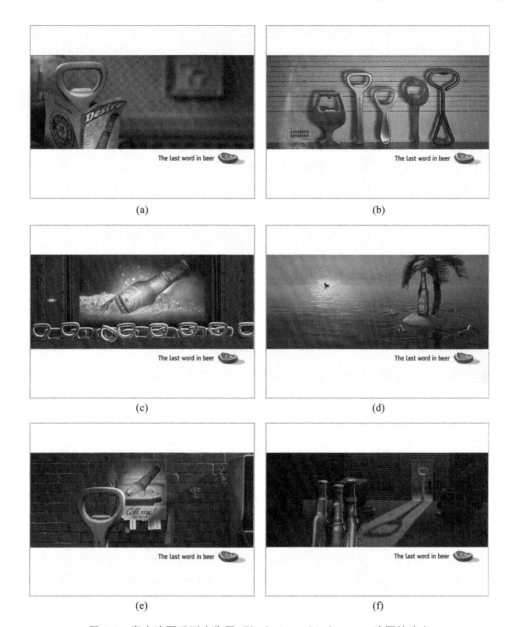

图 6-5　喜力啤酒系列广告图：The last word in beer——啤酒的遗言

图 6-6 是减肥系列广告，通过用居家用品因过于肥胖而无法运转来比喻肥胖的危害，进而表达"快减肥吧"的广告主题。

九、夸张型

文学家高尔基曾指出，"夸张是创作的基本原则。"夸张是在一般中求新奇变化，通过虚构把对象的特点和个性中美的方面进行夸大，赋予人们一种新奇与变化的情趣。通过这种手法能更鲜明地强调或揭示事物的实质，加强作品的艺术效果。

夸张型广告创意是基于客观真实的基础，对商品或劳务的特征进行合情合理的渲染，以达到突出商品或劳务本质与特征的目的。采用夸张型的手法，不仅可以吸引受众的注意，还

图 6-6 "快减肥吧"系列广告图

可以取得较好的艺术效果。如图 6-7 中的香港李奥·贝纳 Diamond 咖啡广告(戛纳广告节 2011 获奖作品),"当大家都指望着你的时候,千万保持清醒!"用一群人叠在一个驾驶员和上班族身上的夸张方式来展现咖啡提神的特点。

图 6-7 Diamond 咖啡广告图

十、幽默型

幽默法是指广告作品巧妙地再现喜剧性特征,抓住生活现象中局部性的东西,通过人们的性格、外貌和举止的某些可笑的特征表现出来。采用幽默型广告创意要注意:语言应该是健康的、愉悦的、机智和含蓄的,切忌使用粗俗的、生厌的、油滑的和尖酸的语言。要以高雅风趣表现广告主题,而不是一般的俏皮话。如图6-8中的蛋糕店广告就采用了幽默的表现手法,出入蛋糕店的客人都长着猪鼻子,表示蛋糕店里的诱惑不小,让吃蛋糕的客人愿意变成一只小猪。

(a)　　　　　　　　　　　　　　　　(b)

图6-8　幽默的蛋糕店广告图

幽默的表现手法,往往运用饶有风趣的情节巧妙地安排,把某种需要肯定的事物,无限延伸到漫画的程度,营造一种充满情趣,引人发笑而又耐人寻味的幽默意境。幽默的矛盾冲突可以达到出乎意料,又在情理之中的艺术效果,引起观赏者会心的微笑,以别具一格的方式,发挥艺术感染力的作用。

十一、悬念型

悬念型创意是在表现手法上故弄玄虚,布下疑阵,使人对广告画面乍看不解题意,造成疑惑、紧张、渴望、揣测、担忧、期待、欢乐等一系列的心理状态。在观众的心理上掀起层层波澜,产生夸张的效果,驱动消费者的好奇心和强烈举动,开启积极的思维联想,引起观众进一步探明广告题意的强烈愿望,然后通过广告标题或正文把广告的主题点明出来,使悬念得以解除,给人留下难忘的心理感受。

悬念手法有相当高的艺术价值,它首先能加深矛盾冲突,引起观众的兴趣和注意力,造成一种强烈的感受,产生引人入胜的艺术效果。如图6-9中的大溪地洛丽果广告就是典型的悬念式广告,第一张图片的文案"他手上是大溪地的特产(明天揭晓)";第二张图片的文案"在大溪地,曾曾曾曾曾曾曾曾祖父是很常见的特产来自大溪地的洛丽果,能有效抗衰老,延年益寿"。该系列第一天的广告让人遐想小孩手中握着的是什么,白色的布?纸卷?还是什么?以此来设置悬念。在第二天的广告中揭晓答案,原来是爷爷的爷爷的n辈分爷爷的胡子。

十二、意象型

意象即意中之象,它是一些主观的、理智的、带有一定意向的精神状态的凝结物和客观

(a)   (b)

图 6-9   大溪地洛丽果广告图

的、真实的、可见的、可感知的感性征象的融合，它是一种渗透了主观情绪、意向和心意的感性形象。意向型广告创意是把人的心境与客观事物有机融合的产物。采用意象型广告创意时，有时花很多的笔墨去反映精神表现，即"象"，而在最后主题的申明上仿佛弱化，受众可以自己理解其内涵，即"意"。意与象二者具有内在的逻辑关系，但是在广告中并不详叙，给受众自己去品味"象"而明晓内在的"意"。可见，意象型广告创意实际上采用的是超现实的手法去表现主题。如图 6-10 中的 De Bijenkorf（阿姆斯特丹最大的百货商店）促销广告，并没有用商品打折的具体形象来表现，而是用女性身体与商品的融合让观众意会其创意内涵，是典型的意象型广告创意，具有浓厚的后现代色彩。

图 6-10   De Bijenkorf 促销广告图

十三、联想型

联想是指客观事物的不同联系反映在人的大脑里而形成的心理现象的联系，它是由一种事物的经验引起回忆另一种看似不相关联的事物的经验的过程。通过联想，人们在审美对象上看到自己或与自己有关的经验，美感往往显得特别强烈，从而使审美对象与审美者融合为一体，在产生联想过程中引发了美感共鸣，其感情的强度总是激烈的、丰富的。

联想出现的途径多种多样，可以是在时间或空间上接近的事物之间产生联想；在性质上或特点上相反的事物之间产生联想；在形状或内容上相似的事物之间产生联想；在逻辑上有某种因果关系的事物之间产生联想。例如，图 6-11 中的 LA Bicycle 折叠自行车广告，通过一张白色纸张的折叠，达到让人联想其作为折叠车的特点的目的。

图 6-11　LA Bicycle 折叠自行车广告图

十四、抽象型

抽象是与具象相对应的范畴。它是隐含于具体形象内部的质的规定性。在广告创意中采用抽象型的表现方法，是现代广告创意活动中的主要倾向之一。也就是说，在现代广告主题的创意表现上，越来越多的广告主和广告公司并不以广告的具体形象的表现为主调，而在某些时候更多地采用抽象式的内涵来表现。这种创意一旦展示在社会公众面前，从直观上难以使人理解，但一旦加以思维整合之后，就会发现，广告创意的确不凡。如图 6-12 中的 JEEP 公司的平面广告，画面上没有出现任何产品的图像，而是一个爱斯基摩人和布西曼族人手肘处叠加的抽象车形轮廓，表达的是这部车适合任何地方。

图 6-12　JEEP 公司的平面广告图

值得注意的是，广告创意并不局限于以上所列出的类型。还有如：解说型、宣言型、警示型、质问型、断定型、情感型、理智型、新闻型、写实型等，而且这些创意类型也不能截然分开，有时一则广告会交叉使用好几种创意类型。在进行广告创意活动时，均可根据实际情况进行采用。

【小问题】

1. 请以香皂为主题设计一个故事型广告。
2. 抽象型广告的特点是什么？

【补充阅读】

户外创意广告欣赏[①]

宝路的宣传广告

2009年12月,整个英国都被白雪覆盖,英国JWT广告公司为宝路薄荷糖(POLO)策划了一次精彩的应景广告。他们制作了一个名为"雪地印章"的模具,压在足够厚的雪上后会留下一个完美的宝路圆形薄荷糖的样子(图6-13)。

"安全"的汽车广告

加拿大BBDO为Smart汽车策划了一个有点疯狂的户外广告,将真实的Smart汽车用特制的巨型自行车锁锁在路边电线杆上(图6-14),吸引眼球,及传达"Smart惊人的小巧,可以像自行车一样在繁杂的都市环境中泊车"的效果。

图6-13 宝路的宣传广告图

图6-14 "安全"的汽车广告图

巨型脚印立体广告

环球电影公司为了给即将开放的KING KONG 360 3D主题公园造势,曾在美国圣摩尼卡海滩上制造了一些巨大的脚印,同时还放置了一辆被"踩烂"的汽车(图6-15),该创意来自David&Goliath广告公司。该主题公园号称将拥有世界上最大的3D视觉体验,是第一个"下一代主题公园"。

酒驾公益广告

这个20 m高的巨型酒瓶状广告,使用80辆车祸后报废的汽车焊接而成,重达15 t。它位于以色列最繁忙的交通要道旁,整个户外广告展示了3个月,估计有一百万人可以看到。条幅上的字是"Don't drink and drive"(请勿酒驾)(图6-16)。

【重点提示】

悬念型广告创意
联想型广告创意
抽象型广告创意

[①] 资料来源:创意户外广告. http://www.psjia.com/show/poster/2011/1218/3709.html,有改动。

图 6-15 巨型脚印立体广告图

图 6-16 酒驾公益广告图

第二节 广告创意手法

如果说广告创意是现成的真理,那么创意手法就是产生广告创意的方法。

创造性思维是广告创意手法的前提和基础,广告创意手法是创造性思维的表现形式,同时也是开发创意的有效手段。创造性思维为产生创意打通了道路,广告创意手法则为创意提供了有效的工具和手段。两者的关系如同钓鱼,想要钓鱼,首先要找到有鱼的水域,还要准备钓鱼的各种工具,如渔竿、渔钩、鱼饵等。创造性思维就如同鱼池,创意手法就如同钓具,两者必须有机地配合起来,才能钓到大鱼——精彩的创意。因此,为了探索提高广告创意的技能,有必要了解并掌握基本的广告创意手法。

自 1941 年奥斯本发明了世界上第一种创意手法——智力激励法以来,全世界现已发明了 300 多种创造技法,在这里我们只介绍一些最常用、最著名的创意手法。

一、头脑风暴法

头脑风暴法是美国 BBDO 广告公司负责人奥斯本于 1938 年首创的,英文为"brainstorming",又称"脑力激荡法"、"智力激励法"等。它是指组织一批专家、学者、创意人员和其他人员,召开一种特殊的会议——动脑会议,使与会人员围绕一个明确的会议议题,共同思索,互相启发和激励,填补彼此知识和经验的空隙,从而引发创造性思维的连锁反应,以产生众多的创造性思维。这种方法简易、有效,因而运用十分广泛。

头脑风暴法一般可分为以下三个步骤。

(一) 确定议题

动脑会议不是制定广告战略或决策,而是产生具体的广告创意。因此,议题应尽量明确、单一,议题越小越好。比如,设计一句广告口号,构筑一条企业理念等,越是简单具体,越易于产生创意。

会议主持者最好能提前两天将题目通知与会者,以备其预先思考、准备。与会人数以 10

～12人最为理想,主持者是会议成功的关键人物,他必须幽默风趣,能够控制全局,为与会者创造一个轻松又充满竞争的氛围。

（二）脑力激荡

脑力激荡是整个智力激励法的核心,也是产生创造性思维的阶段。激荡时间一般在半小时至一小时之间。在脑力激荡时,必须遵循以下四条基本原则。

1. 自由畅想原则

要求与会者大胆敞开思维,排除一切障碍,无所顾虑地胡思乱想、异想天开,想法越新越奇越好。

2. 延迟批评原则

这是极关键的一条原则,即动脑会议期间不允许提出任何怀疑和反驳意见,无论是在心理上,还是在语言上都不能批判否定自己,当然更不能批判否定别人。违反了延迟批评原则,自由畅想便失去了保证。

3. 结合改善原则

即鼓励在别人的构想上衍生新的构想。只有这样,才可能引发群体思维的链式反应,产生激励效果。

4. 以量生质原则

没有数量就没有质量,构想越多,获得好构想的可能性就越高。因此,构想不论好坏,一律认真记录下来,最好当时就记录在黑板上。

（三）筛选评估

动脑会议上的设想虽然很多,但可能质量并不很高:有的想法平淡,具有雷同性;有的荒诞离奇,不具有可行性。这时就需要对创意进行筛选。比如,可以按科学性、实用性、可行性和经济效益等多个指标来综合评价,分门别类,去粗取精,最后选出一两个相对好的方案。此时,绝妙的创意就基本完成了。如果创意还不太完善或者不太理想,可进行第二次智力激荡,直到满意为止,一般隔两三天再激荡一次效果较好。

头脑风暴法虽然具有时间短、见效快的优点,但也有很多的局限性。比如,广告创意受到与会者知识、经验、创造性思维能力等方面的制约;一些颇具创造力且喜欢沉思的人在会议上难以发挥优势;严禁批评的原则会给构想的筛选和评估带来一定困难;等等。为此,人们又对此法进行了改进,提出了头脑风暴法的两种变形:默写式头脑风暴法和卡片式头脑风暴法。

二、默写式头脑风暴法

默写式头脑风暴法是德国的荷立肯根据德意志民族习惯于沉思的性格设计的一种脑力激荡法,以"默写"代替"发言"。因规定每次会议由6个人参加,以5分钟为时间单元,要求每人每次提出3个设想,故而又叫"635法"。

举行"635法"会议时,先由主持人宣布议题（广告创意目标）,解答疑问,然后发给每人几张"设想卡片",每张卡片上标有"1、2、3"字样的号码,号码之间留有较大的空白,以便其他人能补充填写新的设想。

在第一个5分钟里,每人针对议题填写3个设想,然后把卡片传给右邻,在下一个5分钟里,每一个人可以从别人所填的3个设想中得到启发,再填上3个设想。这样经过半小时可传递6次,产生108个设想。这种方法的优点是它不会出现因争着发言而压抑灵感,遗漏设想的情况,缺点是缺乏激烈的氛围。

三、卡片式头脑风暴法

1. 会前准备阶段

明确会议主题,确定3~8人参加,每人发50张卡片,桌上另放一些卡片备用,会议时间大约一小时。

2. 独奏阶段

会议最初的5分钟由与会者各自在卡片上填写设想,一卡一个设想。

3. 共振阶段

与会者依次宣读设想(一人只宣读一张),宣读后,其他人可提出质询,也可将启发后的新设想填入卡片。

4. 商讨阶段

最后的20分钟让与会者相互交流和探讨各自提出的设想,从中再诱发新的设想。

此法的优点是与会者准备充分,允许质询、提问,有利于相互启发和激励。

四、检核表法

为了有效地把握创意的目标和方向,促进创造性思考,头脑风暴法的创始人奥斯本于1964年又提出了检核表法。

所谓检核表法,就是用一张一览表对需要解决的问题一条一条地进行核计,从各个角度诱发多种创造性设想。检核表法简单易行,通用性强,并且包含了多种创造技法,因而有"创造技法之母"的称呼。

检核表法通常从以下九个方面进行检核。

1. 转化

这件东西能不能做其他的用途?或者稍微改变一下,是否还有其他的用途?

2. 适应

有别的东西像这件东西吗?是否可以从这个东西想出其他的东西?

3. 改变

改变原来的形状、颜色、气味、形式等,会产生什么结果,还有其他的改变方法吗?这一条是开发新产品、新款式的重要途径。比如:服装行业在款式、面料、颜色、制作方法等方面花样翻新;饼干在味道、颜色上进行改变,可以开发出苏打饼干、夹心饼干、辣味饼干、怪味饼干、奶油味饼干等多种产品。

4. 放大

放大包括尺寸的扩大、时间的延长、附件的添加、分量的增加、强度的提高、杂质的加添,等等。例如,电冰箱从单门到双门,甚至三门等。

5. 缩小

把一件东西变小、浓缩、袖珍化,或是放低、变短、省略会有什么结果呢?这能使人产生许多想象。例如,卡片机、mp3、平板电脑的产生都是缩小的结果。

6. 代替法

有没有别的东西可以代替这件东西？有其他成分、其他材料、其他过程或其他方法可以代替吗？例如，人造宝石可以代替真宝石，视觉上相差无几，但价格相差上百倍，从而产生了人造宝石项链、人造宝石戒指等，物美价廉。

7. 重组法

零件互换、部件互换、因果互换、程序互换会产生什么结果呢？例如，在时装创新上，把"口袋"装在袖子上、把围巾系在腰上等。

8. 颠倒法

正反互换怎样？反过来怎样？互换位置怎样？例如，火箭是探空用的，有人颠倒过去，发明了探地火箭，它可以钻入很深的地下，探索地球深处的奥秘。

9. 组合法

把这件东西和其他东西组合起来怎么样？例如，现在市场上流行的带网络、3G等功能的手机，就是把电脑和电话组合起来，使人感到方便。

① 加一加——加高、加厚、加多、组合等。
② 减一减——减轻、减少、省略等。
③ 扩一扩——放大、扩大、提高功效等。
④ 变一变——变形状、变颜色、变气味、变音响、变次序等。
⑤ 缩一缩——压缩、缩小、微型化。
⑥ 联一联——原因和结果有何联系，把某些东西联系起来。
⑦ 改一改——改缺点、改不便、不足之处。
⑧ 学一学——模仿形状、结构、方法，学习先进。
⑨ 代一代——用别的材料代替，用别的方法代替。
⑩ 搬一搬——移作他用。
⑪ 反一反——能否颠倒一下。
⑫ 定一定——定个界限、标准，能提高工作效率。

如果按这十二个"一"的顺序进行核对和思考，就能从中得到启发，诱发人们的创造性设想。

五、联想法

联想法是由甲事物想到乙事物的心理过程，具体来说，就是借助想象，将相似的、相连的、相对的、相关的或者某一点上有相通之处的事物，选取其沟通点进行联结的方法。联想是广告创意中的黏合剂，它把两个看起来是毫不相干的事物联系在一起，从而产生新的构想。

联想法是一种"有意而为之"的创造技法。一般来说，联想表现为以下几种情形。

（一）接近联想

特定时间和空间上的接近而形成的联想。比如，由傍晚联想到下班，由鸡舍联想到农田等。如奥迪A4的这则系列广告（图6-17），香皂、塑料盖、香蕉皮、螺帽、铁钉、不粘胶。这一连串看似不相干的东西通过这则广告完美地配合起来，原本滑动的物品在固定四角后变得四平八稳。这系列广告同样抓住了"四"这个数字，四字正正方方，就好像桌子的四脚给人以最平稳的感受。整幅图画中没有车的影子,而配以 Audi Quattro 的介绍,带给受众对 Audi Quattro 即全时四轮驱动的深刻印象,同样让受众联想到奥迪 A4 运用了全时四轮驱动在任何情况下也能平稳地行驶,极好地突出了奥迪 A4 全时四轮驱动的卖点。

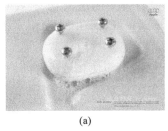  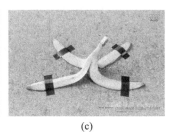

(a)　　　　　　　　　　(b)　　　　　　　　　　(c)

图 6-17　奥迪 A4 系列广告图

(二) 类似联想

在性质和内容上相似的事物容易使人产生联想。比如,由记者联想到公关人员,由汽车联想到火车。类似联想可以化抽象为具象,使人们更清楚地把握事物的特征。

如下面这两则女鞋系列广告,将台灯的灯罩联想成女性的裙子,灯座的曲线联想成女性腿部的线条(图 6-18)。广告更加利用了台灯发出的灯光使这一款鞋的特殊材质光彩夺目。

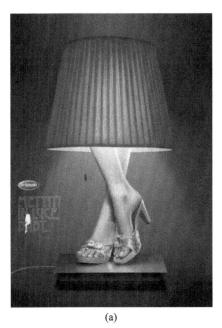 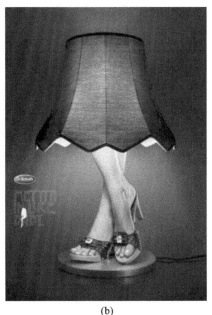

(a)　　　　　　　　　　　　(b)

图 6-18　女鞋系列广告图

(三) 对比联想

在性质上或特点上相反的事物容易使人产生联想。比如:由黑想到白;由水想到火;由自私想到宽容;由燥热想到清凉。许多冰箱广告、饮料广告、洗涤用品、化妆品广告都是采用对比联想展开创意。

（四）因果联想

在逻辑上有因果关系的事物容易使人产生联想。比如，从成功联想到能干，从畅销联想到质量好、功能全。这是广告创意中最常采用的一种方法。比如，"全国驰名商标"、"出口销量第一"、"最受消费者喜爱产品"、"金奖、银奖"、"省优、部优"、"总统用的是派克"、"我只用力士"。这些充满诱惑力的语言，很自然地引出消费者的因果联想"既然如此，一定不错"、"既然不错，何妨一试呢？"广告目的由此达成。

日本创造学家高桥浩说过，联想是打开沉睡在头脑深处记忆的最简便和最适宜的钥匙。通过联想，可以发现无生命物体的象征意义，可以寻到抽象概念的具象体现，从而使信息具有更强的刺激性和冲击性。

如白猫浓缩洗衣粉的广告（图6-19）（挖耳勺篇），其巧妙之处就在于创意者找出了挖耳勺和洗衣粉这两个看似没有任何联系的物品的共同所在，即两者都是日常生活所必不可少的，且以挖耳勺的小巧容量凸显白猫产品的超浓缩性。

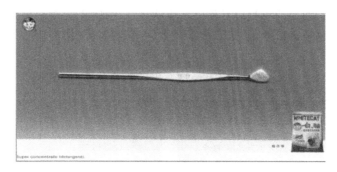

图6-19　白猫浓缩洗衣粉（挖耳勺篇）

六、组合法

组合法是将原来的旧元素进行巧妙结合、重组或配置以获得具有统一整体功能的创造成果的创意方法。在广告创作领域，"旧元素，新组合"的创意理念更是深入人心，无处不在。

创造学家认为，组合是创造性思维的本质特征，世界上一切东西都可能存在着某种关联性。通过巧妙的组合，便可以产生无穷的创意。比如，美妙的乐曲，无非是do、re、mi、fa、so、la、xi七个音阶的不断重新排列组合；美味佳肴，无非是鱼、肉、禽、蛋、油、盐、醋等的合理调配。我们所生存的这个纷繁复杂的物质世界，也无非是由多种元素，多种基本粒子的不同排列组合。如果你能够将头脑中固有的旧信息重新排列组合，便会有新的发现、新的创造。

组合法主要有以下四种类型。

（一）立体附加

这种组合就是在产品原有的特性中补充或增加新的内容。比如，现在许多洗衣粉的广告，以"干净"为诉求点的比较多，但黄庆铨为碧浪洗衣粉做得广告创意是"为你解开手洗束缚"。他用三种形式进行了表现：中国古代的刑具、西方的手铐和牢房的栅栏（图6-20）。他把衣服与之相结合就产生了新奇的效果——思想与行动方面的改变。这个系列广告告诉我们洗衣粉不但能洗净衣物，而且能带给我们自由。

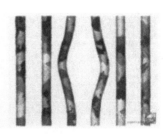

图 6-20　碧浪洗衣粉系列广告图

（二）异类组合

两种或两种以上的不同类型的思想或概念的组合，以及不同的物质产品的组合，都属于异类组合。例如，手表和项链、日历和收音机等。

异类组合的特点是组合对象（思想或物品）原来互不相干，也无主次关系，参与组合时，双方从意义、原则、功能等某一方面或多方面互相渗透，整体变化显著。

如意大利 TDK 耳机的广告，画面上是一位头戴耳机的男子的侧面特写，背景音乐是单调乏味的钟表滴答声，男子摘下耳机，从耳机中发出极具节奏的音乐声，镜头推至耳朵的特写，耳朵忽然抖动，发出了打饱嗝的声音。随后推出："food for your ears"，并推出品牌名称"TDK"，最后点明主题：TDK 的声音就是耳朵的好食品，让你的耳朵吃到饱（图 6-21）。在这则广告中，"耳朵"和"饱嗝"是两个毫不相关的概念，没有正常的可解释性，现实生活中并不存在这样的概念组合，是典型的异类组合创意。

（三）同物组合

同物组合即若干相同事物的组合，如"母子灯"、"双拉锁"等。同物组合的特点：组合对象是两个以上的同一事物。组合后其基本原理和结构没有发生根本性变化，但产生的新功能、出现的新意义，则是事物单独存在时所没有的。

例如，国外有一种昂贵而高质的劳温堡啤酒，在广告宣传中要突出高质、昂贵的品质，如果用"劳温堡啤酒——超级品质"这样的标题，就很平常普通。如果能将劳温堡和另一种象征高品质，又被广泛认可的东西，如 XO 之类的酒组合起来，便产生了非凡的创意。

（四）重新组合

重新组合简称重组，即在事物的不同层次上分解原来的组合，然后以新的意图重新组合。组合的特点是：在一件事物上进行，组合过程中会增加新的东西，主要是改变了事物各组成部分间的相互关系。比如，搭积木、转魔方就是一种重新组合。

如下面这则野生动物园的广告，将男人和老虎组合在一起，暗示车窗上映入了老虎的身影，从而向受众暗示广告主题（图 6-22）。

【小问题】

1. 头脑风暴法有哪些不足之处？
2. 试做异类组合的创意练习。

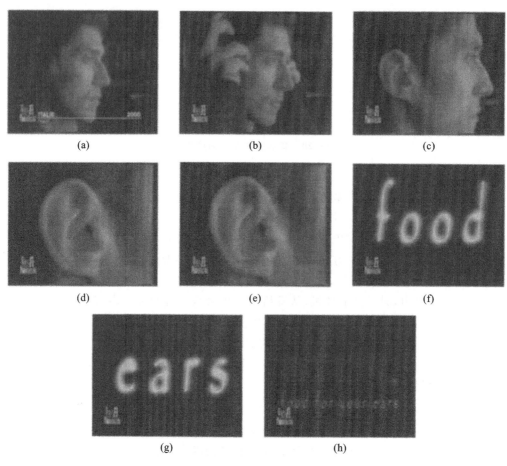

图 6-21 TDK 耳机广告图

图 6-22 野生动物园广告图

【补充阅读】

20类传播模式与60种广告创意策略[①]

20类传播模式与60种广告创意策略见表6-1。

表6-1 20类传播模式与60种广告创意策略

20类广告传播模式	功能型附加价值F	社会型附加价值S	心理型附加价值P
01 添加奥秘	F01 引发事件	S01 弦外之音	P01 高深莫测
02 注入能量	F02 靠山背景	S02 膜拜图腾	P02 颠覆叛逆
03 纯粹冲击	F03 无所不在	S03 咒语笼罩	P03 重力冲击
04 抬高地位	F04 实践理念	S04 一脉相传	P04 原生力量
05 炫耀智能	F05 层层剖析	S05 经验至上	P05 魔法奇迹
06 增强信用	F06 断言肯定	S06 口碑支持	P06 至理名言
07 加重权威	F07 宇宙真理	S07 制订标准	P07 视野不凡
08 突显个性	F08 精密细致	S08 流行时尚	P08 夸张演出
09 架构舞台	F09 朴实无华	S09 华丽丰富	P09 疯狂纷乱
10 强力呼唤	F10 耳目一新	S10 挑战认知	P10 圣像显示
11 动摇观点	F11 假装平凡	S11 制造紧张	P11 大吃一惊
12 地位不凡	F12 精英桂冠	S12 顶尖大亨	P12 少数异类
13 拉近距离	F13 逻辑说理	S13 攀龙附凤	P13 游戏人间
14 更加亲和	F14 机智风趣	S14 喜剧效果	P14 刻意嘲弄
15 完美境界	F15 证据证明	S15 社交道具	P15 改造生活
16 以利诱人	F16 实际利益	S16 社会地位	P16 感官享乐
17 反射自我	F17 专家捷径	S17 融入团体	P17 自我陶醉
18 成功之道	F18 化繁为简	S18 磁石吸力	P18 幸福理想
19 相亲相爱	F19 近邻相亲	S19 物以类聚	P19 心灵默契
20 亲密关系	F20 忠诚见证	S20 表白推荐	P20 完全信服

【重点提示】

头脑风暴法
联想法
组合法

---

① 资料来源:广告创意解码20类传播模式.60种创意策略. http://www.qg68.cn/managetool/detail/8108.shtml,有改动。

第三节 4A 广告公司的广告创意流程

一、4A 广告公司简介

有人认为 4A 广告公司是指客户服务一流、策略规划一流、创意执行一流、媒介运作一流的广告公司,这是一种误解。4A 的本意是美国广告代理协会(American Association of advertising Agencies)的缩写,4A 协会对成员公司有很严格的标准,所有的 4A 广告公司均为规模较大的综合性跨国广告代理公司。香港约有 1 000 多家广告公司,广告营业额达 120 亿港元以上,而跨国广告公司在香港开设的分支机构组成的香港广告商会,会员只有 19 家,广告营业额却占了全港广告总额的 50%以上。香港 4A 广告协会对会员的要求是年营业额至少为 5 000 万港元,必须对客户收足 15%佣金及 17.65%服务费。

在中国内地,1979 年改革开放时,第一家外国广告代理商日本电通公司开始为日本家电产品在中国市场做广告。时至今日,日本电通在中国成立了三家合资公司。从 20 世纪 80 年代日本家电进入中国市场以来,越来越多的外国品牌来到中国市场,伴随着客户的市场开拓,跨国 4A 广告公司紧随而来。这些跨国 4A 广告公司除服务于跨国企业客户外,纷纷争取国内企业大品牌客户,开发国内市场,给本土广告公司带来较大的冲击。一般我们在国内所说的 4A 是指国际性有影响力的广告公司,如奥美、智威汤逊、精信、麦肯、电通、电扬、BBDO 等。中国内地目前只有广州成立 4A 协会,简称为"广州市综合性广告代理公司协会",成员有本土公司亦有外资公司。

二、4A 广告公司部门分工

4A 广告公司大概可以分为创作部、客户服务部和媒介部三大部门。

1. 创作部

创作部的主要工作是负责构思广告及执行广告创作,中心人物是行政创作总监。创作部下会有不同的小组,每小组由一位文案及一位美术指导组成。基本上,两人是会共同构思广告的,但文字修饰方面由文案主理,美术润饰方面则由美术指导主理。创作部还包括了电视制作、平面制作、画房和平面统筹四个小部门。

2. 客户服务部

客户服务部的主要工作是与客户联络及制定创作指引,中心人物是客户主管。客户主管下按不同客户划分为不同的客户总监、副客户总监、客户经理和客户助理。

3. 媒介部

媒介部的主要工作是为客户建议合适的广告媒体(例如:电视、杂志、海报、直销等),并为客户与媒体争取最合理的收费,中心人物是媒介主管。媒介部下设媒介主任和媒介策划等不同职位。

三、4A 广告公司创意流程

(一)创意工作单

客户服务部项目小组的客户主管在明确了工作内容后要给创作部下工作单。工作单下到创意部时,流程员先检查把守第一关,到达创意或制作手上时,第一时间不是忙着开始工作,而是要看清楚工作单上是否说明清楚(可对照表6-2),所附材料足够令你完全清楚明了工作要求。如果不是,将工作单返回给流程员由其退回客户助理,请他写清楚,补充完整你所需要的资料。这里特别提醒不爱看文字说明的创意和制作者们,别老做冤枉工作。

客户人员在下单时,应注意掌握一些基本原则:齐,对客户提出的要求资料要齐;清,在理解客户意图时要清楚;定,准确抓住要点不轻易改变。

总体来说,下单时要简洁直观,如表6-2所示。

表6-2　4A广告公司平面广告工作单

创意要求 Creative Brief	
Job No. 工作号:	Date 日期:
To 交予:	From 由:
Copy 抄送:	
Client 客户:	Product 产品:
Project 项目:	
Job Description 工作内容:	
工作要求 Job Request:	

创意 Brief
□ 按创意要求填写(产品/品牌定位的元素:目标消费者分析续品牌名、品牌性格、产品竞争架构、消费者利益、重要支持、广告目的、我们所期望的消费者对广告的回应、背景资料、竞争对手资料、市场情况、区域、时间、销售概念等。)
□ 尺寸
□ 提交物料(手绘效果图/电脑效果图？黑白/彩色？)
□ 讨论时间
□ 提交日期/时间

报价 Brief
□ 内部费用或供应商费用指引
□ 尺寸
□ 规格
□ 颜色
□ 物料
□ 特殊效果
□ 其他要求
□ 交货日期
□ 送货安排
□ 附设计效果图影印件

摄影 Brief
□ 设计效果图
□ 菲林规格
□ 拍摄内容
□ 风格要求及参考

续表

- □ 张数
- □ 产品提供及时间安排
- □ 交片日期及时间

插画 Brief
- □ 设计效果图
- □ 成品尺寸
- □ 黑白/彩色
- □ 插图内容
- □ 风格要求及参考
- □ 完成物料及规格
- □ 交画日期及时间

正稿制作 Brief
- □ 设计效果图
- □ 问案
- □ 尺寸
- □ 规格
- □ 网线
- □ 黑白/专色/4 色/4 色＋专色
- □ 所需物料(灯片、图片、电脑资料)
- □ 广告媒介
- □ 黑白打印/彩色打印
- □ 交稿日期及时间

输出黑白胶片/4 色胶片连打稿片 Brief
- □ 尺寸
- □ 网线
- □ 规格
- □ 数量
- □ 打稿
- □ 张数、交片日期及时间

印刷/制作 Brief
- □ 尺寸
- □ 规格
- □ 黑白/专色/4 色/4 色＋专色
- □ 效果
- □ 特殊工序
- □ 纸张/物料
- □ 数量
- □ 送货安排
- □ 交货日期及时间

影视广告工作单与电台广告工作单内容与上表类似，在此不一一详述。

（二）创意

在 4A 广告公司，每个创意人员的工作方式和思考方式不一样，下面是大部分 4A 广告公司创意的基本过程。

1. 素材准备

收集原始资料，就是所面临的问题的直接素材和常识库中需要不断丰富的素材。

2. 周密思考

在思想里对原始素材全面整理，以寻求新的关系和创新的价值。

3. 酝酿构思

运用潜意识进行综合构思。

4. 点燃灵感

选择最有可能成功的方案。

5. 评价与反思

通过各种因素的评估、论证、润色和引申，改善和发展创意，以符合客户的需要。

创意人员很大程度上依赖于经验中非理性的因素，从而产生创意的灵感。这一切都要由创意者自己去细细体会。

（三）评判创意的基本标准

4A 广告公司评判创意的优劣一般采用如下标准，见表 6-3。

表 6-3　4A 广告公司的创意评判标准

检验平面设计创意的基本标准
- □ 视觉冲击力
- □ 视觉表现与创意的关联性
- □ 独特的风格和品位，但不能怪异，否则会损害主题

检验平面文案创意的基本标准
- □ 拨动人心的主标题
- □ 引人入胜的内文
- □ 独特的风格和品位，但不能怪异，否则会损害主题

检验影视创意的基本标准
- □ 前 3 秒能吸引人看得下去
- □ 三个关键画面就可以清楚表达核心创意
- □ 若抽掉产品，整个创意故事即不可成立

稿件提案装裱要求
- □ 按客户要求考虑装裱
- □ 设计稿左上方应打上工作名称和工作号，右下方应打上尺寸资料
- □ 提案或比稿的每件作品必须装裱。一般情况下装裱克卡最小为对开克板（10 cm×15 cm）
- □ 在提案或比稿中，一般情况克卡尺寸应一致或不超过两种
- □ 故事版格式一般分为 15 格的 30 秒（三行排放），8～10 格的 15 秒（两行排放），3 格的 5 秒（单行排放），每格尺寸 13 cm×9 cm
- □ 故事版左上方应贴上产品名称、长度和片名
- □ 装裱报纸稿时应留 4 mm 白边，其他稿件一般情况贴边剪裁

(四)贩卖创意

在创意冒出头时,你需要向你的拍档、创作部贩卖;创意完成后,你需要向客户助理、客户贩卖。

1. 向客户助理贩卖

◇别将客户助理当敌人。

◇你需要使出浑身解数向客户助理推销你伟大的创意,要明白大多数情况下,你没有机会当面向客户提交方案,你需要客户助理充分理解并认同你的良苦用心,帮助你推销出去。

◇如果客户助理不肯收货,你就麻烦了。

2. 向客户贩卖

◇你一定要明了策略。

◇对提交的创意充满信心。

◇掌握一定的提案技巧。

◇注意包装自己,从外表到内心,不断提升个人形象和感染力。注意维护自己的尊严。

【小问题】

1. 什么是 4A 广告公司?
2. 4A 广告公司的创意评判标准是什么?

【补充阅读】

2011 年中国 4A 广告公司排名

2011 年中国 4A 广告公司排名见表 6-4。

表 6-4　2011 年中国 4A 广告公司排名①

排位	公　　司	排位	公　　司
1	盛世长城广告公司	13	北京东方仁德广告有限公司
2	广东省广告股份有限公司	14	达彼思 141
3	杭州无境广告公司	15	天联广告公司
4	灵智精实整合行销传播集团	16	广东英扬传奇广告有限公司
5	北京电通广告有限公司	17	北京欧阳盛世文化传播有限公司
6	上海腾迈广告有限公司	18	扬罗必凯广告公司
7	梅高广告公司	19	阳狮广告公司
8	旭日因赛	20	麦肯·光明广告
9	威汉营销传播	21	上海 BBH
10	奥美广告	22	恒美广告公司
11	李奥·贝纳广告公司	23	阿佩克思达彼思整合营销传播有限公司
12	博达大桥国际广告传媒有限公司	24	广州天博广告有限公司

① 资料来源:http://www.douban.com/group/topic/22878124/.

续表

排位	公司	排位	公司
25	威登肯尼迪（上海）	63	国安广告文化传媒
26	[台湾]我是大卫广告股份有限公司	64	武汉市相互广告有限公司
27	广州市九易广告有限公司	65	济南梅地亚广告有限公司
28	上海广告有限公司	66	辽宁加信奥美广告
29	博报堂广告公司	67	南京鼎艺国际广告有限公司
30	大唐灵狮广告有限公司	68	安徽省金鹃国际广告有限公司
31	上海旭通广告有限公司	69	沈阳推动广告有限公司
32	[台湾]电通国华	70	广州国云风广告有限公司
33	北京灵狮广告	71	上海龙韵广告传股份有限公司
34	哈尔滨海润国际广告传播集团有限公司	72	广州市白羊广告有限公司
35	尚奇广告公司	73	广州思源广告有限公司
36	杭州博采广告有限公司	74	南京银都广告商务有限公司
37	电通东派广告有限公司	75	北京视新广告有限公司
38	北京第一企画广告有限公司	76	大连壹捌零广告有限公司
39	海润新时代广告有限公司	77	天津市盛世文化广告有限公司
40	睿狮中国	78	海南联合广告有限公司
41	湖南合力昌荣商务拓展广告有限公司	79	广州市致诚广告有限公司
42	斐思态广告有限公司	80	海南画王广告有限公司
43	北京广告公司	81	北京帝诚国际广告有限公司
44	上海同盟广告	82	[台湾]联广股份有限公司
45	上海蓝梦广告有限责任公司	83	南京市广告有限公司
46	北京互通联合国际广告有限公司	84	武汉市利器广告传播有限责任公司
47	北京华闻旭通国际广告有限公司	85	成都大西南广告公司
48	贵州天马广告公司	86	[澳门]达域广告有限公司
49	[上海]SapientNitro	87	广东金长城国际广告有限公司
50	蓝色创意广告公司	88	青岛黑蚂蚁广告有限公司
51	西安顽态地尚文化传播公司	89	沈阳龙邦国际广告有限公司
52	上海国泰广告有限公司	90	长沙盛美广告有限公司
53	香港奥文广告公司	91	广州市蓝色火焰广告有限公司
54	海挂号费	92	广东广旭广告有限公司
55	青岛五洲佳世传媒	93	大连信和广告公司
56	杭州无境品牌策划公司	94	河南省明睿广告有限公司
57	广东平成广告有限公司	95	[江西]九天广告公司
58	西安麦道品牌传播有限公司	96	江苏雅智广告有限公司
59	巴蜀新形象广告传媒股份有限公司	97	成都领先盛世广告公司
60	福建奥华奥美广告公司	98	厦门市夏广广告有限公司
61	天津世纪座标广告公司	99	广州市印象广告有限公司
62	湖南博创广告有限公司	100	山东省国际广告有限公司

【重点提示】
4A 广告公司的概念
4A 广告公司评判创意的基本标准
如何向客户贩卖创意

第四节 4A 广告公司广告创意比稿

在 4A 广告公司的业务会议中,最为重要的就是向客户提案和参与争取新客户的比稿。目前,一般广告公司开展业务时,也会面临客户要求比稿的问题,客户总是说:"你拿一个策划案来吧"。于是乎很多广告公司送上策划人员挑灯夜战呕心沥血之作,客户往往是从许多策划案中取其精华,去其糟粕,还有些客户实际关注的是广告公司的媒体折扣是多少,此时比稿已变成比价。而在 4A 广告公司与客户之间,比稿对于客户而言,比的不是 4A 公司创作的广告,而是比哪家公司的素质、团队合作、对客户服务的精神。

所有的一切都是按行业惯例行事,客户会对所接触过的广告代理商进行严格的挑选、比较,最后小范围地确定几家实力不分上下的广告公司参加比稿。客户会向参加比稿的广告公司提供尽可能全面的企业和产品资料,以及市场资讯等情况,以便广告公司做出准确贴切的广告计划。对 4A 广告公司而言,每争取一个新客户,都意味着上千万甚至几千万的广告代理额,同样,每失去一个客户,就意味着财政报表上的营业额数字又将缩小一大截。所以 4A 广告公司对于比稿的提案非常重视。在所有的策略、创意、制作等前期工作都准备好,最后要对客户提案说明时,4A 广告公司往往会选择在高级酒店进行,他们会把从酒店大门口直到提案会议室的所有空间极其夸张地渲染装潢一番,极力展示自身形象,以及突现客户品牌形象,甚至连机场,以及客户必经之路都会精心地设计安排。如盛世长城中国区创意总监陈薇薇介绍说,他们把整间会议室重新装潢成一家摩托车修理店,在外面将一大批制作好的宣传品陈列起来,未来市场的广告攻势在客户眼前和脑海里展现,很自然的,盛世长城赢得了比稿。

在 4A 公司的日常工作中,幻灯片投影仪、POWERPOINT 演示软件等是必不可少的工具,它们不仅是提案和比稿过程中的重要武器,也是日常会议和员工培训时必不可少的工具。

在比稿的过程中,由于竞争环境并不完善,使得竞争过程当中很多广告公司互相打压,一些客户对广告公司提供的作品心不在焉,甚至用了广告公司的创意却不支付广告公司应得的报酬。但多数情况是广告公司并没有去索取,让一些客户认为是理所当然的事。这需要广告人及行业协会来共同努力。

广告公司为了保护自己的利益,可以在提案前与客户签订竞标协议书,保证在提案后创意的知识产权的保护。

竞标协议书

甲方: _____有限公司
乙方: _____广告有限公司
甲方邀请乙方参加_____品牌上市广告策划项目竞标,双方本着诚恳合作的精神,达成如下协议,并严格遵守。

1. 甲方承诺如果乙方中标,将与乙方签订正式广告代理合同。
2. 如乙方未能中标,甲方同意在乙方提案后的两周内支付乙方人民币_____元整,作为基本酬劳;甲方同时承诺,乙方提交的任何方案版权仍归乙方所有。未经乙方许可,甲方不得全部或部分使用乙方提案中的概念。
3. 乙方承诺:保守竞标过程中甲方提供的关于甲方企业产品的任何商业机密,如果乙方向第三方泄露甲方机密,乙方愿意接受有关制裁。
4. 如果提案在甲方所在地进行,乙方往返的差旅费由甲方负责。
5. 本协议一式两份,具同等法律效力。

甲方:(盖章)　　　　乙方:(盖章)
名称:　　　　　　　　名称:
经办人:　　　　　　　经办人:
地址:　　　　　　　　地址:

【小问题】
怎样在比稿中赢得客户?

【补充阅读】

奥美广告公司创意的几个禁区[①]

1. 忌分工

文案写好标题给设计要求配画面,或者设计想好画面给文案要求配标题,都是绝对错误的。工作伙伴之间要相互讨论,彼此分享对方的想法,使两条或者更多条的思路能够交叉衔接,才是创意人之间最有效的互动模式。

2. 忌自恋

很多做创意的人都有脆弱的神经,当想法遭受挑战、蒙受批评的时候,会出现自我防卫的语言行为。每个人都有急于辩解,以及回避批评的倾向,这是人的天性,并不是创意人的个性。但是身为广告人,一定要有把自己呕心沥血的作品摊出来让众人检视的勇气,在感性的思考过后,学习理性地看自己的作品,也接受别人理性的查核。

3. 忌客气

直接否定别人的想法非但失礼而且伤人,用比较间接委婉的措辞,再加上充足的理由,甚至积极的建议,会使创意得到提升。但不能因为客气就不忍批评,如果这样,可能我们最终会受到客户更为激烈的批评,甚至丧失机会。

4. 忌认命

永远不要满足于60分的创意!除非你真的无法突破自己的创意障碍,安心你现在的待遇和位置,不想再有更大的发展,否则你何必看轻自己?也许是你的潜力尚未激发,也许是尚未开发。多看些国内外的优秀作品,多做些模拟练习,比别人多熬上两夜,即使做不出100分的创意,起码也可以拼出七八十分的创意。

---

① 资料来源:奥美文案培训资料. http://menglaite.diandian.com/post/2011-09-23/5243312,有改动。

5. 忌搞怪

创意的手法是无穷的,尺度难以衡量,当你的想象装上翅膀尽情遨游的时候,记住要用大脑指挥方向,而不是让翅膀将想象带进诡秘奇幻的世界,弄得消费者看不明白。要时刻审视创意是不是依照广告策略制定的、消费者可以接受的。

【重点提示】

比稿的制胜要素

第五节 广告创意训练

一、广告创意的程序

美国著名广告大师詹姆斯·韦伯·杨在其所著的《创意》一书中提出了著名的"杨氏程序",将广告创意分为如下五个步骤,见图6-23所示。

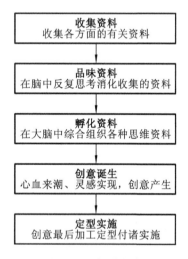

图 6-23 杨氏程序

二、一个概念的放射性思维训练

(一) 放射性思维的概念

放射性思维来自"放射"这个词,意思是"向各个方向传播或移动",由一个中心概念出发,向四周放射出几十、几百、几千、几万种联想。这些联想涉及进入你大脑的每一个信息——每一种感觉、记忆或思想(包括每一个词汇、数字、代码、食物、香味、线条、色彩、图像、节拍、音符、纹路和肌理),将每一种可能的联想用图形表达出来,就出现了围绕中心概念的多个表达。放射性思维可以导致"一意多形",是广告创意中最基础的思维方式。

(二) 思维导图

思维导图,又称为心智图,是表达放射性思维的有效的图形思维工具,它简单却又极其有效,是一种革命性的思维工具。思维导图是放射性思维的自然表达,是一种非常有效的图形技术,是打开思路、挖掘潜能的钥匙。

思维导图有如下几个基本特征:

① 注意的焦点清晰地集中在中心词或中央图形上;

② 主题的主干分出分支,从中央图形向四周放射;

③ 分支由一个关键的图形或关键词(卫星词)构成,相关的话题也以分支形式表现出来,附在更细的分支上;

④ 用文字搭架,闪光点加入图形,图文互补,尽量准确地捕捉联想闪光点。

图6-24分别是以"神秘"和"勇气"为主题创作的思维导图。

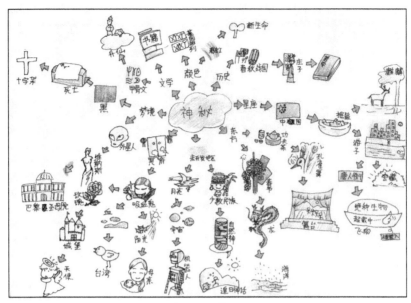

主题:"神秘"

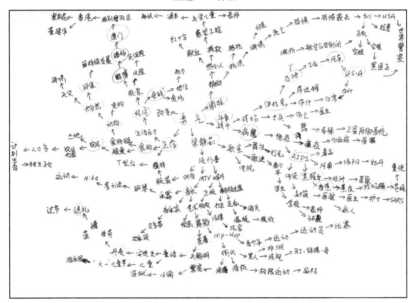

主题:"勇气"

图 6-24 思维导图

(三)放射性思维训练步骤

1. 第一步:喷射式的发想

确定中心概念后,快速地在这个词四周的引线上写出前数个联想到的单个关键词,不能停下来选词,要把进入脑海的第一个词写下来,这一点很重要,不要管这些词是否很荒诞,这往往是打破旧的限制习惯的关键,要创造充分的"自由联想"的环境和过程。

2. 第二步:深入联想

在写下的数个词当中的任何一个词中找到进一步的联想,把这个词作为卫星词,再做放射性联想。按照它的放射的本质,每个加到思维导图上的关键词或图形都可以自成一体地产生无穷多的联想的可能性,依此而下,接连不断。常见的"联想"有逻辑联想(因果、对比等)和形象联想,如图 6-25 所示。

逻辑联想:卡尼尔护手霜
因为用了卡尼尔护手霜"双手变得越来越光滑了",所以打破了杯子,使用的是因果逻辑联想。

形象联想:kibon冰淇淋
用一群飞向冰淇淋的勺子形象地展示该冰淇淋的美味。

图 6-25 逻辑联想和形象联想广告案例图

3. 第三步:寻找关联

深入联想之后先暂停,仔细看所生成的众多想法,找出与众不同的新元素或令自己激动的亮点;在不同的枝节上,可能找到一定的联系,善于发现并将它们结合起来,可用不同颜色的笔标示出来。如图 6-26 中以"新鲜"为主题的思维导图,就用不同颜色的笔把重要的枝节标示了出来。

提示:

① 距离中心词越远的元素创新性越强;

② 两个元素的距离越远,一旦发生意义关联或形式关联,则创意越新。

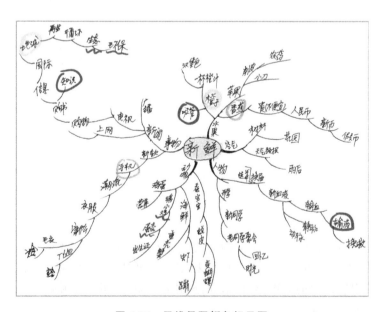

图 6-26 思维导图颜色标示图

4. 第四步:提出方案,画草图

把有价值的想法提出来,结合、围绕要解决完成的题目做进一步联想、完善,提出创意方案,完成草图设计。

注意两个原则:

① 开发新元素原则(没被使用或没引起注意的元素);

② 减法原则(用最少的元素、最简洁的方式表达创意)。

【小问题】

1. 为动感地带的产品以"我的'M'生活"为中心概念,做放射思维导图。
2. 为七匹狼"性格男装"以"相信伙伴,相信自己"为中心概念,做放射思维导图。

【补充阅读】

鬼 十 则

1951年7月,在日本电通广告公司成立51周年之际,电通的总裁吉田秀雄[①]鼓励员工们成为广告的鬼才,出了著名的《鬼十则》,被广告人尊为从平庸走向卓越的铁律。

1. 主动寻找工作机会,不要只是被动地静候派令。

(不断有新的东西做是锻炼,重复做同一件事是磨炼。现在竞争这么激烈,努力一点才不至于被新手干掉。)

2. 对工作的态度应该是积极进取,而不是消极无奈。

(态度可以决定一切。当你的态度确定以后,行为就会跟上,积极的态度会有积极的行为;消极的态度,会有消极的行为,两种行为的结果可想而知。)

3. 积极争取大工作,小工作只会使你的眼界变得狭小。

(不当元帅的士兵不是好兵。这是一个英雄辈出的时代,这也是一个渴望英雄的时代,万事俱备,就看你的了。)

4. 乐于向困难的工作挑战,唯有通过严酷的考验,才能加速自我的成长。

(从地狱出来的人是不可战胜的,要有这样的气魄,"我不下地狱,谁下地狱!")

5. 从事任何一项任务,不达目的决不轻言放弃。

(世界上最容易的事就是放弃。放弃的代价和坚持的收获是一个天一个地。)

6. 凡事主动,经过时间的历练,习惯于主动和习惯于被动的人的成就,将有天壤之别。

(主动寻找,主动发现,在无中生有,在有中发现。)

7. 凡事要有计划,有了计划才可以使人明确地知道努力所将获得的成果。

(成功的秘诀是机遇来时已经有所准备,机遇是留给那些有准备的人们的。有计划就意味着有准备,计划的过程是想象结果的过程,有了计划,结果就在自己的手里。)

8. 信任自己。唯有充满自信,做事才会有魄力、才会有所坚持。

(一个失去自我的人,只能是别人的影子。大声说出自己的观点,有理有据地坚持,是生

---

① 吉田秀雄(1903—1963),日本电通广告公司前社长。吉田秀雄加盟的日本电通广告公司创立于1901年7月1日,距今已有一个多世纪的历史。随着技术的进步,经济的发展,它不断开拓事业的新领域。公司因他而发达,他也因此而被誉为广告鬼才。

存之道。尊重自己,甚至是敬畏自己,是你不断向上的内在动力。)

9. 让脑筋随时转动。对周围的一切明察秋毫,伺机提供必要的协助,这就是服务。

(像蜜蜂一样勤劳,像鹰一样机敏,像猿一样敏捷,像大象一样沉着。)

10. 创意讨论不能一味妥协,必须互相切磋、激荡,没有摩擦就没有进步,没有摩擦,你将变得懦弱无能。

(在广告公司内部应倡导合理的"冲突",并创造尊重"冲突"的氛围。争论使问题更深刻,使认识更深入,使逻辑更清晰,合理的"冲突"使你对自己的弱点更了解,对别人的优势更清楚,冲突是对认识的淬炼,冲突使你更了解人性。你的有力的声音是你不能被忽视的存在。)

【重点提示】

放射性思维的概念

思维导图

■ 关键概念

广告创意的主要分类　头脑风暴法　联想法　4A广告公司　思维导图

■ 复习思考题

1. 如何理解广告创意的关联性?
2. 解释抽象思维方式。
3. 举例说明意象型广告创意方式。
4. 如何在广告中创造戏剧化情节?举例说明。
5. 头脑风暴法有哪些优势和劣势?
6. 什么是广告创意的联想法?举例说明。
7. 什么是4A广告公司?
8. 4A广告公司创意的操作流程是怎样的?
9. 4A广告公司的比稿要注意哪些问题?
10. 以砖为例,解释如何进行放射性思维?

■ 单元实训

【实训内容】

创意策划案例演讲赛

【实训目标】

通过策划创意演讲赛进一步理解并掌握创意是策划的核心。

【实训内容与组织】

1. 内容:要求学生收集某品牌某一行业广告创意策划案例,并改写成演讲稿,有叙有议,有点评,以演讲的形式发言。
2. 组织:把全班分成几个大组或以寝室为组,首先自报选题,收集资料;其次,各小组选出两名同学参加全班决赛。

【成果与检测】

要求每位学生完成"创意策划案例讲演稿",小组交流,全班评比。

附:策划创意案例讲演稿

1. 讲演题目、小组人员代表

2. 描述小组成员准备讲演的过程

3. 小组代表发言提纲

(1) 创意策划案例的背景:

(2) 创意策划案例的优点:

(3) 创意策划案例的不足:

(4) 本小组提供的建议:

4. 讲演效果与点评

第七章 广告媒体策略

■ 课前导读

媒体策划的重要性

"I know I waste half the money I spend on advertising, The problem is, I don't know which half."

——John Wanamaker

"我在广告上的投资有一半是无用的,但是问题是我不知道是哪一半。"

——约翰·沃纳梅克

20世纪初期,约翰·沃纳梅克说这句话的时候,在广告最发达的美国的广告公司媒体部门的角色还只是简单的大众媒体投放者。对于达成广告目标需要花多少钱,这些钱究竟产生了多少作用,广告主和广告代理商都很难评估,因此有了这样一句经典的评述。而今天媒体策划让广告主更清楚地得知自己为什么要花钱购买各种媒体空间或时间,而媒体投资又产生了什么样的效果。

今天,媒体策划是广告运动中的重要环节,它的核心工作就是如何在既定的媒体费用下,创造性地使用可获得的媒体形式实现传播目标的过程。媒体策划的目的是构思、分析和巧妙地选择适当的传播渠道,使广告信息能在适当时机、适当的场合传递给适当的受众。

媒体策划是整体市场营销计划有机体中的一部分。如果将整体的市场营销比喻成一场现代化的战争,你可以把媒体策划想象成空军,而战争的胜利需要海陆空三军的相互配合与整合,就像在市场营销的战役中,媒体策划应该与产品、渠道、促销组合、价格等计划相互配合一样。整体的市场营销目标当然是媒体策划制订的关键,因为营销计划与媒体策划是整体与局部的关系,它不仅决定了媒体策划的资金来源,而且营销组合中每一个要素的决策都会影响其他营销要素,媒体策划也包括其中。此外,还必须记住,很多不可控的因素,比如竞争状况和媒体环境等也对媒体策划起着至关重要的作用。

第一节 透视媒体策划

一、媒体的种类

媒体的分类方法很多,传统大众媒体、非传统媒体和专业媒体是其中重要的几类。

(一)传统大众媒体

传统大众媒体如报纸、杂志、电台和电视这类大众媒体,特别适合向大量一般性受众(或大众)传递广告。对于广告客户来说,大众媒体非常有价值,因为它们具有几个优势:

① 能以相对较低的费用向大量受众传递信息;
② 在内容编辑和栏目设计上能吸引到专业受众并传递广告信息;
③ 有可能建立起强烈的受众忠诚,因为受众往往会定期购买、阅读、观看自己喜欢的媒体。

(二)非传统媒体

传统大众媒体都是单向沟通——从信息源到观众、听众或读者。基本上任何采用其他创新方式向消费者传递广告信息的,都被认为是一种"媒体"。同样的,网络广告,尽管其传播方式并不传统,也只被看做是一种新兴的电子媒体。

如果广告客户希望使用特殊的方式去接触消费者,让自己的广告从各类竞争者中脱颖而出的话,非传统媒体可以满足这种需求。如楼宇广告、医院中的LED显示屏广告、飞机或高铁上的杂志广告、张贴在高尔夫球场和特殊会所中的海报,等等。

非传统广告在使用上要注意如何判断广告效果,由于这些广告媒体尚未完全成熟,其对受众的影响缺乏客观、连续的测量手段。大多数情况下,人们很难计算出接收信息的受众数量。

(三)专业媒体

专业媒体能够吸引有特殊兴趣的专业读者。人们阅读这些杂志,不仅是为了他们的内容,也是为了上面刊登的广告。因此,这些杂志往往不仅仅吸引到对杂志内容感兴趣的读者,而且还能吸引来对商品广告信息感兴趣的读者。由于它们所关注的特殊焦点,这些杂志通常被称为"小众媒体"。

二、媒体策划组织

在广告的运作流程中,媒体策划与购买的工作是最重要的步骤之一。能为客户提供全面服务的综合性广告公司中基本都设有专门的媒体部门,其主要的职责就是:媒体策划、媒体购买和媒体研究。媒体部门必须根据广告计划,制定广告活动的媒体策略,负责媒体的选择,并负责与有关媒体单位接洽和联络,进行媒体采购和优化。在广告实施过程中,对客户的广告实施进行监督,检查印刷质量或播放质量。在广告实施后,代理媒体单位向客户收取广告费。

广告公司中媒体部人员可以划分为以下岗位。

1. 媒体总监

媒体总监是媒体部门中的高级管理人员,他向总经理负责。全面负责媒体部门的行政管理和业务管理工作,负责控制媒体策划和媒体定位,与各媒体单位洽谈合作条件,全盘负责媒体部门的赢利。负责并参与开发新的客户和新的广告业务,为新的广告业务开介绍会,并亲自准备或拟写材料。

因此媒体总监不仅要非常熟悉广告的媒体投放运作,还要熟悉主要的媒体的运作,以及有较好的媒体关系,敏锐的市场触觉和较强的观察力、判断力。

2. 媒体策划员

媒体策划员的主要职责就是根据客户的营销和广告需要来完成媒体策划。媒体策划员不仅需要了解媒体投放的知识和方法,更需要对消费者对媒体使用习惯的信息很敏锐,还需要有较强的运筹能力,需要根据客户的广告预算,进行媒体策划,以及完成客户投放效果评估。

3. 媒体购买员

媒体购买员的主要职责是实施及落实已确认的媒体策划。媒体购买员不仅要将媒体策划落实到制作媒体排期表,还需要对所负责媒体的购买工作进行播前、播后分析。另外,媒体购买员需要有专业的购买技巧和良好的媒体关系,通过询价与谈判,媒体购买员能以最有效的方式实现媒体策划。另外,收集整理、反馈媒体相关信息也是媒体购买员必不可少的工作。

三、媒体策划与营销、广告的关系

阿诺德·巴尔班在他的《媒体策划精要》书中提到"媒体的问题就是市场的问题。当你更深入地理解营销环境对媒体策划的影响时,你的媒体策划能力就会不断地增强。"营销、广告与媒体之间的关系,类似三个互相连接、大小不同的齿轮,在动作上必须紧密相扣使力道连贯,为品牌提供最好的产出,从媒体角度则必须了解三者之间的互动关系,如图7-1所示。

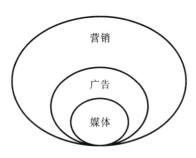

图 7-1 营销、广告、媒体的关系

营销就像一部机器,它是由很多零件——营销要素构成的。而媒体就像是这部机器上的零件之一,媒体策划作为营销计划中的组成部分,与其他的营销要素必须紧密配合,才能让营销这部机器工作正常。也就是说媒体策划是在特定的营销,以及市场环境中,根据营销及广告目标的需要来解决特定问题的策略性的方案。因此,在媒体策划员进行媒体策划工作之前,需要全面地了解营销中影响媒体策划的主要因素。在广告公司中能够保障策划人员知晓这些营销背景信息的文件称为——媒体简报(见本节补充阅读)。

四、媒体策划的内容与流程

(一)媒体策划的内容

策略性的媒体策划是在市场目标的理念下为品牌提供最好的媒体解决方案。一个完整的媒体策划应该包括背景分析、媒体目标、媒体策略和媒体执行方案。

1. 背景分析

背景分析是洞悉影响媒体策划方案的环境因素的过程。

2．媒体目标

媒体目标是设定媒体角色，以及所要达成的目标。

3．媒体策略

媒体策略是达成媒体目标的战略指南。

媒体策略的内容应包括：

对谁传播（目标受众）；

在哪些地方投放广告（媒体地理决策）；

什么时候投放（媒体行程）；

投放多少广告（媒体比重）；

应该使用什么样的媒体类别（媒体组合策略）；

预算运用的优先顺序（加权决策）。

4．媒体执行方案

媒体执行方案是根据媒体策划所确定的完成媒体战略的战术方案。

（二）媒体策划的流程

图7-2展示了媒体策划的全貌。黑色方框中的要素——背景分析、媒体目标、媒体策略、媒体执行与完成、媒体效果评估是制定一个媒体策略需要考虑的主要问题。

图7-2　媒体策划流程

一般来说，媒体策划的制定首先是从背景分析开始的，在广告公司中一般由客户服务部提供的媒体简报分析开始。每个人都在一个起跑线上，媒体策划要审视市场营销的目标和广告目标，分析现实的媒体情况和竞争对手的媒体策略及市场策略，在广告创意既定的媒体倾向限制下制订出可以达成的媒体目标。媒体策略中的战略性要素包括目标市场定义、媒体组合、媒体行程、应变方案、地理区域的选择。这里所要阐明的是，媒体组合是指媒体种类的组合，而不涉及媒体载具的设定。①媒体执行是媒体策略中的战术，若要策划切实有效，需要周到细致的执行方案，在媒体执行中最重要的是媒体的购买，媒体购买能力的高低往往决定了媒体策划方案的落地程度。最后，媒体策划一旦付诸实施就会对广告受众和市场产生影响，媒体评估是对整体广告运动的媒体投放效果的检测和检讨。好的媒体策划所产生的媒体效果应该与媒体目标基本一致，如果媒体效果未达成广告媒体目标，则需要在未来的广告媒体策划中调整策划方案。

【小问题】

比较不同媒体执行方案的优劣。

---

① 媒体与媒体载具的区分：媒体是指一类媒体，如电视、报纸、杂志等。媒体载具是某一类媒体中的单一载具。例如，报纸是一种媒体，而《广州日报》A2版是一个媒体载具。

【补充阅读】

媒 体 简 报①

媒体简报是媒体策划过程中最重要的一个环节,做媒体简报的目的就是为媒体策划员提供所有必需的资料来完成媒体建议书及媒体策划。媒体简报的内容应包括品牌的介绍、市场环境及其消费者,而不是关于媒体本身。它为媒体策划员提供了发展媒体策略、制订媒体策划所需要的最基础的信息。

1. 关于产品

◆产品介绍包括介绍产品名称、产品种类、产品类别、产品功能和产品的使用方法,是否有延伸线产品、不同款式等。如果是附属产品,也要了解它的份额走势、广告量。

◆该产品是否可以轻易地取代其他同类产品(如果是,是哪些产品、取代的程度如何)?

◆主要竞争对手——直接的和间接的(它们的优势及劣势,是否有计划改变或改善,以至于必须引起我们的特别注重)。

◆产品的价格结构,与竞争对手相比较是否有优势?价格通常是了解分析消费者的线索。

◆产品包装——包装的大小规格,各种规格的重要性,有助于分析消费者不同阶层对产品的使用,以及购买频率。

◆产品的分销——零售及批发趋势,以及对我们的产品分销的影响。

◆相关法律、法规和公司政策。

◆产品怎样使用?什么地方用?为什么要用?

◆谁是购买的决定人?

◆产品的使用/购买周期如何?

◆品牌的忠实性如何?

2. 市场

这些市场因素对于下列几方面的决定是非常重要的:市场分布、到达率/频次目标、排期方式。如果你在某地只有2%的市场份额,你就不必去覆盖100%的当地人口。如果某产品有明显的季节性,你也许只须在其销售旺季启动广告支持。你甚至可以在产品的淡季做广告,以避开激烈的竞争,如冬天做冰淇淋广告。

◆了解竞争对手广告活动情况。

◆谁是我们的竞争对手?我们所处的竞争地位。

◆他们在哪里做了广告?重点市场分布。

◆什么时候做广告?季节性分布。

◆他们的媒体策略,知己知彼了解竞争对手广告活动情况。

3. 消费者

确定目标受众要根据以下方面:

◆人口统计学因素(性别、年龄、收入等);

◆社会心理因素(观点、态度等);

---

① 资料来源:媒体简报的内涵. http://www.doc88.com/p-149575373218.html,有改动。

◆行为因素(消费的时机、消费使用频率)。
这将有助于分析各种不同媒体的有效性及评估创新媒体购买机会。

4. 目标及策略
◆市场目标——有助于确立到达率/频次,以及市场媒体比重。
◆市场策略——影响到排期方式的确定。
◆广告目标——使你确定所采用的适当的媒体。
◆广告策略——影响到频次的使用及排期中广告活动持续性的安排方面的问题。

5. 广告
◆定位——不只是确定此次广告活动对象,而且还有助于选择适当的媒体及确定利用这一媒体做出适当的排期方案。
◆文案策略(基本承诺和支持证据)——广告的基本承诺。
◆支持证据——可以根据文案中支持证据的多寡确定媒体的选择。
◆覆盖面(省、全国、测试市场)——哪些地区需要被覆盖到?区域重点在哪里?某些地区是否需要加重媒体比重?
◆其他广告活动,如渠道促销及时间等——针对消费者的广告活动是否应与之一致/接近?是否需要广告支持?

6. 预算
◆广告预算是否已确定?是多少?有多少真正用于媒体的预算?
◆预算可机动支配的程度有多大?是否有额外的费用支持特别的媒体机会?或是否可以从现有预算中挪动部分预算用于支持这样的媒体机会?
◆哪部分预算是用于保持现有销售状况的?哪部分预算是可以用来开发新的销售业绩的?
◆是否应由广告公司来建议所需广告预算?根据客户所能承受的能力、广告投入与销售产出比、需要达到的广告目标来判断预算是否充足。

【重点提示】
综合性广告公司媒体部门的主要职责
一个完整的媒体策划应该包括的内容
背景分析、媒体目标、媒体策略、媒体执行与完成、媒体效果评估

第二节 媒体目标与目标受众

媒体目标的制订为根据营销上所赋予传播的任务,而在媒体上所必须达成的目标;不同的营销目标与广告角色,将使媒体在目标的界定上有所侧重。

媒体策划方案中首先应当对媒体目标进行阐述。所谓媒体目标,就是媒体策划人认为有助于实现营销目标的一些重要事情。媒体目标包括:确定哪类目标受众最重要,要接触多少这类目标受众,广告应当在什么时候集中出现在哪些地方。

目标构成了媒体策划的基础。一个媒体策划方案,就是从若干可能方法中挑选出来的,能够最好地完成媒体目标的一系列行动。媒体策划包括决定使用哪一类媒体,是使用全国性媒体,还是使用地方性媒体,广告应该在什么时间出现等一些决策。

一、媒体目标的基本概念

在广告公司中的媒体策划部门经常会听到很多媒体术语——"我们需要买160毛评点，它可以提供60%到达率"、"平均能看2.67次，有效频次3次的到达率30%"，如果想要了解媒体目标，首先你要了解媒体目标中涉及的一些必要的术语和概念。

（一）到达率与接触频次

到达率可以定义为不同的家庭人口在特定期间内（一般为四个星期）暴露于某一媒体广告排期下至少一次的受众人口百分比。接触频次是在四个星期内，个人或家庭接触某一媒体广告排期的平均次数。

媒体策划中需要制定媒体目标时，更实用的概念是平均接触频次，它体现了广告"能见机会率"的平均数。

（二）持续性

持续性是指在广告运动的时间段内广告是如何进行排期的。一般来说，有三种比较常用的广告排期策略：间断式排期、持续式排期和脉冲式排期。

1. 间断式排期

间断式排期（图7-3）即使广告期和无广告期交替出现。隔一段时间发布一批广告，有规律地做出广告时间上的间隔。这种间歇式排期的方式比较适合于一年中需求波动较大的产品和服务，以及季节性较强的商品。在需求时机或需求季节即将到来之前，可安排集中发布广告，需求期过后则停止广告，等待下一轮需求的到来。如此循环，既可以降低广告预算，又可以取得比较好的广告投资回报。

2. 持续式排期

持续式排期（图7-4）即在同一个媒体类别或同一个媒体载具上集中投放。这种排期方法常在产品集中于某一季节或节假日销售时使用。

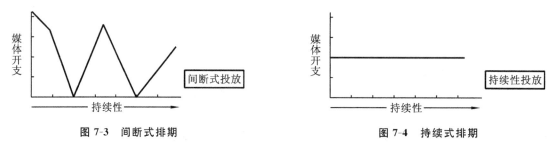

图7-3　间断式排期　　　　　　　　　　图7-4　持续式排期

3. 脉冲式排期

脉冲式排期（图7-5）是持续式排期与间断式排期的结合形式，即在广告持续不间断的基础上，根据销售或需求的时机间隔性，在需求期加大广告投放力度，形成有规律的脉冲式排期。

对于消费者购买周期长的产品，一般采用这种方式。这样可以使广告主在全年都维持一个较低的开支水平，也不影响在销售高峰期"脉冲"式的强力广告促销效果。这种战略一般适用于全年都有需求，但在特定季节大量需求的产品，如软饮料，在全年都有需求，但在夏季需求量又大增。

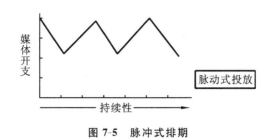

图 7-5 脉冲式排期

(三)毛评点

毛评点是媒体策划人员经常使用的一个重要的概念。毛评点又称总收视率或总收听率,它可以用来衡量和评估广告投放对目标消费者的总体覆盖效果。毛评点体现了广告的印象百分比之和,也就是受众接触媒体的机会。这一总体覆盖效果是在整个广告运动期间内,不论是单一媒体购买,还是媒体组合购买所达成的。从总量上来说毛评点等于到达率乘以平均接触频次。比如,某电视节目的收视率是15%,而播放频次是5次,那么毛评点就是75%,即有75%的受众接触了广告;但是毛评点没有反映出哪些受众是重复接受信息的。一般而言,毛评点越高,覆盖面越广,所要求的资金投入也越多。

二、目标受众

单一产品不能满足每个消费者的所有需求,营销者必须通过市场营销的努力确定出企业产品的目标消费者特征。在营销沟通中,广告必须要与目标市场中那些对产品品牌最需要的人群进行沟通,并成为促使目标消费者购买的推动力。媒体策划员的工作就是让产品或服务信息被传递到营销计划所界定的目标市场中。一旦我们界定了目标消费群体,媒体策划员的基本任务就是广告时段或者广告版面的受众要与目标消费群体匹配,也就是说要把广告费用投放在目标受众与目标市场的定义相吻合的媒体上。

目标受众指的是广告必须针对的对象,如果目标是要针对目前的使用者,那么你必须要定义出他们是谁,如有必要,还需要分别界定出主要及次要目标受众。

一般来说我们可以采用三个因素来定义目标受众:人口统计学、社会心理判断和产品使用因素。

1. 人口统计学因素

人口统计学因素有年龄、性别、收入、职业、教育程度、家庭状况、家庭规模、种族、宗教信仰、所处地区、城市大小,以及具体地点等。策划人员在定义目标市场时并不需要使用每一个人口统计学因素,在目标市场定义过程中,每增加一个人口统计因素,目标市场的范围就会被进一步缩窄。目标市场的定义要足以使媒体策划员在媒体选择中知道到底要寻找哪一类目标消费者,但也不能把目标定义得太窄,以至于漏掉了本应该在目标市场范围内的消费者。

2. 社会心理判断

从人口统计分析上看,具有相似的人口统计学特征的群体中,人们也会具有截然不同的社会价值观、兴趣、态度、生活方式。社会心理特征通过消费者心理分析和生活方式来作为定义目标市场的参数指标。这些指标包括目标消费者的态度、兴趣和观点、个性特征、生活方式等内容,它既有助于创意文案人员更好地把握消费者心理,又有助于媒体策划员找到能够接触到目标消费者的媒体接触点。

3. 产品使用因素

市场营销也经常通过消费者对产品的使用特征来判断目标市场。例如，我们可以根据消费者的使用频率将消费者划分为：重度消费者、轻度消费者和从不使用者。消费者对产品的使用特征反映了消费者与产品的互动关系，营销策划人员会根据消费者与产品之间的关系找到实现市场目标的不同途径。比如，在扩张的市场目标指导下，营销策划人员需要考虑营销目标应该针对哪种类型的消费者，使其增加产品的购买。

目前，消费者的社会心理因素的使用比较欠缺：一方面是由于大型市场调查机构和媒体受众研究多以人口统计因素或消费者的产品使用行为因素为依据；另一方面是因为社会心理分析的研究成本较高。

媒体策划员需要把人口统计数据和产品使用者类型数据结合起来，以寻求目标市场与媒体的匹配。

【小问题】

三种常用的广告排期策略在具体实践中应如何运用？

【补充阅读】

媒体目标撰写指南

媒体目标应该简洁地说明媒体策划所要达成的目的。一个媒体目标应该包括以下几个部分。

◆ 目标受众的描述

在媒体策划的目标说明中，最重要的一个要素就是目标受众的描述。这个部分不仅要从人口统计学角度去定义目标受众，更需要详尽地描述目标受众在使用此品类产品过程中的行为特征及心理特征。

◆ 创意的要求

广告媒体策划中必须考虑到广告创意策略和创意执行潜在的期望，在媒体目标中应该对这种期望进行界定。麦克卢汉[①]说过"媒体即信息"，广告媒体目标中要界定媒体营造出的创新特性。

◆ 到达率与接触频次

在媒体策划中，广告到达率和接触频次目标是必不可少的关键内容，它体现出媒体在投放量上的目标。

◆ 时间要求

媒体目标中应该说明时间对广告投放的影响因素，这些因素包括销售季节的影响、产品生命周期、重复购买周期、竞争对手的广告策略。

◆ 地理说明

媒体目标中应当指明品牌的销售渠道与媒体环境的地理因素。媒体目标应该说明是使

---

① 马歇尔·麦克卢汉(1911—1980)，被誉为信息社会、电子世界的"圣人"、"先驱"和"先知"。他是20世纪名副其实的传播学大师，是最富有原创性的传播学理论家。他关于"地球村"、"重新部落化"、"意识延伸"的论述，无人能出其右。他对电子时代和赛博空间的预言一个个变成了现实。

用全国性的媒体还是当地媒体。还应该在媒体目标中说明媒体所覆盖的群体与销售渠道的地理分布之间的差异。

◆目标市场的特殊问题

有时,市场营销目标能反映出一些目标市场的特殊问题,这些问题需要专门的媒体运作的支持。如果出现这种情况,媒体目标需要说明如何提供这种支持。

◆媒体预算

通常在既定的媒体预算范围内完整地说明媒体目标是比较好的,这让每个媒体策划人员在一开始就清楚整个情形。

【重点提示】

到达率、接触频次、持续性

间断式排期、持续式排期、脉冲式排期

毛评点

第三节　媒体组合与媒体加权决策

一、媒体组合策略

媒体类型和组合是媒体策划员在媒体战略考量中的重要因素。

（一）媒体组合

采用哪种媒体投放组合策略对达成媒体目标来说是非常重要的。每一种媒体都有其侧重性,媒体策划员要经常思考在各种媒体类型中哪个媒体最能贴近目标消费者。媒体组合可以把广告费集中投放在统一类型媒体上,也可以分散投放在不同的媒体上。前一种被称为集中媒体组合策略,后一种被称为媒体分类组合策略。

1. 集中媒体组合策略

集中媒体投放有很多优点。

① 集中媒体投放策略使得消费者,尤其是接触媒体范围狭窄的受众更加熟悉品牌,对广告产生深刻的印象,激发消费者对产品或品牌的忠诚度。

② 广告主在一种媒体中集中投放广告可以在单一媒体中相对于竞争对手占主要地位。

③ 在高视觉性媒体上采用集中媒体组合策略,比如,在电视的黄金时间或在高档杂志中购买大的广告时段或版面,能激发消费者对产品或品牌的忠诚度。

④ 集中购买媒体还可以获得大的折扣。

2. 媒体分类组合策略

在另外一些时候,媒体搭配组合有更明显的优势。这就是媒体分类组合的方式,媒体分类组合策略是指选择多种媒体到达目标受众。这种策略对那些有着多样市场细分的商品或服务更加有效。

① 可以使广告主针对不同的目标受众群体。

② 可以通过不同的媒体对不同的目标受众传达不同的信息。

③ 通过不同媒体类型的搭配组合,广告主的广告信息通过不同的广告作品形式传递给

目标消费者,可以帮助消费者更好地理解信息内容。

④ 通过在不同的媒体环境中传递,使目标消费者对品牌保持长时间的兴趣。

⑤ 媒体分类组合可以更好地实现广告到达率。不同媒体类型的组合,通常会使广告到达率高于单一媒体类型投放广告的到达率。

(二)媒体类型

要选择媒体种类,策划人员必须进行媒体类别间的比较。媒体间的比较可以用统计方法比较媒体种类,但大多数时候并不能这样做。一种媒体的统计数字无法真实地和另一种媒体的相比较。单纯以数字比较和定义电视观众、报纸的读者会造成误导,这是因为每种媒体类别都有其不同的特点及功用。

电视、报纸、杂志、广播被称为传统四大媒体,互联网被称为第五媒体,让我们简单地用下面的表格讨论一下这些的媒体类别的特点(表7-1)。

表7-1 各种媒体类别媒体的优缺点①

媒体类别	使 用 理 由	限 制 条 件
报纸	时效性 地区偏重性 灵活性 可承载的信息量大 可以反复阅读	费用较高 传阅受众较少 印刷质量和色彩表现限制创意
杂志	具有选择性 有良好的色彩表现 传阅率高 可保存反复阅读 可承载大量信息	缺乏时效性 到达率积累缓慢
电视	具有声音、色彩等动感方式 灵活性 既能到达特定目标市场,更容易到达大众市场 符合成本效益	费用高昂 关注度低 信息存在时间短 广告干扰大
互联网	主动式媒体 精确地传递个性化信息 费用较低 创意灵活性高 不受区域和地域的限制	竞争干扰多 到达率有限

从策略的角度来进行媒体选择,应该考虑以下因素。

---

① 杰克·西瑟斯,罗杰·巴隆.广告媒体策划.北京:中国人民大学出版社,2006.4,有改动。

1. 品类关心度

品类关心度较高的产品,消费者购买需要收集的信息量较大,因此媒体类别选择以承载信息量大的印刷媒体为主;而品类关心度低的产品则适宜选择强制性高的电波媒体。

2. 广告活动类型

媒体对创意在声音、画面上的承载能力不同,为广告活动提供的价值也不同。

3. 品类相关性

媒体与商品品类的相关性越高,在广告信息传播上就越具有价值。

二、媒体的地理投资策略

在有限的媒体预算限制下,广告媒体投资策略决定在哪里做广告?要回答这个问题。如果单纯地从媒体投资的投资利润的角度上看,市场的选择,基本上是取决于市场的获利能力,媒体的地理性选择也是从投资角度去评估市场的获利能力,然后确定市场投资的先后顺序和比例。

评估一个地理市场的获利能力主要有几个参考因素。

(一) CDI 与 BDI

1. CDI

CDI(Category Development Index,品类发展指数)是指某一品类产品正在一个地域市场的出售量占全国同类商品的出售总量比例,除以地域市场的人口占全国总人口的比率,用以评价该品类产品在该地域市场的发展情况。以 100 为基准,评价品类在各地区的发展情况:人口占有率与品类出售量比率基本相符,即 CDI 为 100 左右时,表示此品类正在特定地区的发展处于全国均匀程度;人口占有率比品类出售量比率低,即 CDI>100 时,表示此品类正在特定地区的发展处于全国均匀程度之上;假如 CDI<100,则处于均匀程度以下。

2. BDI

BDI(Brand Development Index,品牌发展指数)是指某一个品牌在一个区域市场的出售量占全国品牌出售量的比例,除以该地域市场的人口占全国总人口的比率,用以评价品牌在该地域市场的发展情况。

BDI=地区品牌发展/全国品牌发展×100

=(地区品牌出售量/整个品牌出售量)÷(地区人口数/全国人口数)×100

以 100 为基准,其评价要领同 CDI。即 BDI 为 100 左右时,表示品牌正在该地区的发展处于全国均匀程度左右;BDI>100 时,表示品牌正在该地区的发展处于全国均匀程度之上;BDI<100 时,表示品牌正在该地区的发展处于全国均匀程度之下,市场发展潜力小。

3. 四种不同的 CDI 与 BDI 的高低组合

CDI 与 BDI 的高低组合可以构成四种不同的情况,如图 7-6 所示。

低 CDI 高 BDI——明日之星。在有限的市场机会中,消费者更多挑选你的品牌。若 CDI 低的原因是品类还处于生命周

CDI<100	CDI>100
BDI>100	BDI>100
明日之星	金牛市场
CDI<100	CDI>100
BDI<100	BDI<100
瘦狗市场	问题市场

图 7-6 CDI 与 BDI 组合的四种不同情况

期的导入期或成长期,则市场具有持续开发的价值。

高CDI高BDI——金牛市场。成熟市场,强势品牌。市场的品类和品牌发展皆高于平均值,为最有潜力的市场。

低CDI低BDI——瘦狗市场。弱势市场,敌手要挟。该市场品类和品牌发展都低于平均值,最不具有开发价值。

高CDI低BDI——问题市场。弱势市场,但潜力巨大,只是消费者还不太认可广告主品牌。理论上,品牌具有改善的空间。

(二)品牌渠道建设状况

媒体投资的地理性分布,还需要考虑到渠道的建设状况。渠道的建设状况意味着消费者是否能够(方便地)买到产品。在渠道建设比较完整的区域进行媒体投资,可以将激发的消费者购买欲顺利转换成消费者的购买行动。但是在渠道建设未完成的区域,可能会因为购买的不便利而造成媒体投资的浪费。当然媒体投资所带来的品牌效应也可以帮助渠道的铺设。

(三)对象阶层的人口数量和经济发展状况

对于大多数产品而言,各市场的目标消费者的阶层数量涉及这个市场规模的大小,这对于媒体投资来说意味着市场潜力的最大值是多少,尤其对于一般的日常家用消费品来说,这个因素十分重要。

对于单价较高的产品而言,经济发展状况更重要,它意味着这个地理区域的消费者是否有能力购买此产品。

(四)品牌市场占有率与品牌过去所积累的资产

一般来说,品牌在既有的市场上的占有率高,品牌应该投入较多资源予以支持,而低占有率则应该投入较少的资源。不过也必须考虑到在高占有率的市场中,如果占有率已经接近极限时,过于积极的媒体投资也会导致利润的下降。而对于低占有率的市场,如果品牌发展状况好,仍然应该给予较多的媒体资源来扶持市场的发展。

品牌在各市场上积累的传播资产,包括品牌知名度和品牌美誉度,也是未来媒体投资时需要考虑的因素。较好的品牌知名度和美誉度会形成传播优势,有利于市场发展,而不良的品牌形象则会成为市场发展的障碍。

(五)市场对传播的反应与媒体投资效率

不同的市场特性、消费者的习惯差异或销售结构,将导致各地区市场传播对销售的贡献不一致,有些市场对于媒体中广告宣传的效果反应比较显著,有些市场可能反应较弱。

媒体投资还会因为不同地区市场中媒体价格,以及消费者的媒体接触习惯而造成媒体投资效率的差异。成本较高的地区市场媒体投资的效果差、效率低,不适宜品牌的发展。

(六)竞争状况

竞争影响媒体投资的利润产出,这是因为竞争对手会给媒体投资造成干扰。各市场中竞争对手的多寡、竞争品牌媒体投资的总量、竞争品牌的数量的多少都应该综合考虑在媒体的地理投资中。

在综合考量了以上的因素后可以按照地理市场的投资综合效果,排列市场投资的优先顺序,并且在此基础上分配媒体投资的资源。在资源的分配上需要考虑各市场的投资底线,即最低的投资门槛。最直接的考虑是市场所传递的量是否能够让消费者对广告信息产生记忆。在市场的取舍上,两个"一半"的市场并不等于一个完整的市场。

三、媒体的行程策略

媒体的目标受众决定了广告做给谁看,媒体的地理策略决定了广告在哪儿做,媒体行程设定要解决的是广告什么时候做。

什么时候做广告主要取决于以下几个要素。

1. 品类销售与消费的时间性

时间性首先体现在商品销售的季节性分布,为了使产品在销售旺季有更好的表现,一般来说,媒体上广告暴露的行程要求在销售旺季来临前,提前达到媒体暴露的高峰,引导消费者的购买行为。一般来说具体需要提前多久取决于消费者的品类购买习惯。

2. 品类与品牌的发展阶段

品类所处的生命周期与品牌发展阶段的不同,将需要不同的媒体行程策略。例如:导入期阶段品类普及率不高,消费者对品类理解度低,竞争也较为缓和,因此媒体行程上,偏向较为连续的方式,且投入比重也比较低;品类发展到成熟期,竞争加剧,产品的普及在行程安排上多采用高比重更集中的投放方式。

3. 竞争性活动

消费者是从众多品牌中选购产品,从媒体投放行程角度上来看,竞争性的活动体现在以下三个对比因素中。

① 大小:谁的投放量大,谁的投放量小。
② 先后:谁的先投放,谁的后投放。
③ 时机:谁投放在重点时机。

4. 品牌的营销目标

媒体的行程策略应根据品牌的营销目标不同而采用不同的方式。在扩张型的营销目标指导下,媒体行程的重点是要以较高的媒体投资抢占品牌消费的高峰期和品类投资背离消费的空当期。而在防守型的市场营销目标指导下,媒体行程要尽量符合本品牌的消费曲线。

5. 预算限制

广告预算常常不足以维持一整年的广告活动。在这样的情况下,策划人员可能要把广告费用安排到销售情况最好的月份中。

6. 其他活动配合要求

基于品牌的需要,品牌信息传播所运用的传播工具除了广告外还包括公共关系、推销、促销等,媒体行程的设定不仅要考虑到广告活动,还必须要考虑到与其他营销传播活动的配合,以使得传播活动的产生1+1>2的效果。

【小问题】

1. 什么是CDI,什么是BDI?
2. CDI与BDI的高低组合可以构成四种不同的情况,在这四种情况下如何进行媒体投资选择?

【补充阅读】

美国媒体广告价格是如何制定的[①]

在市场为动力的经济中,有效的广告受众监测是表明经济增长的关键。如果广告价格市场是竞争的市场,那么广告价格就是由供求关系决定的,人为地制订高价格可能会对市场经济体系造成负面影响。例如,由于广告价格与报纸发行相互脱节,韩国报纸业在维持其广告收入方面就遇到了困难。一小部分电视台只顾维持其居高的广告价格,而不管其广告受众的规模如何。当新媒体进入市场时,广告主是不愿找他们做广告的,因为这些新媒体保证不了广告受众的规模。因此,1989年韩国成立了韩国发行审计局。这个机构是由广告主、广告公司和出版社共同组成的,以便对发行情况进行审计。

随着竞争者出来向尼尔森电视评价系统进行挑战,对广告受众监测的纷争就不断发生。例如,一家新的竞争者统计研究公司目前正在试验一种新的监测系统,据该公司总裁盖尔·迈茨加说,这种新系统是用一种更有效的方法来监测广告受众。在实验期间,广告主和电视网已向该研究投入4 000多万美元。电视台的经营者现在已开始喜欢上这种系统,因为该系统所报出的广告受众人数比尼尔森电视评价系统所估计的广告受众人数要多。不管该实验系统是否已经完成,它将使尼尔森电视评价对广告受众监测方式发生一些变化。

电视网络与电视台之间的竞争也经常引起给广告主提供的其他增值服务,其中包括附加的产品提示性播出、体育活动门票广告,以及专门为吸引广告主而设计的跟片促销宣传广告。

广告主很喜欢跟片广告,但是观众的特色是广告支出的最终动力,例如,奥斯卡大奖赛是确立杰出电影成就的竞赛,与其电视转播配套播出的30 s广告价格为80万美元。当其年龄在25~54岁的电视观众被分为男女两组时,其比较是非常有趣的:家庭收视率为23%时,其每单位时间的CPP(cost perpay,购买计费)为34 783美元,女子组占其中27%,所以她们的CPP为29 630美元,相对众多的妇女人数来说,这个数目是偏低的;对于男子组来说,由于男子的家庭收视率仅为18.8%,其CPP为42 553美元。

这些数字本身并不重要,重要的是用这些数字比较向广告主提供观众监测所需要的复杂标准。高效率的观众监测系统能够促进媒体、广告主、广告公司,以及受众监测公司在竞争的市场中公平合理地发展。

总之,电视台的经营者们不可能十分有把握地说电视上的广告时间应当值多少钱,因为有许多因素在制约着其广告价格,如经济状况、观众成员的无条件收益、竞争媒体的数量、观众收视习惯的不同、收视季节的变化等诸多因素。

媒体、广告主、广告公司和广告受众监测公司之间在监测受众方面的合作将会对经济的增长提供稳定的条件和衡量标准。只要广告的播出价格依赖于可靠的受众监测,那么市场就会对广告播出的价格产生影响。

(作者Keith Adler,美国密执安州立大学广告系教授。)

[①] 资料来源:http://www.sishu.net/article/show_detail_204.html,有删改。

【重点提示】
目标市场消费者群体的定义因素
评估一个地理市场的主要有因素
媒体的行程策略

第四节　到达率与接触频次

到达率与接触频次是要讨论媒体在各个不同的地理市场及时间的投放量；应该接触多少目标对象，以及在一定时间内应该传送多少频次。

一、到达率与接触频次的定义

1. 到达率

到达率为不同的家庭人口在特定期间内（一般为四个星期）暴露于某一媒体广告排期下至少一次的受众人口百分比。在直接回应电视广告中，媒体到达率通常被表示为：公司实现沟通的准顾客占其目标市场的百分比，例如"在18至34岁妇女中所占的百分比"。到达率不可重复计算是因为它表达的是究竟有多大百分比的目标受众至少有一次机会收看到该节目。在计算该百分比时，一般以四个星期为一个时间段来计量某个电视节目的观众数量。"四周"是电视或广播到达率的标准计量时间单位，其原因是，一年中共有13个"四周"，如此便于年度计划的制订和执行。

2. 接触频次

接触频次是在四个星期内，个人或家庭接触某一媒体广告排期的平均次数。

到达率强调的是目标受众的覆盖广度，接触频次是强调目标受众的覆盖强度。在媒体投资有限的情况下，不同的市场环境和营销目标决定了在特定时间内，媒体策略在到达率和接触频次上的侧重点不同。

二、有效到达率与有效接触频次

消费者接受广告信息从而产生态度和行为的转变是个渐变的过程。
第1次看到：他没注意。
第2次看到："又一个新广告"。
第3次看到："这广告我看过，我看看它在说什么？"
第4次看到："又是这个广告，不知道别人有没有用过。"
第5次看到："播了这么多次，应该是个好东西。"
第6次看到："我要买一个试一下。"

记忆度要达到一定次数才能产生作用。没有达到临界点的广告投放无疑是浪费，而这个临界点就是有效频次。有效接触频次是指对消费者达到广告诉求目标所需要的广告露出频率。因为一次接触通常无效，想要达到良好的广告效果，媒体策划的中心目标应该把重点放在提高有效频次而非到达率上。一般来说，在一个购买周期内最佳的接触频次至少为三次。在有效频次以上的到达率即为有效到达率。

三、强调到达率的情况

一般来说,营销计划中有新的因素出现时,就要强调到达率。推广新的产品的时候需要较高的到达率,原因是很少有人知道品牌的名字或是了解它的价值。高到达率的目的是建立新的品牌的知名度:

① 新的流通范围;
② 新的产品功能;
③ 新的广告文案;
④ 新的促销活动;
⑤ 新的包装;
⑥ 首次使用的媒体。

四、强调频率

当销售策略强调的是深度而非广度的时候,就需要提高频率。确定理想的频率是一个挑战。有效频次多少才能实现有效的沟通?事实上不同的品类、市场、竞争状况、媒体环境,以及创意等,都会影响有效频次的界定。一般来说,影响有效频次的高低的主要因素是:营销因素、创意和媒体。我们可以将相关因素列表,见表7-2所示。

表 7-2 影响有效频次的因素

	−1	−0.5	0	+0.5	+1	
生命周期(导入期)						生命周期(成熟期)
品类关心度高						品类关心度低
既有品牌						新品牌
市场企图低						市场企图高
市场占有率高						市场占有率低
品牌形象鲜明						品牌形象模糊
品牌忠诚度高						品牌忠诚度低
竞争压力小						竞争压力大
偶尔购买						经常
既有广告活动						新广告活动
创意冲击力高						创意冲击力低
单纯的信息						复杂的信息
创意版本少						创意版本多
说服任务单纯						说服任务艰巨
媒体干扰度低						媒体干扰度高
媒体环境相关性高						媒体环境相关性低
连续式媒体行程						栅栏媒体行程

以三次为基本的频次需要,各因素不同的需求在＋1 和－1 间加减,即可得出品牌所需要的有效频次。

【小问题】

为什么媒体策划的中心目标应该把重点放在提高有效频次上？

【补充阅读】

表 7-3 为 2010 年 1～4 月到达率排名前十的卫星频道。

表 7-3　2010 年 1～4 月到达率排名前十的卫星频道[①]

排名	频道	到达率	周平均到达率	平均到达率	忠实度	周忠实度	平均忠实度
1	中央电视台综合频道	94.86	59.243	27.201	0.83	1.329	2.895
2	中央电视台六套	86.226	51.054	20.269	0.466	0.786	1.981
3	中央电视台三套	85.278	49.499	19.517	0.436	0.752	1.907
4	湖南卫视台	82.093	40.648	14.594	0.528	1.065	2.967
5	中央电视台二套	81.784	38.309	12.879	0.215	0.46	1.368
6	中央电视台八套	81.328	36.498	12.076	0.377	0.841	2.541
7	中央电视台四套	81.081	42.001	15.69	0.325	0.627	1.677
8	中央电视台五套	80.866	37.972	13.931	0.379	0.808	2.201
9	中央电视台新闻频道	80.449	40.897	15.848	0.345	0.678	1.75
10	浙江卫视台	78.782	35.987	11.56	0.372	0.814	2.535

【重点提示】

集中媒体组合策略

媒体分类组合策略

第五节　媒体载具的评估

一、媒体载具的评估

在媒体类别运用确定后,媒体策划人员需要运用媒体评估工具选出符合效率的媒体载具。媒体载具评估指通过评估工具的运用,比较媒体类别中各载具的效率与效果,提供媒体人员在媒体载具选择上的客观依据。媒体影响力的大小来自两个方面:量的方面,媒体覆盖面的广度;质的方面,说服力方面的效果,针对个别单一的消费者进行说服的深度。因此,媒体载具的评估也可以从"质"和"量"两个方面入手。但对于媒体质的评估没有严格的可量化标准,所以多凭借媒介策划购买人员的经验来判断,而量化的评估根据每种具体媒体类别分别采用不同的评估方法。

---

① 资料来源:湖南卫视近期亮点. http://zixun.hunantv.com/hntv/aw/20100513/648066_2.html.

（一）评估电波媒体的方法

1. 收视人口

收视人口是指暴露于一个特定电视节目的人口数。

2. 对象收视人口

对象收视人口是指在确定的商品的对象消费群中，暴露于一个特定电视节目的人口数。

3. 收视率

收视率是指暴露于一个特定电视节目的人口数占拥有电视机人口数的比率。

4. 对象收视率

对象收视率是指在确定的商品的对象中，暴露于一个特定电视节目的人口数占所有对象的消费群人口比率。

（二）印刷媒体的评估方法

从量的角度进行印刷媒体的评估，主要的评估指标是发行量、阅读人口、阅读率和传阅率。

1. 宣称发行量

宣称发行量是指由刊物本身根据实际印刷量扣除未发行份数所宣布的发行量。

2. 稽核发行量

稽核发行量是指由独立的第三单位对刊物发行量进行查证后，所提供的发行量数据。

3. 阅读人口

阅读人口是指固定时间内阅读特定刊物的人数。

4. 阅读率

阅读率是指在固定时间内阅读特定刊物的人口占总人口的比率。

5. 传阅率（平均传阅率）

传阅率是指每份刊物被传阅的比率。

$$阅读人口 = 发行量 \times 传阅率$$

从质的角度评价印刷媒体主要考虑媒介载体本身的形象定位、可信度、编辑风格，以及广告所占版面的比率，这个比率越低广告的传播效果越好。

二、媒体投资效率的评估标准

从媒体投资效率的角度来评估媒体效率，主要是媒体的投资与回报。

（一）千人成本

千人成本是将一种媒体或媒体排期表送达1 000人或家庭的成本计算单位，是衡量广告投入成本的实际效用的方法。

$$千人价格 = (广告费用/到达人数) \times 1\,000$$

其中广告费用/到达人数通常以一个百分比的形式表示，在估算这个百分比时要考虑其广告投入是全国性的还是地域性的，通常这两者有较大的差别。

（二）收视点成本

收视点成本（cost per rating point, CPRP）是指每得到一个收视百分点所需花费的成本。

$$收视点成本＝广告成本/所得的总收视点$$

比如，一个东方卫视连续剧的广告价格为 30 s 15 000 元,它可提供 25 个收视点,这个节目的收视点成本是多少?

收视点成本　　　　　CPRP＝15 000 元/25＝600 元

在投放评估中,收视点成本是衡量一个电视栏目投放效益的重要指标。收视点成本越低越好,利用这个指标可以帮助媒体策划人员在媒体投放前设定广告预算,也可以在投放后评估媒体计划能否达到目标。

（三）千人成本与收视点成本的区别

千人成本和收视点成本都是关于广告成本效益的指标,但千人成本与收视点成本存在如下区别：

当评估不同平台、不同媒体形式广告成本效益时,使用收视点成本指标并不合适,最好使用千人成本,因为千人成本指标将收视点转换为实际收视人数,无论市场大小,评估具有可比性;

收视点成本适用于同一市场、同一媒体平台的广告成本效益比较。

【小问题】

1. 同一电视节目的收视率在什么情况下是不同的呢?
2. 发行量等于印刷量吗?

【补充阅读】

湖南卫视的电视节目评估体系[①]

湖南卫视对节目进行评估的基本思路是:引入收视负载比和分钟赢利指标,建立收视—盈亏平衡模型,对栏目的存在状态和发展及时进行跟踪评估和对比分析,实施"精品上档、末位淘汰"。前提是:频道的不同时段具有不同的价值,负载着不同的创收任务(包括收视率创收和经济收入创收),而节目因播出时段、时长的差异,占有的频道资源不一样,要求节目对频道创收所作的贡献也应有所不同。因此,对节目进行评价时,应主要考虑它对频道的收视贡献和经营创收贡献。

湖南卫视在进行节目评估时用到的指标有:收视率、市场份额、收视负载比、分钟赢利指标和收视点成本指标。这五个指标之间既有区别又有联系;既有相互交叉和包含的内容,又有独立评价的意义。前三个指标涉及栏目的市场竞争力,其中收视负载比计算的基础是"收视量",而收视量与收视率成正比,同时收视负载比的计算也包含着栏目收视量与总体收视量的比例关系,因此可以认为,收视负载比体现了一定收视率和市场份额的意义,是一个较为全面的评估指标,操作时可以以它为主。后两个指标涉及栏目广告市场经营,其中分钟赢利指标体现的是投入与收益状况,因此,也可以将分钟赢利指标作为主要的经营评价指标,收视点成本指标作为辅助指标。

湖南卫视根据上述评估指标,建立了电视节目评估模型。该评估模型将栏目所处状态

---

① 资料来源:电视节目评估实例,http://blog.gxsky.com/blog.php? id＝216843,有改动。

分为四类不同的区域。

1. A区

处于该区的栏目属于频道王牌栏目。栏目的收视负载比达到或超过了频道对其的最低标准(即收视负载比大于或等于100%),并且栏目广告经营在全额成本核算的基础上达到赢利状态。这种类型的栏目是目前市场上最需要的,也是最有发展前景的。

2. B区

处于此区的栏目的收视负载比达到了频道对其的最低要求,但广告经营收入没能收回栏目成本,这种类型的栏目自身质量获得了观众的认可,但广告创收方面由于各种原因没有达到盈亏平衡点。但是如果栏目有着超高的收视负载比,在收视竞争方面得到广告商的青睐是迟早的事情,可以区别对待。

3. C区

处于该区栏目的收视负载比没有达到频道的基本要求,而广告经营创收实现了赢利。对于处于此区的栏目,频道对其的投入(包括追加资本投入或频道时段资源)都必须进行详细的投入产出分析。

4. D区

处于此区的栏目,收视负载比没有达到频道对其的最低要求,而广告创收也没有实现赢利。此类型的栏目已经没有任何存在和培养的理由,频道对其的投资或追加资本投入已经没有任何效果,此类栏目应当淘汰。

在五个评估指标和建立的评估模型下,湖南卫视节目评估的具体流程分四步进行。

第一步:计算出各个节目(栏目)评估期的收视率、市场份额、收视负载比、分钟赢利指标和收视点成本指标。

第二步:考虑到不同栏目的累积效应、品牌效应、目标观众宽窄的不一致,频道对其收视要求、创收要求应该有所区别。这样就需要依据一定原理得出栏目的调节系数,对栏目的收视负载比进行微调。

第三步:对调整后的各节目的收视负载比(核定负载比)和分钟赢利指标等数据进行排序。

第四步:按照收视-盈亏平衡模型,将各个栏目对照放入模型中,进行分析评估,将收视负载比和分钟赢利指标都靠后的栏目淘汰。

第五步:如果出现收视负载比与分钟赢利指标不同步的情况,应区别对待:具有非常显著的负载比值或者非常显著赢利指标的栏目可以酌情保留至下一个评估周期;对于没有显著优先指标的情况,在两个栏目的比较中主要考察收视率和市场份额指标,并参照点成本指标。

【重点提示】

媒体评估的定义

评估电波媒体量的指标

评估印刷媒体量的指标

■ 关键概念

媒体目标　媒体策略　媒体执行　媒体效果评估　到达率　接触频次

集中媒体组合策略　媒体评估

■ 复习思考题

甲、乙、丙三个地区,甲有30 000 000人口,乙有25 000 000人口,丙有80 000 000人口。甲地区的广告费用是67 000元、乙地区的广告费用是34 900元、丙地区的广告费是9 700元,如果甲的总收视点为561、乙地的总收视点为232、丙地的总收视点为405。

1. 计算三地的总收视点。
2. 计算三地每收视点成本。
3. 如果甲的到达率为70%,乙的到达率为63%,丙的到达率为79%,计算每个地区的平均接触频次。
4. 计算三个地区总的平均接触频次。

■ 单元实训

【实训内容】

运用CDI和BDI进行媒体策划

【实训目标】

在熟知媒体特征的前提下,使学生能够运用CDI和BDI分析技术进行媒体投放策划。

【实训内容与组织】

以某品牌全国媒体计划为例(品牌由教师指定),运用CDI和BDI指标对其进行本市媒体策划。

1. 将全班同学按4～5人一组分组,明确小组成员分工。
2. 选定品牌,详细研究该品牌的过往媒体计划。
3. 运用CDI和BDI分析技术进行该品牌的本市媒体投放策划。

【成果与检测】

1. 以小组为单位在两周之内完成。
2. 教师根据各小组的媒体策划书打分评估。

第八章 广告预算的决策

■ 课前导读

金融危机背景下的广告投放

据《钱江晚报》2009年10月报道显示,10月中旬在杭州举行的中央电视台2010年黄金资源广告招标杭州VIP客户沟通会上,来自浙江民用品牌广告主们的热情让经济危机的阴霾一扫而光。阿里巴巴来了、洁丽雅毛巾来了、吉利汽车来了、苏泊尔来了、艾莱依来了……

2010年黄金资源广告招标VIP客户沟通会见图8-1。

图8-1 中央电视台2010年黄金资源广告招标VIP客户沟通会图

"金融危机并不会影响我们的广告投放,反而有可能加大品牌推广的力度,抓住新一轮发展契机。"一家杭州小家电企业负责人这样告诉记者。而且,中央电视台相关负责人也做出这样的表示:进入本年的第二季度,已发现媒体投放需求回升的迹象,无论是国内还是国际广告主的媒介花费都有进一步提升,特别是快速消费品和饮料类别表现得更为明显。作为中国经济最为活跃的群体之一,浙江民营企业已迅速崛起为中央电视台广告招标主力。近年通过中央电视台广告招标会这一广告媒介投放平台,娃哈哈、民生药业、农夫山泉、康恩贝、古越龙山、致中和、祐康、淘宝等也跻身为全国家喻户晓的品牌,中央电视台广告部副主任何海明说,今年广告招标在设计过程当中,打通CCTV各频道的资源,选择最优质资源纳入到招标产品中;同时整合CCTV旗下中央网络电视台、手机电视、IPTV等新媒体资源,并首次纳入车载电视广告资源……

从上述报道可看出,即使是在金融海啸过后的中国,生活日化品、食品饮料等传统消费品的广告媒介租用费也能够有进一步的提升,而且特别为一些新兴民用企业跻身国家驰名品牌创造了先机,足见广告媒介费用投入的重要性。

第一节 广告预算策划依据

对于广告主而言,广告费用的多少和效益一直是其高度关注的,因此,广告主要事先制订一个能够在某段时间内打算进行的各项广告活动的经费开支的方案。制订这一方案的过程,就是广告预算的过程。当然,广告主在做广告预算的过程中,受到很多因素的影响,比如,当时的市场环境、企业的承受能力、企业的营销目标等。正如实力媒体主张的"企业的广告投入,应视为投资,而非花费。"

在广告预算策划时,通常需要考虑以下几个因素。

一、企业实力

一般而言,企业的财力状况是决定广告预算的基本依据和前提。在具体操作上,广告预算取决于企业的财力,也就是企业目前能够支付的财力,不同企业规模不同,赢利状况不同,其资金流动率不同,信贷额度也不同,导致财力相差很大,因此广告主在制定广告预算时,必须要仔细权衡自身实力。

二、营销目标

营销包括企业品牌形象营销和企业产品营销,营销又分为新营销和旧营销,因此,营销目标不同,在广告预算上也区别很大。具体的区分见表8-1。

表 8-1 营销目标与广告预算

营销目标类型	市场环境	行业竞争程度	目标地域	广告预算
企业品牌形象新营销	复杂—简单	激烈—未开发	广泛—窄小	多—少
企业品牌形象旧营销	复杂—简单	激烈—未开发	广泛—窄小	较多—较少
产品的新营销	复杂—简单	激烈—未开发	广泛—窄小	多—少
产品的旧营销	复杂—简单	激烈—未开发	广泛—窄小	较多—较少

三、广告目标

在广告预算中,是否把广告作为主要营销手段是衡量预算的一个标准。如以广告为唯一营销手段时,其广告投入就大,现在的电视购物,就基本以电视广告为唯一的营销手段。又如,以广告为次要营销手段时,企业在公关、促销等方面投入的就越多,在广告投入上相对就越少(表8-2)。当广告目标分为长期目标和短期目标时,其广告投入的多寡也有不同。

表 8-2 营销手段与广告预算

广告目标类型	市场环境	行业竞争程度	目标地域	广告预算
广告为唯一营销手段	复杂—简单	激烈—未开发	广泛—窄小	极多—多
广告为主要营销手段	复杂—简单	激烈—未开发	广泛—窄小	多—较多
广告为次要营销手段	复杂—简单	激烈—未开发	广泛—窄小	较多—少

四、市场环境

市场环境包括了经济状态、行业竞争程度和政府政策与态度(图 8-2)。一般而言,市场环境好的情况下,如有政府支持,该市场刚刚开发,没有强大行业竞争对手,产品的推广相对就容易,不需要很多的广告资金就能启动市场。比如,目前的幼儿培训市场,社会需求大,却没有领军机构,因此整体市场环境较为宽松,很多创业者不需要投入太多的广告预算就能做起来。又如,在 2009 年的经济危机中,中国企业重点出击终端营销、大型活动、展览会等线下广告活动,从而大幅减少了媒体刊播费用。

在竞争对手实力强大的情况下,广告预算会有所增加。如 2011 年,当万科、龙湖、金科、合生、远洋旗下多个楼盘降价时,京贸国际城多个项目不仅仅彻底打破了北京楼市犹抱琵琶半遮面的 9.5 折以上的降价模式,而且大力加重广告策划预算的数额(图 8-3)。事实证明,竞争对手的影响是广告策划预算的一大依据。

图 8-2　市场环境

图 8-3　京贸国际城巨幅广告图

五、广告覆盖地域和到达目标市场的难度

如果将产品市场分为全球市场、全国市场和省市地域市场,那么其广告预算也相应不同。此外,广告到达目标市场的难度也是需要考虑的问题,比如,上海、广州等一线城市,护肤新品进入的难度大、门槛高,广告投入的资金相对就大;相反的,一些中小城市的广告投入相对就要低廉许多。

不同市场的难度系数不尽相同,除了广告投放的影响,消费者对产品的认同度与地方消费者的收入水平和市场饱和度都有关系,见图 8-4。

六、产品特点

产品本身也是影响广告预算的一个重要依据。为什么?一方面产品自身的竞争力和消费者的认可度是产品推广的重要决定性因素;另一方面,不同产品的消费受广告的影响不一样,比如,价格较高的商品,购买的人数不多,而且顾客购买时都需要经过慎重的考虑与选择,因此,要花费更多的广告费,促使其产生购买行为。

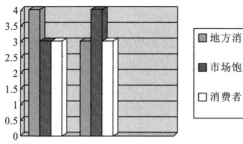

图 8-4　影响消费者对产品认同度的因素

此外,产品定位对广告预算的影响也是巨大的,以恒安七度空间卫生巾为例(图 8-5),其产品的成功来自二、三、四线城市市场,因此,其在广告预算上就不需要考虑一线城市的投放。

图 8-5　恒安七度空间卫生巾广告图

七、产品渠道状况与促销策略

产品渠道状况和促销策略是决定产品推广难度的重要因素,"渠道为王"和"促销是金"依然是产品推广的重要原则。衡量产品的渠道状况和促销策略,必须和竞争对手进行比较,得出优劣结果。如果是优,则产品的广告预算保持和竞争对手相当即可;如果是劣,则要在广告预算上超过竞争对手。

八、广告媒体情况

广告媒体种类不同,价格也不尽相同,一旦选择了某种或某几种媒体,就必须按其价格纳入广告预算。广告媒体是有限的,特别是电视台、杂志、报纸这些主流媒体,数量有限,而大批广告主都想挤进去刊播广告,都想充分利用这有限的发布机会。于是,媒体中就充满了各种"杂乱"的内容。而比较好的做法是在同业杂志上刊发广告,这样杂乱情况较少,广告预算也相应较少,而且能产生较好的效果,如汽车的广告可以在一些汽车的专业杂志上刊登,这样能让有兴趣买车或者喜爱车的受众获取信息,既能进行准确的受众定位,又能让消费者有所对比,突出自己产品的优势(图8-6)。

图8-6　汽车杂志上的轿车广告图

【小问题】

假如创维本年度要大力推广3D电视和智能电视,你觉得哪一种电视产品的广告预算会更高,为什么?

【补充阅读】

大品牌广告费用提升显著[①]

据《南方都市报》2011年3月下旬报道,在标志性的康师傅袋面、桶面先后提价之后,日化产品也在CPI(居民消费价格指数)的压力下,一波未平,一波又起地开始涨价之旅。起先是岁末年初部分化妆品提价一轮,而本月底下月初又将迎来相当多的大日化产品价格调整。"几乎所有知名品牌都在调价之列,平均幅度在10%左右。"各商场超市确认均已收到口头或书面涨价通知,另有相当数量的品牌也在筹划涨价之列。而在部分业内专家看来,快速消费品的成本构成中,营销费用其实比原材料比例更大,越来越居高不下的广告投放将使得品牌日化产品价格进入只能上没法下的运行轨道。"广告和促销员等营销费用占据成本的50%~60%。"凌雁管理咨询咨询师林岳称。记者了解到,由于快速消费品的性质,有四成的化妆品广告均投放到了格外"烧钱"的电视上,导致广告费用相当之高。尼尔森调查显示,2010年全国广告投放排名前三名分别为宝洁、欧莱雅和联合利华,全是日化品牌,在春节期间省级卫视上,也是化妆品和食品饮料共唱主角。CTR(网络广告)发布的数据则显示,八大行业对广告行业的增长提供重要贡献,贡献最大的就是化妆品/浴室用品(3%)。而以最受化妆品品牌欢迎的湖南卫视2011年黄金时段广告刊例价格看,本身就有10%~30%的涨幅,再加上全部以竞标形式出现,大幅提升的营销成本显然将直接影响日化产品的终端

---

① 资料来源:宝洁联合利华领涨10%. http://money.163.com/11/0323/08/6VQKLEEC00253B0H.html,有删改。

价格。

【重点提示】
决定广告预算的因素

第二节 广告预算的内容与方法

一、广告预算的内容

(一)广告预算的程序

在学习广告预算的内容之前,我们先要了解广告主进行广告预算的程序。广告预算的程序包括:

广告资源的价格调研;

确定广告预算总额、目标和原则;

列出广告运动(活动)中所有广告费用项目;

实施广告经费分配。

这些过程并无绝对先后之分,不同情形下这些过程的先后顺序有所不同。

(二)广告预算的内容划分

在广告策划中,一般把广告预算的内容分为三个部分。

1. 执行外在费用

比如,市场调研费、广告制作费、媒介购买费、明星代言费、媒介租赁费。

2. 广告公司内部费用

比如,设计、策划费、办公费、员工工资、广告工作的杂费。

3. 机动费用

由于市场环境不断变化,因此,广告预算也必须预留出机动费用,以备临时需要。

(三)广告预算注意事项

在广告预算和使用广告投入时,应注意以下几个方面。

1. 前瞻性预测

在预算之前应该有前瞻性的眼光,对市场环境变化、消费需求的变化、行业趋势等做预测,对广告任务和目标提出具体的要求,制定相应的策略,从而较合理地确定广告预算的总额。

一些大宗消费品,如汽车、房产,对于市场变化趋势的敏感度非常高,油价的上涨下跌、醉驾的相关法规条例的颁布等经济因素和政策因素都会影响消费者对于汽车的需求,同样的,市场经济的景气与否、国家对房价的调控政策,甚至是节假日都会影响消费者购房的欲望。因而大宗消费者在预测这一方面必须具备前瞻性,要特别重视市场的变化趋势及供求关系。

2. 有机协调

把广告活动和市场营销活动结合起来,以取得更好的广告效果。同时,完善广告计划,实施媒介搭配组合,使各种广告活动紧密配合,有主有次,合理地分配广告费用。

以汽车为例,除了在传统媒体投放广告外,还要结合各种营销策略,特别是对互联网的利用。2010年5月15日到12月24日,东风风神举办了"征服五大洲品质之旅"的线上虚拟征服活动(图8-7),同步进行的还有线下试驾征服活动,在对线下活动进行实时报道的同时以线上互动的方式吸引网友的参与和关注。活动将SNS社区、网络游戏、团购、秒杀融于一体,并在常规的官网活动中贯穿多个高潮,刺激网友的参与情绪,从而提高品牌知名度,使信息传达覆盖至潜在用户。活动结束后得到的反馈:活动曝光量132.7亿,活动网站浏览量1 602万,活动网站独立IP158万,活动参与人数34万,用户信息收集3.25万,营销的效果显而易见。通过各种不同方式的相互搭配,充分利用互联网的强大覆盖面及沟通交流平台,使品牌得到很大程度上的推广。

图8-7 东风风神"征服五大洲品质之旅"线上广告图

3. 合理控制

俗话说:"计划永远赶不上变化。"市场是处于不断变化的过程中的。广告主或广告公司应该按照原有计划合理地有控制地使用广告费用,及时检查广告活动的进度,发现问题,及时调整广告计划。

4. 保证效率

由于执行效率不同,所产生的广告效果也有别,广告主要研究广告效率,及时研究广告费使用是否得当,有无浪费,以便及时调整广告预算计划。

二、广告主常用的广告预算方法

下面介绍几种广告中常用的预算方法,各种预算方法各有其优缺点,在实际运用中一般采取几种方法的组合,以扬长避短。

(一)销售额比例法

销售额比例法运作简单,广告主比较容易认同,具体就是以未来或现在销售额的百分之几作为广告预算,其计算公式是:

$$广告费 = 销售额 \times 广告费对销售额的比例$$

比如,明年销售目标是1 000万,按照本行业8%的投放原则,明年广告预算就是1 000万×8%=80万。这种方法的优点是操作简单易行,企业比较容易认同,缺点是比较呆板僵化，不能适应市场环境和竞争情况的变化。

（二）利润比例法

利润比例法按照产品的利润来计算广告投入，在具体计算上既可以将前一年的利润或前几年的平均利润乘以一定比例，也可以用下一年度的预计利润乘以一定比例，最后计算出广告费总额。

（三）销售单位比例法

销售单位指的是产品销售数量的基本单位，这种方法比较适合于整体单位，如一箱、一辆、一瓶等，在具体计算上按照销售单位计算广告额。比如，假设汽车行业一台小轿车的平均广告投入为1 000元，那么要完成10 000台汽车的销售就需要1 000×10 000万＝1 000万的广告投入。

（四）目标达成法

目标达成法是根据企业的营销目标确定广告的目标，然后再考虑为了实现广告目标而应该采取的广告活动计划。如广告媒介的选择、广告表现内容的确定、广告发布的时间、频率的安排。最后计算出实施广告计划所需要的费用。计算公式为：

广告费＝目标人数×平均每人每次广告到达的费用×广告次数

假设广告目标设计要增加1 000名女性消费者看广告，经调查计算出每增加一个妇女看广告平均需要花1.2元，一个月预计重复10次，则每月广告费用为1 000×10×1.2元＝12 000元。

（五）竞争对抗法

当一个企业谋划要进入行业前几强或者要超越目标对手时，就需要采用竞争对抗法。竞争对抗法根据竞争企业的广告费来确定本企业能与之对抗的广告预算总额。即整个行业广告费用数额越大，本企业的广告费也越大；反之，则越小。如1969年，与美国汽车公司花费1 200万元推销27万辆汽车相比，日本丰田公司推销13万辆汽车用了1 350万元，日本产业公司推销8.7万辆汽车花了1 000万元。日本为每辆车所花的广告宣传费始终超过美国竞争者的水平。

传统消费品广告预算策划的各种方法中，竞争对抗法逐步成为现今国内外传统消费品企业针对竞争对手企业或竞争企业群体进行广告预算调整的较为常用、适用而有效的方法。

如何了解竞争对手的广告投入？毕竟每个企业的广告投入对外是保密的。目前，许多广告公司都是通过购买信息监测公司的数据，来了解竞争对手的投入总额。

（六）支出可能法

支出可能法是一种根据企业财力来支出的方法，这种方法比较适合于新企业和新产品，或者老企业进入一个陌生的、复杂的市场，由于缺乏可参考的类似销售额之类的数据，因此，对市场前景无法估量，只能依据企业实力来支出。

（七）任意增减法

当一个企业的产品市场比较稳定时，就倾向于采用任意增减法。任意增减法以前一时期的广告费为基础，考虑市场动向、竞争情况、企业财务能力等综合因素，根据经验将广告预算总额适当增加或者减少。

尽管广告公司或广告主都会按照广告预算开展广告活动，但广告预算有时是会发生变化的。从某种意义上讲,广告预算实际上就是一个行动方案,而这个行动方案一旦得以制订、确定,那各个环节均应照此方案执行。在企业中,每一个管理层次都应在广告预算的有效期限之内严格按照广告预算的各个项目、数额负责具体实施。

但是,由于各种不可预测性因素的制约,也许在将广告预算付诸实施的进程中会出现一些偏差。为什么要允许出现一些偏差呢?主要是因为在将广告预算方案付诸实施的过程中,难免会遇到各种不可预测性的现实问题,使得原定广告计划有所更改。

【小问题】

在所有行业中,哪些行业的广告预算会比较复杂?

【补充阅读】

中国人寿广告预算策划①

1. 媒体广告费用预测

(1) 报纸广告:《楚天都市报》、《武汉晚报》、《武汉晨报》等都是每天发行100万份以上的报纸。选择一个报纸连续刊登一个星期增加15%的知名度。费用控制在10万以内。

(2) 电视广告:先由一个地区的区域广告打红以后再推向全国市场。晚上7:30到8:30之间间断性投放1~1.5分钟的广告。前期费用控制在30万以内。

(3) 公车广告:费用控制在3万以内。

(4) 网络广告:在黄金时段间断性地投放3小时的广告就可以。费用控制在50万以内。

(5) 广播广告:这种听觉广告费用是最少的,费用控制在3万以内。

2. 促销费用预测

(1) 赠品费用:在服务节当日,组织活动,让品牌给大众良好的企业形象,赠送印有中国人寿字样的手帕,6分钱一个,预计需要1 000以个赠品,预算控制在10万以内。每位当场购买本公司保险服务的客户将获得一把印有中国人寿的天堂伞,2元钱一把,预算控制在400万以内。

(2) 促销人员费用:现在临时促销员的工资是40元一天加提成。费用控制在5万以内。前期费用在110万以内。

【重点提示】

广告预算的几种主要方法

第三节　广告预算的分配

一、广告预算分配的范围

广告费用包括:市场调研费、广告设计费、广告制作费、广告媒介租金、广告机构的办公费用、人员的工资、促销与公关活动费用、其他广告活动过程中的杂费等。

表8-3是广告预算分配的范围。

---

① 资料来源:http://wenwen.soso.com/z/q69785168.htm.

表 8-3　广告预算分配的范围

范围类型	内　容	适合产品类型
根据媒介分配	先确定每种媒介占多少比例，再将各媒介进行细分	适用于多个媒介组合投放的产品，可分为媒介间分配和媒介内分配
根据地域分配	根据不同地域和各地域的市场容量细分	适合于各地域市场不均衡的产品，根据不同区域市场上的销售额指标，来制定有效的视听众暴露度，最终确定所要投入的广告费用额
根据时间分配	根据广告阶段流程来细分	适合于多个推广阶段的产品，包括：①广告费用的季节性分配；②广告费用在一天内的时段性安排；③广告计划长短的分配
根据品牌或者产品分配	根据品牌或者产品细分	适合于多元经营和多品牌企业，分配广告费用的依据可以是产品的销售比例、产品处在生命周期的阶段、产品的潜在购买力等

二、影响广告预算分配的因素

广告预算的分配受到诸多因素的影响。

1. 产品生命周期

在产品生命周期的不同阶段，广告费用存在巨大差别。在导入期和成长期，由于产品刚刚上市，广告多为告知广告，为使消费者认知产品、提高销售，企业会投入较多的广告费用。进入成熟期和衰退期，在广告费投放上逐渐减少，甚至停止投放广告，如图 8-8 所示。

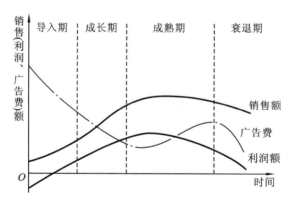

图 8-8　广告费用支出与产品生命周期的关系

2. 产品销售量

市场范围大的产品，如日用消费品，广告投入多。市场范围小的产品，如专业用品、技术用品，广告投入少。

3. 市场竞争程度

竞争越激烈，广告投入相对越多。如果产品在市场上没有其他替代产品，企业将投入较少的广告费用；如果产品被竞争对手或者新出现的产品替代的可能性很高，则需要支付较高的广告费用来维持或者改善现有的地位。

4. 市场范围

产品的市场范围,即产品在市场的覆盖面。市场范围大小与广告费用成正比。市场范围大的产品,如日用消费品,广告投入多。市场范围小的产品,如专业用品、技术用品,广告投入少。

5. 企业经营状况

经营状况良好、经济实力雄厚的企业,往往预算费用很高。比如2011年,在所有企业品牌中,宝洁(中国)有限公司的广告投放为332.6亿元,成为广告投放最多的企业。相反的,如果企业的财务状况不好,广告费用也会受到削减。当然,广告运作有效果,能够给企业带来更多的收益,也能获得更多的广告预算资金。

6. 媒介成本

广告媒体费用是广告活动最大的支出项目,广告投资中80%以上的费用是花在媒体上的。通常媒体的发布费用越高,广告发布频率越高,广告总预算也越高。新媒体的不断涌现,网络媒介,户外媒体的广告投放费用正在迅速增加,广告主选择媒体时可以不再局限于传统的大众传播媒介。新媒体,小众媒体的广告投资成为发展趋势。

三、广告预算分配表

广告预算分配表是企业进行广告费用安排的指导性文件,它以图表的形式直观地将广告活动的各项开支详细地列出来。表8-4是广告预算分配表的常用格式。

表8-4 广告预算分配表

委托单位:　　　　　　　　　　负责人:
预算单位:　　　　　　　　　　负责人:
广告预算项目:　　　　　　　　期限:
广告预算总额:　　　　　　　　预算员:
日期:

项　　目	开支内容	费　　用	备　　注
市场调研费 1. 问卷设计 2. 实地调查 3. 资料整理 4. 研究分析 5. 上机费 6. 其他			
广告设计费 1. 报纸 2. 杂志 3. 广播 4. 网络 5. 电视 6. 其他			

续表

项　　目	开支内容	费　用	备　注
广告制作费 1. 印刷 2. 设计 3. 工程 4. 其他			
广告媒介佣金 1. 报纸 2. 电视 3. 电台 4. 杂志 5. 网络 6. 其他			
演员酬金 1. 明星 2. 群众演员			
促销与公关费 1. 促销活动 2. 公关活动			
服务费			
机动费用			
其他杂费			
管理费用			
总计			

【小问题】

为什么国内有些企业很少做广告宣传,但产品销售不错?

【补充阅读】

佳洁士牙膏广告预算及营销战略[①]

【营销目标】

(1) 短期目标:通过宣传令消费者认识此产品,并且购买。

(2) 长期目标:令消费者对此产品拥有品牌忠诚度。

【市场策略】

(1) 产品定位:让消费者节俭,从产品出发让消费者能做到节俭。

---

① "佳洁士-节约"牙膏广告策划案,http://doc.mbalib.com/view/caba19f172ce90ee00fe0cee4d3ae308.html,有改动。

(2) 诉求对象:单身青年和青少年。
(3) 广告主题:"佳洁士-节约"

【广告表现】

1. 非媒介

(1) 针对青少年

把活动编成儿歌,歌颂节约美德;

在各小学树立节约美德,评选节约美德先锋队员(如颁发证书、奖品等);

节假日儿童自己购买佳洁士牙膏儿童装,实行半价优惠价格(销售地点:各小学门口,公交车站)

(2) 针对青年

产品推出一段时间后,可以在指定日期用旧牙膏换新牙膏;

可以定期搞优惠或兑奖活动。

2. 媒介

(1) 电视

(全国性)CCTV-1、CCTV-5、CCTV-6、CCTV-8;

(地方性)北京电视台、青岛电视台、哈尔滨电视台。

(2) 报纸

(专业类)《中国经济报》、《少儿导报》等;

(综合类)《中国电视报》、《青年报》、《打工报》、地区性日报、地区性晚报等。

(3) 杂志

(专业类)《销售与市场》等;

(综合类)《少男少女》、《读者》、《意林》、《青年文摘》等。

(4) 户外广告

各个目标市场的路牌、灯箱和车身。

(5) 媒体广告预算

报纸广告预算,10万元人民币;

杂志广告预算,5万元人民币;

电视广告预算,35万元人民币;

户外广告预算,15万元人民币。合计:65万元人民币。

【重点提示】

广告预算的分配依据

广告费用分配的营销角度和媒体投资角度

第四节 新老产品广告预算策略

一、新老产品的广告预算对比

(一) 资金来源与广告目的对比

对于企业而言,新老产品在广告预算策略上是存在很大区别的:一方面因为资金来源不同;另一方面也因为广告目的不一样,如表8-5所示。

表8-5 新老产品广告资金来源与广告目的对比

对比角度	老产品	新产品
广告资金来源	来源于产品销售的直接费用	来源于企业的筹集
广告目的	关心广告效果与销售利润的关系	关心品牌知名度和广告费的回收

(二)新老产品预算内容对比

下面我们就新老产品的广告预算内容做具体的对比。

1. 调研费

(1)新产品

因为新产品在市场上并无任何基础,所以需要大量的调研信息,来使企业确定新产品的广告策略,这样才能适应消费者的需求,了解消费者眼中的产品优缺点,并针对调研结果推出广告,以适应市场。不仅如此,还可以通过调研了解竞争对手,从而制定有特色、不寻常或是有依附性等各类不同的广告策略。而使用者的感受对于新产品来说十分有用,所以在市场调研初期试用之类的活动,是十分值得投入资金的,因为这样方便随时调整新产品策略。

(2)老产品

老产品对市场的动态相对容易掌握,并且因为其有一定的忠实消费者,所以需要做的是带动原有消费者购买;对于市场调研,所需调研的方向比新产品要少。市场调研主要侧重于竞争力的调查,市场调研的投入较小。

2. 广告设计费

(1)新产品

广告的类型主要为产品广告,主要内容是向消费者指出产品的特性与功能,直接推销产品,打开销路,提高市场占有率。还有就是公共关系广告,若新产品隶属于一个新的品牌,则公共关系广告有助于企业树立形象,使社会公众对企业更有信心。

此外,新产品的销售现场广告必不可少。因为对于新产品来说,销售现场广告可以让人们在销售现场迅速了解到产品的信息及特性,并且广告会将人潮吸引过来,提高人们对商品的关注度。一些实体广告对新产品也是十分有利的,因为消费者可通过实体广告对产品进行进一步了解,可以试用,从而了解到产品的优点。

新产品的广告类型较多,短片、图片等都需要设计。这样对广告设计投入的部分主要在于制作的数量上。因为广告数量繁多,所以在设计上也需要更多的创意,费用较高。

就广告的阶段性而言,新产品主要针对倡导性广告,需要的创意思维相对不强,因为其广告需要宣传一定量的信息,所以创意度并不是广告的重点。

(2)老产品

主要提醒消费者产品的存在,所以广告按阶段而言应为提示广告。因为此时老产品已经成为人们都了解的产品,我们所需做的是将商品的名称向消费者提出,促进消费。它对于广告的数目及广告种类并没有高的要求,但对广告创意的要求相比之下或许更高。因为老产品对广告信息量的多少并不十分关心,所以若能创意先行,形成冲击力,能更有效地使消费者记住它,而它对现场广告或者是实体广告的要求也不高。

3. 广告制作费

在广告策划当中,广告的制作费用占了十分大的比例。一般来说,实体广告,电视广告,户外广告,这些类别的广告所需的制作费用较大。

(1) 新产品

因为广告类型十分多,所以制作费用可能相应要高一些。

(2) 老产品

广告形式可能相对简单,可以减少制作费用。

4. 广告媒介费

选择广告媒介是广告的策划中的一个重要环节,因为在广告策划当中,广告媒介的选择决定了广告的效果。在选择媒介时,需要考虑的因素有以下几点。

(1) 媒体量的价值

媒体量的价值是指媒体所波及的范围,如收听率、收视率、发行数等。量的价值高的媒体可以减少广告的数量。

(2) 媒体质的价值

媒体质的价值是指媒体产生的影响,如目标对象通过媒体知晓了信息并产生了效果。

(3) 媒体的经济价值

媒体的经济价值是指广告效果与所投入费用的比值。

5. 广告频率的选择

广告频率是指在一定的广告时期内发布广告的次数。在策略上可根据实际情况需要,交替运用固定频率和变化频率的方法。延长时间序列是根据人的遗忘规律来设计的,广告的频率固定,但时间间隔可以越来越长。

(1) 新产品

广告的播放频率应当相对提高,因为其想高强度轰炸消费者,使尽量多的信息能传播开来。

(2) 老产品

广告播放的频率可以降低,时间间隔增加。

总的来说,新产品因为其需要宣传新的优势或卖点,提高产品知名度,迅速打开市场,所以需要较高的广告普及率和更多的广告投入资金,考虑的主要是广告的成效,其广告预算策划着重于市场调研和媒体选择,并且其资金的投入也相对较高。而对于老产品,因为其已经有一定的忠实消费者,并且有一定的知名度,需要强调的是产品和产品的竞争优势,所以其主要侧重于提示类、竞争对比类广告,对广告的投入需要考虑到消费品的销售额,以及公司整体赢利状况,因此对广告的投入相对较少,广告预算策划着重于广告的费用和广告的创意。

二、新老产品的广告预算策略

(一) 新产品的广告预算策略

一般而言,新产品的广告预算,在决策上倾向于关心品牌知名度和广告费的回收问题,由于面对未知的消费者、新的市场和已有的竞争对手,在现实操作中,要考虑以下几个因素。

1. 现有竞争对手的广告预算

比如,某款新护肤品要在广州打开市场,就需要从信息监测公司那里购买竞品的投放数据,然后比照竞争对手的广告投放额制订预算。如何对比制订？新品的广告投放一般要比同类竞品高,因为新品在投放上既要面向目标消费者开展宣传,又要对渠道、代理商展开宣传。而且,对渠道、代理商的宣传力度和对消费者的宣传力度都要加大。如图8-9所示。

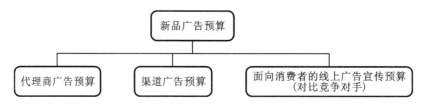

图8-9 新产品广告预算对象

2. 错位投放策略

在产品销售旺季,竞争对手都会加大广告投放。如果在新品相关竞争产品的旺季进行投放,形成压倒竞争产品的广告声势,该新品所需要的广告预算将大幅增加。按照市场规律,新品牌必须要比知名竞争品牌的年度广告费多1.5~2倍,才能达到相同的市场占有率。因此,新产品在投放策略上要注意淡季和旺季的结合,以更小的成本强化消费者的印象。

3. 利润规划法

新产品企业在进入市场前,就需要先行垫付广告与促销活动的资金。只有当新产品达到一定的销售量并开始赢利之后,才能逐步偿付前期的广告费,这一偿付过程通常都不能在一个编制预算期间内达成,而需要制订一个回收计划,以便管理层在不同回收阶段,根据已达到的销售量或市场占有率来检讨广告费的回收是否符合预期。

（二）老产品的广告预算策略

对于在市场上已经打开局面的老产品而言,制订广告预算应以其销售利润为核心,主要采用赢利百分比法,制订正确的广告费用比率,以推算出广告预算可利用的资金总额。如表8-6所示。

表8-6 老产品的广告预算步骤

第一步	正确预测销售情况（结合竞品和以往经验,对产品的市场销量做出预测）
第二步	预估产品的销售利润（在预期销量基础上对产品利润进行预测,制订广告总预算）
第三步	合理分配广告预算
注意点	政府政策和经济形势对市场会产生巨大影响,因此,在预测产品销量时要注意这两个因素的正负影响 尽管是老产品,在不同地域、不同市场推广的难度依然是不同的 网络通路日益崛起,因此新媒体广告预算越来越受到广告主的青睐

此外,在制订广告预算的过程中,行业竞争程度、新老产品特点、地域消费特点、市场容量、企业营销目标、企业承受能力都属于要综合考虑的问题,在框定广告预算之后,要对各项费用做具体预算。

【小问题】

2009年12月17日,徐静蕾的一篇博客"特别厉害的人生哲理"轻松跨越22万点击量,文末看似不经意的一个链接,虽没有提及立顿半字,却不知因此有多少立顿的CUP of Tea

在"北上广"的高档写字楼里面的小资们手里。这是立顿红茶始于2008年10月份"玩味下午茶"活动的一部分。消费者只要登录活动网站填写朋友信息,对方便会收到由立顿送出"红茶大礼包",此次活动在7个中心城市展开,共送出260 965份"玩味下午茶"。(引自《现代广告》2010年第3期)

假如你是立顿市场部的企划人员,请你为此次活动做一次广告活动预算。

【补充阅读】

"舍车保帅"——宝洁新旧产品之间的资金分配[①]

在竞争激烈的日化品市场,大牌的风险也无处不在。以宝洁旗下的润妍为例,产品只经历了两年便退出市场,这个经过三年的市场调研才推出的品牌,由于首乌、夏士莲已"先入为主"占据了中国的黑发市场,电视广告做得不够等因素,只露了两年的脸就谢幕了。润妍退出市场以后,宝洁将更多的资源集中在飘柔首乌黑发产品上。由此,我们可以看到,在宝洁推出新产品的时候,大胆地发动攻势,甚至所用的广告开支都和主打产品不分上下。但是,一旦发现问题出现,就及时地调整战略,把洗发水业务组合里的"瘦狗"润妍果断地撤出了市场,以便节省成本开支,转而把更多的广告资金投放到"金牛"飘柔等品牌,这样"舍车保帅"的做法是明智的,减少了宝洁的损失。更让人称道的是,宝洁放下润妍后并没有放弃黑发产品,现在担当此"重任"的是飘柔首乌黑发系列,并且取得了不小的成果。宝洁旗下洗发水产品广告见图8-10。

图8-10 宝洁旗下洗发水产品广告图

---

① 资料来源:宝洁的创新广告策略. http://www.doc88.com/p-91799967828.html,有改动。

【重点提示】

新产品的广告预算策略

■ 关键概念

广告目标　营销目标　销售额比例法　利润比例法　竞争对抗法　广告预算

■ 复习思考题

1. 你认为广告预算的最大影响因素是什么?
2. 简述广告预算的基本内容。
3. 阅读下文案例后回答:你认为"多彩青花瓷CUIV"的广告预算是否合理?并对其进行点评。

"多彩青花瓷CUIV"电视广告预算策略[①]

青花瓷系列新一代高清LED绚丽屏,优秀色彩处理及光源的智能协调,提高色域宽度、色彩纯度,实现了明亮鲜艳的高色彩还原度,让你随时享受艳丽的画质。优雅的曲线轮廓,经典的青花瓷图案自然彰显尊贵气质,高质感表面设计透出挡不住的诱惑,流线型中轴,使机盖更易开合,与多彩机身相互辉映,别具一格的悬浮式键盘,一体化的掌托与键盘面板,精心呵护体现精美细节。"多彩青花瓷CUIV"试图在挖掘新的目标消费市场——流于形式、奉行时尚至上的中高收入人群。广告要求展现"多彩青花瓷CUIV"的大气。广告的表现形式除了用常见的Banner广告和弹出式广告外,还可以开发出一些更能贴近个人的互动式广告。结合现场展示活动,表现产品的机型构造和内部配置,表现"多彩青花瓷CUIV"品质的卓越,并聘请明星为产品进行代言,提高知名度(图8-11)。

图 8-11　"多彩青花瓷CUIV"明星代言广告图

媒介策略关心两个方面:一是广,扩大知名度;二是精,针对可能的购买人群。在一定的

---

① 资料来源:东成西就工作室."多彩青花瓷CUIV"笔记本电脑福州2010年上半年广告策划.2009年12月27日,有改动。

媒介预算范围内，选择受众多，并且在可支配资金较多的人群中权威性高的电视频道做广告投放；其次针对目标受众的电视频道，这样的电视频道的收视率可能低于一些权威性高的电视频道，但更接近于可能的购买人群。

广告预算分广告调查费、广告制作费、广告媒体费和广告行政管理费。其中，广告调查费是针对中国市场进行的市场调查研究和购买关于消费者资料的费用，占广告预算的5%。广告制作费包括导演、摄影、照明、美工、化妆、服装、机械等酬金，交通、通信、搬运、电力、道具、场地租用费，还有后期视频、音频设备及机房租用费，剪辑、音效制作、音乐创作、演奏、录制及版权使用费等。费用约占广告预算的15%。广告媒体费，即购买在CCTV及其他知名当地电视台投放RAZAV8广告的时间上的费用，占广告预算最多，约占75%（表8-7）。广告行政管理费为广告人员的工资、办公费用、出差费用，占广告预算5%左右。

表8-7 "多彩青花瓷CUIV"电视节目段广告费用预算

节　目	时　段	时间/秒	费用/元
《经典剧场》贴片一	9：25	30	58 000
《经典剧场》贴片二	10：07	30	58 000
《新闻30分钟》前	11：55	15	45 000
《今日说法》后	12：58	15	45 000
《情感剧场》贴片一	13：03	15	32 000
《情感剧场》贴片二	13：55	15	32 000
电视剧贴片一	19：54	15	110 000
电视剧贴片二	20：49	15	110 000
《精彩十分》前	21：43	15	81 000
《名牌时间》	21：56	30	124 000
精品栏目首播前	22：36	15	64 000
星夜剧场贴片一	23：28	15	58 000
星夜剧场贴片二	0：24	15	40 000

在广告投放上，"多彩青花瓷CUIV"选择在电视媒体上投放视频广告，让这一产品迅速进入观众视野，利用频繁出现的广告在目标消费群中形成对多彩系列笔记本电脑的深刻印象。树立多彩系列笔记本电脑在消费者眼中高科技、新时尚的产品形象。其广告预算侧重于利用电视广告对产品进行产品介绍和品牌宣传，以及利用多种不同的媒介，包括海报宣传、促销活动等，对产品展开多方面的宣传攻势，资金投放的比例占总支出的最大百分比（75%）。其次，根据广告表现策略要求聘请明星代言及制作精美的广告视频、海报等，在广告制作费用投入总支出的15%。由此可见，在新产品推出市场时，广告预算策略要集中在产品介绍和品牌宣传上，利用多种组合媒介进行多方位宣传，提高产品的曝光率，以此在消费者中形成产品和品牌的认知，提高产品的知名度。

多彩青花瓷CUIV具体广告费用见表8-8。

表 8-8 "多彩青花瓷 CUIV"电视广告费用预算

1	媒体广告费	600 万	60%
2	市场调查费	5 万	0.5%
3	广告设计费	5 万	0.5%
4	广告制作费	200 万	20%
5	明星代言费	180 万	18%
6	促销费	10 万	1%
总计	广告预算	1 000 万	

■ 单元实训

【实训内容】

广告预算编制训练

【实训目标】

培养学生进行广告预算编制的能力。

【实训类型】

1. 真实项目导入:参与本地某企业的广告预算活动,最终编制广告预算书提交给企业。

2. 模拟项目导入:教师可模拟一个项目让学生进行实践。模拟项目要有企业上一年度的销售额。

【实训内容与组织】

1. 将全班同学按每组 5 人分成小组,每组选 1 名小组长负责全组工作,安排落实每位组员的职责。

2. 选定当地某企业或模拟一个项目,先了解该企业上一年度的销售额、广告费用投入的数额,以及广告费用是如何分配的。

3. 了解该企业运用了哪种预算方法,并分析企业在确定广告预算时考虑了哪些影响因素。

4. 根据企业的实际情况,为该企业编制一份下一年度的广告预算书。

【成果与检测】

1. 以小组为单位提交广告预算书。

2. 教师根据各小组提交的广告预算书,结合组员表现进行评估打分。

第九章 广告策划效果评估

■ 课前导读

诺基亚 N9 微电影广告之路

微电影从 2010 年开始成为广告营销市场的新宠:在网络上一夜走红的微电影《老男孩》,背后是雪佛兰冠名的,姜文执导的《看球记》是与佳能合作的,而吴彦祖主演的《一触即发》和莫文蔚主演的《66 号公路》,则都是与凯迪拉克携手的作品。"微电影广告"在这股热潮的带动下应运而生,传统广告市场竞争日益激烈,微电影广告凭借强大的互联网传播平台和更为优越的表现形式,成为备受业界关注的广告营销新阵地。随着信息时代的推新,人们的生活节奏也越来越快,快速便捷的视觉享受越来越受到青睐,微电影艺术正好弥补了时代快速发展中人们对电影、电视剧内心的空白。它承载了大众对电影、电视剧新兴事物的无限期待,尤其是多媒体、3G 手机等平台的应用,更给微电影艺术的发展提供了广阔的前景和发展空间。

于是诺基亚 N9 的推广选用微电影这一平台,直接面向接近 5 亿的网民,其受众面及覆盖率是不言而喻的。2011 年 11 月 15 日,诺基亚 N9(图 9-1)中国大陆行货正式上市,而同期由范冰冰"范爷"主演的《不跟随》霸气广告也给很多朋

图 9-1 诺基亚 N9

友留下了深刻的印象。①

诺基亚 N9 以微电影的形式,通过范冰冰在娱乐圈的影响力迅速在网络上传播开来,以范冰冰的首部微电影做宣传。广告中,一向以妩媚形象示人的范冰冰变成了不循规蹈矩的"范爷"。这则微电影广告长达 2 分钟 22 秒,但却直到近 2 分钟的时候 N9 才正式登场。广告通篇采用黑白两色,个性十足。当然除了场景,台词则更为霸气。作为唯一一款上市的 Meego 手机,诺基亚敢于喊出这样的口号:不跟随。而就宣传片本身来说,范冰冰这次也是将冷酷进行到底。全新登场的诺基亚 N9 将"不跟随"态度呐喊出来,为诺基亚品牌注入更多时代元素,完美诠释其不断革新的发展理念。范冰冰以女性的形象出现在一群男人中,想象中本应是柔弱的,事实上不然,她以真实的面目傲视群雄,不在乎身边那些带着同一张面具的虚伪的脸,在那样激烈的争斗中,找到了自己的位置。用这些争斗中的戴着面具的男人暗喻当今的市场,这则广告从品牌定位到代言人的选择,最后再突出品牌精神——不跟随,都十分精准、到位(图 9-2)。

2011 年 12 月 1 日,诺基亚 N9"不跟随"系列广告放出了第二集,这次主角从帅气的"范爷"变成了"音乐才子"李健。广告的文化含量越高,其影响力就越大,文化内涵在几乎所有的购买决策中都起着重要的作用。现实的诱惑太多,随波逐流反而让人无所适从、失去自我。太多的人跟随变幻莫测的潮流而频繁改变自己,他们仿佛时刻走在了时尚的前沿,却永远只是个追随者。真正的时尚是遵从自我,以"不跟随"的态度去开创潮流。而恰恰李健因为传奇或者说是清新少商业化的原因迎合了这一"不跟随"的主题,被商家看重。这也是 N9 的企划宣传团队请李健做 N9 代言的初衷,很显然,这个作品旨在突出诺基亚 N9 不随波逐流的风格。

诺基亚 N9 的强势推出,让不少年轻的白领人士和大部分的学生对此款手机都"虎视眈眈"。这两则广告在优酷网、新浪网、土豆网上的视频点击率很高,而且在新浪微博、人人网、猫扑、天涯等社交网站也被疯狂地转载,网友反响很大。

诺基亚 N9《不跟随》微电影广告主要有以下几点优势。第一,诺基亚巧妙地将代言人,以及微电影这些当下很吸引人们眼球的东西结合在一起,有效地运用了名人效应,所以这则广告的反响是很好的。第二,抓住了受众的个性,年轻人的标准是"不跟随",代表了他们的生活方式,生活态度,与受众达成共识,这就是广告效果所要达到的目的。如果说范冰冰的广告让人们看到了诺基亚 N9,让人们初步了解到诺基亚 N9 带来的的生活风格——不跟随,此时关注的焦点是这新款的手机,那么李健的广告便是对诺基亚 N9 另一种生活的诠释,尽管主题依旧是不跟随,但是在李健的广告上更多地体现了人们对不跟随生活态度的关注。诺基亚推出这两则广告,不仅成功地介绍了新产品 N9,也带给大家一种"洗洗"你的生活态度——不跟随,诺基亚品牌在人们的心中稳固树立,达到了所要表达的广告效果。

广告策划效果的评估,在整个广告策划中有着不可忽视的作用。随着广告

---

① 资料来源:http://www.pcpop.com/doc/0/732/732899.shtml。

(a) (b)

(c)

图 9-2 范冰冰诺基亚 N9 广告图

行业的日益发展壮大,广告策划效果评估的作用也突显出来。这一章我们将带领大家了解广告策划效果评估方面的知识,重点掌握广告策划效果评估的主要方法。

第一节 广告策划效果评估的意义与内容

一、广告策划效果评估的意义

广告业中流传着这样一句话:"我知道我有一半的广告费浪费了,但我不知道是哪一半。"事实上有很多广告的受众是很难精确把握的,因此,想投放广告的企业大都从广告播放的时段和方式方面考虑,尽量能使产品的潜在顾客能够接受广告的内容和广告所代表的产品,从而增大其成为实际顾客的可能性。因为广告主要制作的广告不一定能让所有的潜在受众都看到,所以造成广告投放的盲目性,如果企业投入的广告成本不能最大限度地收回,这无疑将会增加企业的经营成本。因此,一些企业在投放广告之前,都会进行一番调查研究,使广告投放能给企业带来尽可能大的效益;在广告播出后要对广告的效果进行评估,以检测广告带来的效益是否达到了企业预期的目标。

以前人们大都认为,好酒不怕巷子深,根本没有必要做广告。然而也有人只认同广告传递促销信息的作用,而认为广告创意表现、媒体策略、时机选择等都是没有意义的形式主义;有的人虽然认同广告的作用,但不理解要达到同样的效果是否一定要花那么多的钱,或者同样的花费换种广告形式是否可以达到更好的广告效果;有的人希望了解现在的广告活动相对以前是否有了进步,相对于其他竞争对手而言他们的广告的优劣所在。如何解决这些困惑?答案只有一个,就是进行广告策划效果的评估。

所谓广告策划效果评估,是指广告策划活动实施以后,通过对广告活动过程的分析、评价及效果反馈,以检验广告活动是否取得了预期效果的行为。广告策划效果评估是开展广告活动必需的一个环节。然而现在的状况是,由于缺乏规范有效的评估体系,绝大多数企业的广告效果评估成为策划工作的死角。对广告策划效果的评估,在我国起步较晚,大致是在 20 世纪 90 年代才开始引起重视的。并且当时更多的是偏重对广告制作后期效果的评估,而如今的广告策划效果评估已经发展到一定水平,内容也更加完善。随着广告行业的发展,广告策划效果的评估也仅凭广告专业人员的经验、直觉来判断,渐渐地转变为以科学的方法与手段来进行广告效果评估,所以广告策划效果评估可以说意义重大。

1. 提高广告的有效性

每年各企业都会投入大量资金用于广告活动,但由于缺乏有效的广告策划效果评估,大多数企业对广告的投入显得有些盲目和无所适从。不同受众接触媒介的情况也是不同的,特别是在传播产业越来越发达的今天。随着媒介种类的增多,受众选择的范围就更广了,受众细分也越来越具体,受众接触媒体的情况更多地呈现出一种碎片化的状况,对媒介的选择变得难以把握。因此,能够通过研究消费者接触媒介的状况,针对这一状况有选择性地决定媒介跟广告投放的时间,就可以大大提高广告的有效性。总之,评估可以检验广告目标是否正确,广告媒介是否运用得当,广告费用投入是否合理,能否取得更好的效益。在此,广告策划效果评估的意义就在于它能够帮助企业选择更有效的传播媒介。

2. 提高广告作品质量

通过收集消费者对广告作品的接受程度,可以鉴定广告主题是否明确,广告诉求是否针对消费者心理,创意是否感人,是否收到良好的效果,广告诉求是否准确有效,广告预算安排是否经济合理,媒体安排是否正确等信息。广告怎么说,说什么,对吸引受众注意力起到决定性作用。只有优秀的、有创意的广告才能在众多的广告中脱颖而出,吸引受众的目光,促成购买行为的完成,就像医学里面的对症下药一样。通过研究消费者对广告的记忆点和如何对广告进行理解,可以发现广告传播效果是否与广告设计的预期贴合,或者可以调整广告设计的内容,制作出更完美的广告作品。在提高广告作品质量的同时,也节约了广告成本。

3. 促进广告业务的发展

由于广告效果评估能客观地肯定广告所取得的效益,可以提高广告主的信心,使广告企业易于安排广告预算,广告公司容易争取广告客户,促进广告业务的发展。同时,科学规范的广告效果评估也为广告策划人员更加客观公正的评价广告,为其工作绩效提供了依据。

4. 便于选择广告发布时间

在一个寒冷冬天的早上七点播出的可乐广告与在炎热夏天的午后两点路边小店边的可乐路牌广告,效果是有很大不同的。一天播三次的广告和在三天内每天各播一次的广告效果也是不同的。发布时机的选择是否得当对广告效果有重大影响。时机如果选对了,可以充分利用时机制造有利条件,增强广告的传播效果;反之,如果时机选择不对,有可能会使广告效果大打折扣。同样的,发布时段也非常重要,以电视广告的发布时段为例,黄金时间发布的广告效果与半夜十二点发布的广告效果有很大的差别。因此,通过研究目标受众关注媒体的习惯,选择适当的发布时机与发布时段,能够让广告效果更加显著,从而更有利于提升产品、品牌形象,促进销售,广告策划效果评估恰恰有利于广告发布时间的选择。

总之,广告策划效果评估是广告策划的最后一个环节,广告策划效果评估的研究对企业正确认识广告的作用和效果、选择更有效的传播方式与时间、开发成功的广告、提高广告支出的效率,提升产品、品牌形象,拉动销售等都具有十分重要的意义。

二、广告策划效果评估的内容

说到广告策划效果评估,我们应该要了解究竟评估什么呢。现在我们就来看看广告策划效果评估的内容。按照评估划分的标准不同,广告策划效果评估的内容划分也会不同。

(一)按照广告策划效果性质划分

按广告策划效果性质划分广告策划效果的类别见图 9-3。

图 9-3 按广告策划效果性质划分广告策划效果的类别

由此可见,广告策划效果的内涵表现为以下四个方面。

1. 传播效果

传播效果即社会公众接受广告的层次和深度。它是广告作品本身的效果,反映消费者对广告的接触和接受的一般情况。例如,广告主题是否准确、广告创意是否新颖、广告语言是否生动等,这是广告效果评估的一个重要内容。

2. 经济效果

经济效果即企业在广告活动中所获得的经济效益。它是广告主做广告的内在动力,直接反映广告所引起的产品销售状况。例如,销售量的增加,利润的大幅度提高等一切同经济活动有关的指标。经济效果是评估广告效果的最重要的内容之一。

3. 心理效果

心理效果即广告对社会公众的各种心理活动的影响程度。它是广告活动对消费者内心世界的影响,反映消费者对广告的注意度、记忆度、兴趣,以及购买行为等方面。心理效果主要测定消费者对广告的态度变化,因此,它是广告效果评估不可缺少的内容。

4. 社会效果

社会效果即广告构思、广告语言和广告表现所反映出的道德、艺术、审美等方面的对社会的经济、教育、环境等的影响程度。它是广告作品的高层次追求,反映一个社会的文明程度和社会风貌。

(二) 按照广告策划的表现形式来划分

按照广告策划的表现形式划分,广告策划效果评估可以分为广告信息效果评估、广告媒体效果评估和广告活动效果评估(图9-4)。广告信息效果评估主要是对广告主题的评估与广告文案的评估。广告媒体效果评估主要是指对各广告媒体"质"的特征,媒体投资效率评估,媒体选择与分配研究,媒体组合是否恰当,媒体近期视听率、阅读率、点击率是否变化,媒体执行方案的确定与评估。广告活动效果评估主要是指销售效果评估与心理效果评估。

图9-4 按广告策划的表现形式划分广告策划效果

(三) 按照广告效果的显现时间划分

按照广告效果的显现时间划分,广告策划效果评估可以分为即时效果评估、近期效果评估和远期效果评估(图9-5)。

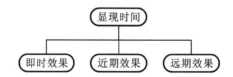

图9-5 按广告效果的显现时间划分广告策划效果

1. 即时效果

即时效果指的是广告发布之后即刻就产生了效果,例如,商店的产品展销活动,在消费者一看到产品之后就采取了询问或者购买行动。

2. 近期效果

近期效果指的是广告发布之后产生的效果,通常指一个月内,一个季度内,最长不能超过一年的时间内产生的效果。绝大多数商品的广告效果都体现在这种近期性上,它是确认广告成功与否的重要判定标准。

3. 远期效果

远期效果指的是广告发布后在相当长的时间内对消费者的影响。它是企业广告和形象广告所追求的目标。

这种划分方式说明广告效果有时表现为直接的、短期的；有时也表现为较长期的甚至长远的。因此，它提醒我们在对广告进行评估时不能一味地追求直接的经济效果而忽视广告对消费者的长远影响，这是一种重要的划分方式。

（四）按照广告活动的评估程序划分

按照广告活动的评估程序划分，广告策划效果评估可以分为事前评估、事中评估和事后评估（图9-6）。

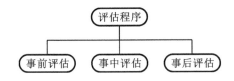

图9-6 按广告活动的评估程序划分广告策划效果

1. 事前评估

事前评估为广告作品创作提供了丰富的创作源泉和改进作品的参考依据。消费者的购买行为和购买动机有助于广告创作者的思考。文案测验可以更准确地了解消费者的需求，确立广告诉求重点，唤起购买欲望。

2. 事中评估

事中评估是对广告推进的跟踪调查。广告刊播期间，调查消费者的评价，有助于充分认识广告活动对企业营销的作用，了解消费者的购买态度，为推进决策提供依据，以便随时增减广告量，更换广告媒体。

3. 广告事后评估

广告事后评估是广告管理的要求，它是广告主对广告投资所做的回馈作业。投入的大量广告费究竟是否获得了适当的报偿，这需要对广告效果予以评估，根据其投入和产出来评价其效益并为开展新一轮广告活动提供详细的参考资料。

【小问题】

1. 从广告主的角度谈谈广告策划效果评估的意义。
2. 结合案例分析广告策划效果评估中的心理传播效果。
3. 谈谈你对广告策划效果评估内容划分的理解，如果让你划分的话，你会以什么标准来划分？并简单谈一下具体的内容划分。

【补充阅读】

广告效果的其他划分方法

按照不同的划分标准，广告策划效果评估的内容被分成不同的部分。除了本节中讲的几个划分标准以外，还可以将广告效果分成其他形式。按照广告在消费者心目中所产生的影响，广告效果可分为：广告的认识效果、广告的态度效果和广告的行动效果。这种划分方式很有意义，但是可执行性就相对差了一点，因为评定起来相对有一定的难度。"认识"、"态度"、"行动"都是心理上的,没有一个权威指标和科学的评定方法,因此,也很难说服广告主。按照广告所使用的具体媒体,广告效果可分为:印刷媒体效果、电子媒体效果、户外媒体效果、DM(直接邮寄)效果和POP(售点)广告效果。广告策划效果评估还可以按照不同的分类标准继续分下去,以便研究不同的评定方法。

除此之外,还要了解一下广告策划效果评估的一般特点。广告效果有其滞后性、复合性、积累性和双重效果等特点。罗贝尔·格兰说:"广告只是表示了想卖的心理,并非卖出去的行动。"除了少数POP广告有及时性外,大多数广告的效果都明显地带有滞后性。滞后性还表现为影响消费者的未来行为。如物质条件不具备、审美能力没达到等。广告效果的滞后性要求广告宣传应该适度超前,评估广告效果时要准确地掌握它的时间周期。复合性指的是广告效果并不是单一的广告活动所为,而是营销策略的复合体现。因此,在进行广告效果评估的时候应该综合考虑多方面的因素,而不是只把所有的业绩提升都寄托在广告传播上。积累性与滞后性有类似的地方,就是在广告信息通过广告媒体发布之后,多数情况下不能立竿见影影响消费者,这就需要反复宣传不断强化,促使人们将接收到的广告信息转化为一种潜意识的想法,当这种潜意识积累到一定程度后就会转化为某种需求或购买力。广告效果的双重性是指广告效果可用经济效益、社会效益两个方面来衡量。广告效果只有在充分分析了市场状况之后,才能客观全面地提出评定标准。

【重点提示】

广告策划效果评估的定义与内涵

广告策划效果评估的意义

第二节 广告策划效果评估的标准

一、总体效果评估标准

第一节我们已经对广告效果的内容做了介绍,从广告效果产生的性质来说,广告效果是广告活动或广告作品对消费者所产生的影响。狭义的广告效果指的是广告取得的经济效果,即广告达到既定目标的程度,就是通常所包括的传播效果和销售效果。从广义上说,广告效果还包含了心理效果和社会效果。因此,总体上来讲,广告效果评估的标准应该分为三个部分,即广告的经济效果评估标准、心理效果评估标准和社会效果评估标准。每个不同的效果就有不同的标准,如表9-1所示。

表9-1 广告效果的不同评估标准

经济效果评估标准	心理效果评估标准	社会效果评估标准
广告是否达到了传播效果,受众是否接触到了广告,以及接触程度如何	消费者对产品的注意度是否有所变化,以及变化程度	广告对社会道德、文化教育、伦理,以及环境等是否造成了影响,是否创造了和谐的公众环境
广告是否达到了销售效果,受众在接触广告之后是否采取了购买行动	消费者对产品的记忆度,以及态度的变化和变化程度	

在这里我们以飞利浦剃须刀的广告销售案例为例,说明广告在这几个方面的评估标准。随着社会生活水平的逐年改善,文化程度的大幅提高,国民对生活品质的追求开始上升到一个新的高度并逐渐形成了一股新的浪潮。随之而来的个人护理品的热销,给这股热潮写下了最好的注脚。于是乎,以前多少还有点"曲高和寡"的电动剃须刀开始堂而皇之地"飞入寻常百姓家"了。飞利浦剃须刀的消费者基本上都是男性,年龄定位从18岁开始,中青年用的较多,老年人较少。为18~25岁的年轻人设计青春型电动剃须刀,强调年轻的气息。摆脱了以往那种电动剃须刀只是成熟稳重男性专用品的印象,以扩大电动剃须刀的消费群体。中年人往往具有成熟、稳重、成功人士的外在形象和内在气质,处于社会地位的较高层次,并集中在年龄分布较高阶段。这一人群所具有的社会地位和经济状况往往是处于较低阶层人的奋斗目标,他们的生活方式、消费行为、思想观念对整个社会有巨大的影响力。

针对以上现状,飞利浦剃须刀将效果定位在:完美的剃须效果,以最佳状态开始每一天。这种剃须刀贴面、舒适,并始终让您的皮肤保持良好状况。飞利浦致力于追求完美,对自己的创新技术进行雕琢,不断寻求为您提供终极的剃须体验。通过 AT&TWilliams 车队一级方程式车手和巨星刘德华"万人迷"的号召力,使"剃须干净顺畅,做新完美男人"的概念深入人心,洞开受众的心智(图9-7)。

 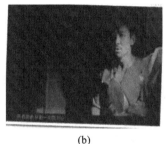 

(a)　　　　　　　　　(b)　　　　　　　　　(c)

图 9-7　刘德华飞利浦剃须刀广告图

产品需要结合人,无论明星还是特定的人,通过与人的结合,赋予产品血肉之躯,与受众对话,产品以"舒适、快乐和安逸"为诉求,在立足于大城市的同时,飞利浦剃须刀也注重深入小城市的销售。面对如此激烈的竞争,飞利浦剃须刀以新浪网为宣传媒体进行网络广告宣传取得了显著成绩。增加了产品销售,使用较少的费用最大限度的覆盖目标受众群体。向消费者展现企业独特的消费理念和独特的产品魅力,向消费者传达自己独特的信息,使自己的产品更加畅销,提高了消费者的关注度,扩大了产品的知名度,巩固了市场份额。在这个案例里可以看出飞利浦剃须刀的这个广告策划是很完善的,条理很清晰。而它的广告效果评定的标准则是是否提高了在消费者这个人群中的关注度,是否提高了产品的知名度,最重要的一点是是否巩固提高了市场份额。在上面也看到,经济效益是评量广告是否有效的最重要衡量标准,市场份额则直接体现产品在市场中的占有量,换言之就是能带来的经济效益。当然除了经济效益之外,还创造了良好的社会效益。飞利浦如能在人们口中成功营造出口碑,人人相传宣传出来的效果绝对要比大规模投入广告要好。因为在充斥了虚假、夸大广告的今天,我们更加容易相信一些使用过这些产品的人使用后的感觉和意见。特别是现代年青的一代是时尚消费品的主力军,他们喜欢标新立异的同时也很喜欢追求时尚,如果他们中有人为某种商品做广告,则这种产品无疑会有着更大的消费群体。

二、分类效果评估标准

广告的投放媒体不同,广告效果的评估标准也不同。如果你懂得怎样对媒体的广告价值进行评估,那么你就会根据各种广告媒体的特征进行科学的媒体选择与系统组合。下面我们来看看各个媒体的效果评估标准。

（一）报刊广告效果评估标准

针对报刊的指标,报刊广告效果评估的标准可以从发行量、发行区域和发行密度这三个方面进行评估。针对读者的指标,报刊广告效果评估有阅读人数、读者结构、目标受众、目标受众与读者的吻合度这几个评估标准。针对报刊与读者的双向指标,报刊广告效果评估的标准有阅读率和版面设计。阅读率包括报刊阅读率、版面阅读率和广告阅读率。版面设计包括版面设置、版面安排、广告面积和干扰度等。

（二）电视广告效果评估标准

电视广告效果评估标准：从电视媒体方面来说,评估标准为电视普及率和电视媒体覆盖率；从收视行为方面来说评估标准为开机率、收视率和节目观众占有率；从传递范围方面来说,评估标准为广告到达率、观众暴露率、毛评点和广告接触频率；从经济效益方面,评估标准为千人成本与收视点成本。

（三）广播广告效果评估标准

广播广告效果评估标准：从收听行为方面来说,评估标准为开机率、收听率和听众占有率；从传递程度方面来讲,评估标准为广告到达率、听众暴露度、毛评点与广告接触频次；从经济效益方面来讲,评估标准可以分为千人成本和收听点成本。

（四）户外广告效果评估标准

户外广告效果的评估标准包括：人流量、注目率、受众组合及目标消费者情况的评估和广告载体自身的评估。人流量的评估有一定难度。注目率是真正看到了广告内容的人数。受众组合是指广告投放位置受众人群与该产品定位的目标消费人群吻合率的高度。广告载体自身的评估是指广告载体所在位置的商业价值与周围环境的吻合程度,及其视觉形象和能见度。

（五）网络广告效果评估标准

网络广告效果的评估标准为：广告曝光次数、点击次数与点击率、网页阅读次数、转化次数与转化率。广告曝光次数是指网络广告所在的网页被访问的次数,这一数字通常用计数器来进行统计。点击次数与点击率：网民点击网络广告的次数就称为点击次数,点击次数可以客观准确地反映广告效果,而点击次数除以广告曝光次数,就可得到点击率,这项指标也可以用来评估网络广告效果,是广告吸引力的一个指标。网页阅读次数：浏览者在对广告中的产品产生了一定兴趣之后进入广告主的网站,在了解产品的详细信息后可能就产生了购买的欲望。转化次数与转化率：网络广告的最终目的是促进产品的销售,而点击次数与点击率指标并不能真正反映网络广告对产品销售情况的影响,于是,引入了转化次数与转化率指标。

下面以七度空间的网络整合营销案[①]为例,说说网络广告效果评估标准。

---

① 资料来源：http://blog.sina.com.cn/s/blog_70c4ad8b0100nvnl.html,有改动。

七度空间是恒安集团的卫生巾品牌。恒安是我国的国产品牌,其包装都是由台湾设计师设计的,包装为粉色等鲜活颜色,使该品牌显得很可爱。七度空间主要面对年轻的女性,但是现在也出了一些熟女系列,扩大了受众面,但这次的项目还是针对经常上网 18~23 岁的女性。2008 年该品牌与腾讯公司合作过,取得了很好的业绩。2009 年希望继续沿用之前有效的营销方式,希望继续谱写营销奇迹。

对在互联网陪伴下成长起来的腾讯少女用户,腾讯增值服务产品最能吸引他们的关注,激活她们的参与动力,同时,网络游戏是最容易接触该目标受众群体的方式,故社区内容以有奖游戏捆绑产品消费需求,直接拉升产品销量。开展周期性活动并提供最能打动用户的腾讯增值服务产品及潮流电子产品作为奖品,刺激参与社区黏性。

执行过程是 2009 年 6 月 1 日至 2010 年 4 月 30 日,凡购买七度空间促销包装(有角标提示),便可获得包装内的活动说明卡,刮开卡上的游戏序列码,登陆"七度少女,梦幻 Q 年华"活动网站 http://qdkj.qq.com(图 9-8)。凭游戏序列码可获得 100 积分,直接累计积分或凭积分参加有趣的 Flash 小游戏获得更多积分,累计积分可用于兑换各种海量炫目奖品。腾讯独特的"IM+门户+社区"的布局,环环相扣,合力延续七度少女寻宝浪潮。

图 9-8　七度空间梦幻 Q 年华网站截图

七款为少女定制的Flash小游戏,深度植入品牌及产品信息,深深地吸引着目标受众,在游戏中潜移默化地完成对品牌的认同。周期性推出"疯狂抢兑"活动,以特价奖品兑换吸引用户的持续关注与黏性;推出"逢七活动",利用特价奖品,通过竞拍、抢兑形势,吸引用户参与,消耗积分,刺激线下购买。

经过最后一系列的活动统计(统计时间为2009年6月1日至12月9日),有1 214万活动网站流量;281万独立IP用户访问数(网站独立访问用户数量);138.7万个兑换码(每购买一包产品获得一个兑换码,直接拉动销售额超过1 300万);有56万人玩游戏。

可见这种营销方式得到了市场很好的反应,这次的成功不是偶然。本广告的切入点及针对的对象很明显,找到了合适的契机,吸引了对象的眼球,利用对象平时所涉及的领域来刺激销售量。(资料来源:新浪博客)

【小问题】

1. 说说你对广告评估标准中经济评估标准、心理评估标准和社会评估标准内容的理解。
2. 你认为户外广告的文字要几秒读完才最适合?为什么?
3. 现在有新的广告媒体形式出现了,以公交车电视广告为例,说说你对这种媒体方式的广告效果评估标准。
4. 你认为公共汽车车身外的广告是以画面为主还是以文字为主效果要好些,谈谈你的理由。
5. 如果从其他角度来划分广告策划效果评估的标准,你会怎么划分。

【补充阅读】

影响广告效果测定的因素[①]

在各种各样的销售努力和企业环境中,影响广告效果测定的最主要因素有以下几个方面。

1. 原型情报提案即资料信息收集

进行广告效果测定需要全面地系统地掌握有关历史和现实的统计数据与情况,这是开展广告效果评估的基础,能够提高评估的准确度。例如,企业要进行销售评估,必须了解顾客的需求和态度,了解包括消费者收入、市场价格、竞争、社会文化、科学技术等在内的宏观环境变化的情况。不掌握有关信息,全凭主观判断,就谈不上科学地进行效果测定。资料残缺或不准确也制约着效果测定。尤其是资料不准确危害性更大,即使是采用了现代数学方法和微机处理,也不过是"垃圾进垃圾出",得到些无用的、错误的结果。所以,为了使评估工作顺利进行并达到预期目的,首先要做好的就是资料的收集和积累,具体包括两个方面:一是诉求对象的相关资料,如主题调查、文案测验等;二是媒体受众。

2. 方法的选择

在广告效果评估的全过程中,无论是市场信息资料的收集,还是评估模式的选择与计算,均有一个方法问题。方法选择得当,评估结果的准确性就高;方法选择不当,评估结果的

---

① 资料来源:http://ps.zzssgg.cn/mod_article-article_content-article_id-221.html,有改动。

可信度就差,导致事倍功半,甚至劳而无功的结果。例如,在资料收集阶段,资料来源可能五花八门,这就需要从优选择,选择准确可靠而又经济实惠的来源的相关资料,如媒体的发行量、篇幅、时段、文案内容等。

3. 判断能力

判断贯穿于广告效果的全过程,不论是信息的收集、整理、鉴定,还是评估方法的选择与检验,每一步都是人来实现的,因此,评估广告效果的人的自身知识、经验、观察思考和判断能力的高低,对评估效果的准确性具有决定的影响力。

4. 评估时间期限

广告效果评估期限的长短,对评估精度有一定的影响。一般来说,评估的期限越短,外部环境和条件发生变化的可能性就小,评估结果就趋于准确;反之,评估时间越长,在评估期的外部环境和条件已发生了根本变化或重大改变,而这些变化在建立测定模式时未曾估计到,从而会产生较大误差。这不是说不能搞长期评估,只是提醒人们,此时应注意不断修正评估效果。

【重点提示】

广告策划效果总体评估的三个标准

电视广告效果评估的主要标准

网络广告效果评估的主要标准

第三节 广告策划效果评估的方法

从广告活动过程的角度来进行广告效果评估,会在不同广告作业程序阶段采用不同的广告效果评估方法。根据广告作业程序做的广告效果评估一般包括:事前评估(创意形成阶段的评估)、事中评估(广告的定稿评估)和事后评估(广告投放后的市场评估)。

一、事前评估

在广告活动的前期进行创意评估,主要是为了明确目标消费者对广告的(或广告运动)想法、反应或对多个不同广告方案进行评价,防止出现大的失误,确定广告达成其目的的程度,评价传达某品牌销售信息的可选方法。产品定位说明、文案、标题图案和广告草图都可以作为评估的内容,不过因为这一阶段仅是创意的形成阶段,评估内容既可具体,如广告的草图包括色彩搭配、字体样式、包装设计,甚至购买的广告材料,又可以是广告概念、广告主题或一些抽象的策略描述。

事前评估的目标:研究消费者对词句、图片、色彩所体现的不同广告概念的反应。

(一) 事前评估原则

对于事前评估必须制订计划、编制预算,并且将其包括在广告运动的整体计划中。除此之外还应注意以下几点。

1. 在进行事前评估时要有一个主要的评估目标

评估目标应该根据广告运动的整体目标来确定,要紧紧围绕目标来评估广告的效果。

2. 评估的结果必须为广告目的服务

广告是传播商品信息的工具,其娱乐性、观赏性、幽默感都只是手段而不是目的。不能以多少人"喜欢"某个广告来作为测试的基础。应确立与销售信息的传播有关的测试目标，如商品信息的记忆程度、可信度、说服力、态度的改变等。

3. 对目标市场进行测试

事前评估的受访者或受试者应是广告运动的目标市场。对广告的效果，即使专家、权威也没有目标顾客更具有发言权，同样，孩子的父母也不会知道他们的子女对一个广告或产品的感觉，因此测试时，绝不能用目标顾客以外的人来代劳。

4. 避免受测者的偏见

如果受访者知道他们在为某个广告做事前评估，他们就会觉得这个广告一定有什么不对的地方，因而急于挑出毛病。这种现象被称为"广告专家"现象。与此相对的是某些受访者存在"迎合心理"，他们在潜意识里想讨好调查人员，因而给出一些他们认为"理应如此"的答案，但是在实际生活中他们并不这样认为。事实上这些问题是难以避免的，但有几点可以尝试一下：①不要在所给的答案上引导受测者；②问直接的问题，如"这个广告会使你想买这个产品吗"；③问受访者有能力回答的问题，否则他们会编一个答案而不承认自己无知；④对一些问题要有进一步的探究，比如问"你为什么那样说？"这样受访者在给出答案时会慎重一些。

（二）事前评估方法

事前评估的方法主要有如下几种。

1. 专家意见综合法

专家意见综合法是事前评估中比较简便的一种方法。做法是在广告文案设计完成之后，邀请有关广告专家、心理学家和营销专家，对广告作品、媒体组合，以及可能产生的效果进行多方面、多层次的思考和探讨，对广告设计方案提出自己的见解。然后综合所有专家的意见，得出预测效果。

2. 评分预测法

评分预测法是把被测试的广告作品向一组受众展示，然后请他们对这些广告进行评比打分。这种评估法用于评估消费者对广告的注意力、认识、情绪和行动等方面的强度，评价分值与广告效果成正比。

3. 群组测试法

群组测试法是让一组消费者观看或收听一组广告，对时间不加限制，然后要求他们回忆并回答广告内容方面的提问测试，主持人可给予帮助或不给予帮助。他们的回忆水平表明广告的突出性，以及信息被了解或记忆的程度。

在组群测试中，必须使受试者观看或收听完整的广告以便能做出系统的评估，群组测试法一次可以测试 5~10 则广告。在调查中，通常询问的问题主要有：

"对哪几则广告感兴趣？"

"您喜欢这个广告中的广告歌曲吗？"

"您对广告的故事感兴趣吗？"

"看了广告之后，您对广告品牌的印象有什么变化？"

"看了广告后，您有想要购买此产品的意向吗？"

4. 仪器测试法

仪器测试法是在实验室内运用仪器（机械）方法测量广告在人的心理上的反应。自从美国出现广告视力测像机后,类似仪器如视向测量仪、皮肤反射测验仪、心理测量仪等就越来越广泛地被应用于广告效果的实验室测量。

二、事中评估

事中评估主要是为了能够检验预测、积累资料和即时修正。广告效果事中评估就是在广告战役进行的同时,对广告效果进行测量。主要目的是测量广告事前评估中未能发现的问题,以便尽早发现并及时解决。这种评估大多是在实际情景中进行的。当今媒体费用昂贵,营销状况不断变化,市场竞争日益激烈,在广告战役的进行过程中常常会发生一些意想不到的情况,从而影响原定的广告方案。因此,越来越多的广告主十分重视在广告战役进行中对其广告的效果进行测量、评估,以便及时调整广告策略,对市场变化尽早作出反应。

事中评估的方法有以下几种。

1. 销售地区试验法

销售地区试验法也称为市场测验法,是指选定一两个试验区刊播已设计好的广告,同时观察实验地区与尚未推出广告的一般地区,根据媒体受众的反应情况,比较试验地区与一般地区之间的差异,就可以对广告促销活动的心理效果作出测定。

2. 分割法

分割法又称分割刊载法,是询问测验的一种变形。对一种所要广告的商品,作出A、B两种广告文案,判断何者有效时,用分割印刷方法。由于印刷轮转机的特殊操作,在同一种报纸、同一日期、同一版位、同一面积的A、B两种广告文案,交互印刷。结果印刷出来的A、B两种文案各占所有印数的一半。例如,这家报社每日发行100万份,那么A、B两种文案各有50万份,分送每个订户时,A、B两种文案的报纸,平均分配,不会有疏密不匀的现象。在A、B两种文案里均附有暗示。现举一例:

凡函索考,奉赠精美礼品!

以上字样,A、B两种文案均有,但回信的收信人或地址可稍加区别,作为A、B两种文案反应的区别。

A文案　回信请寄西安市环城东路五十一号。现代公司广告部李××收。
B文案　回信请寄西安市环城东路五十一号。现代公司广告部王××收。

其他如图片、布局等要素可有不同的表现。这样一来,就能区别出函索者是从A文案或B文案而来,统计两者张数,以判定广告效果,当正式展开广告活动时,使用反应多的那种广告文案,以增大广告力量。

利用广告费低廉的报纸,用分割法试做广告终稿的效果测验是最经济的方法。

3. 瞬间显露测验法

瞬间显露器是事先定0.5秒或0.1秒的短时间,测验广告各要素注目程度的装置。就其种类而言,有文度式、振子式、道奇式、哈佛式等,前三者是利用重力,以调整刺激物(广告)的露出时间,较常用的是哈佛式,是利用电源的接断刺激,在短时间内呈现刺激物。

三、事后评估

广告效果事后评估就是在整个广告战役结束后对广告效果加以评估。它是根据既定的广告目标来测评广告结果。因此,评估内容视广告目标而定,包括品牌知名度、品牌认知、品牌态度及其改变、品牌偏好及购买行为、与预设广告目标的差异、销售市场占有率的变化等。事后评估主要有以下几种方法。

1. 商品联想法

商品联想法是测定广告在联想特定品牌方面具有何种程度的方法。调查员一般提出这样的问题："当您联想某种商品（如牙膏、止痛药等）时，首先想起哪一品牌？"这种调查有助于明了消费者对广告主的特定品牌的消费意识，以及其变化的倾向。

2. 实验市场法

实验市场法亦可称为"销售地区试验法"或"销售成果法"。广告的最终影响力应体现在销售额上，如果调查某个市场的销售情况，就可得知广告效果。这种方法预先选出实验市场与控制市场，把握广告活动开始前的一定期间内的销售业绩。其后把计划好的广告投放于前一市场，而后一市场则无任何广告。当该广告活动结束时，同时稽核两个市场的销售额。可以探知广告活动达到某种程度的影响效果。

3. 消费者审查法

消费者审查法又称为统制意见法。它采用由消费者代表所组成的小团体的意见，作为广告好坏的依据。因为消费者的意见远比广告专家更具有发言权，并且由于是审查，特别是把被选的消费者视为审查员，故称为消费者审查法。

四、常用广告效果评估模式

在广告效果评估中常用的评估模式有三种。

1. 白德尔三要素模式

白德尔三要素模式也称为因果理论模式。按照白德尔的说法，广告效果（Adrertising Effectiveness，简称 AE）是由广告前要素、广告本身要素和广告后要素等三要素构成的。

（1）广告前要素

广告前要素是指广告主题要素，即产品（product）本质问题的三种魅力（appeal）、具体指产品本质魅力（item appeal）、商品价格魅力（value appeal）和品牌魅力（name appeal）。最后表述为 P3A。

（2）广告本身要素

广告本身要素是指广告作品所表现出的魅力及作品与媒体的配合。好的广告必须引起消费者注意，必须对消费者提供良好的服务，必须解答消费者的疑问，博得信任，激起某种行动。这就要求作品要有趣味（interest）、要有冲击力（impact），同时要具有说服力（persuasive power）。

作品与媒体的配合主要是指广告内容与媒体的吻合程度即传播质量问题（communication quality）。由此可见，广告本身要素是由趣味性、冲击力、说服力和传播质量等要素构成的。取这些要素英文缩写即可表述为：II·PP·CQ。要使广告本身有效还须考虑接受者（audience）的问题。这样表达式就被写为(II·PP·CQ)A。

（3）广告后要素

广告后要素是指广告以外对广告的影响。具体是指广告作品推出的时机（time factor），广告结束后公司下一步的打算（follow through），以及广告推出后外界的刺激或抑制（stimulantsor depressants），如舆论、消息、天气、竞争对手等对广告的刺激或抑制作用。根据上面分析可知,广告后要素有推出的时机、公司下一步的打算、外界的刺激或抑制。用英文缩写可表示为:TF·FT·S·D。

把广告前要素、广告本身要素和广告后要素代入广告效果表达式中,完整的白德尔三要素模式即可表示为:AE=P3A[II·PP·CQ)A]TF·FT·S·D。

白德尔三要素模式的特点有两点。①各要素全部使用乘号相连。这就意味着如果一个要素是零(没有考虑到)整个广告等于什么效果也没有。如果一个要素是负值,广告效果也是负效果。②该模式不能运算。这是因为各相关因素无法量化处理。

白德尔三要素模式有其无法弥补的缺点,但在广告效果的观念上留给后人的启示是空前的。它提醒广告人注意:广告效果的取得是极其微妙的,只有能卖商品的广告才是好的广告;广告效果的提高不能只靠广告部门努力,其他相关部门也要通力合作。各要素的均衡发展,才能使广告效果达到最佳值。

2. AIDAS 模式

AIDAS 模式也称为有效广告模式,是把广告理论和心理学理论有机结合的产物。该模式认为广告的功能在于引起消费者的心理变化,这个变化有用四个阶段划分的,也有用五个阶段划分的。

四个阶段通常是:

引起注意(attention)→发生兴趣(interest)→产生欲望(desive)→引起行动(action)

即表达为 AIDA。

五个阶段通常是:

引起注意(attention)→发生兴趣(interest)→产生欲望(desive)→产生记忆(memory)→引起行动(action)

即表达为 AIDMA。

AIDMA 模式使用多一些,它还有个名字叫汤逊广告评价法。现代营销策划理论要求企业不但要把产品推销出去,而且还要让消费者满意(satisfaction)。不满意不但不能增加产品的销售额,而且对广告效果产生抑制作用。在 AIDA 法则后再加上个 S(满意)变为 AIDAS 模式,使其更接近广告效果本质。满意的消费者产生出的能量是不容低估的。

如果预期率能准确地推算出来,那么,这个模式就有很高的利用价值。例如,现在刊播的某一广告,假定注目率为 50%,而注目的人中有 70% 感兴趣,感兴趣的人中 60% 有购买欲望,有欲望的人中有 80% 买了商品,那么受广告影响而购买商品的人就是 50%×70%×60%×80%=16.8%。这个数字是购买商品的人数占全体消费者人数的百分比。广告效果有二次传播性,加入购买者中有接近 50% 的人不满意,广告效果就会远远低于 16.8%。满意度达到多少时才能维持既定的广告效果,广告界尚无定论。

3. DAGMAR 模式

DAGMAR 模式也称为传播扩散模式。DAGMAR,原是美国广告协会 1961 年出版的一本有关广告效果测评的书名《Defining Advertising Goals for Measured Advertising Results》的缩写。主要是记述美国广告学家罗素·赫·科利的研究成果。

该模式认为:可以用广告目标来管理广告,广告效果也可以通过假定的广告目标来确定。具体过程是企业先拟定一个在某个特定时间段内所要达到的广告目标,然后将该目标与广告调查结果加以对比。广告担任总营销中的传播任务,所以,广告目标是指在一个特定时期内向消费者传播扩散广告信息的程度。扩散的程度是根据消费者的行为划分的,这在广告学上称为"反应顺序",因研究者不同而有较大差别。

(1) DAGMAR 的反应顺序

DAGMAR 模式将消费者的行为划分为四个阶段:知名、理解、确信和行动。广告不一定都希望产品马上销售,而是在于能逐渐增加选择该品牌的消费者。由于广告的力量,消费者如爬阶梯一样,不断从梯子最下端的不知名开始爬到知名、理解、确信、行动。知名即知悉品牌名称,产生印象。理解即了解产品特色及功能产生热爱或厌恶的情感。确信即确立选择品牌的信念。行动即指品牌购买的准备阶段和实施阶段,如索要说明书、去参观展览、到经销店等。此种阶梯,越往高处越窄。换言之,越往上人数越少,最上一段表示经常购买该一品牌的人数和品牌忠实度。

(2) DAGMAR 模式的实施过程

第一步,按传播扩散设定广告目标。

第二步,在广告活动之前进行"基准时点"调查,确定"知名"、"理解"、"确信"、"行动"的百分比。

第三步,在广告活动期间定期反复实施同样调查,与基准时点调查结果相比,以判断广告目标达成的程度。

DAGMAR 模式的优点在于,它在制订广告目标时,就能测定出传播效果。因为对广告制作有指导作用,对广告预算和广告策略可进行系统化管理。该模式在广告效果评估中运用较多,尤其当新产品出售时,因广告所占的比重相当高,DAGMAR 模式之运用随处可见。

【小问题】

1. 广告事前评估应该注意哪些问题?
2. 广告事中评估的方法有哪些,谈谈你对分割法的理解。
3. 广告事后评估是广告评估的最后环节,事后评估有哪些意义?

【补充阅读】

农夫茶的广告效果评估[①]

1. 事前评估

在此次的茶饮料广告中农夫山泉公司了解到李英爱式的农夫茶(图 9-9),目标受众为具有小资情调的职场白领,于是从代言人到广告片,都表现出了中国茶道的文化感和历史感,这原本是为了区别与市场上其他茶饮料的差异化定位,然而也正是这种差异化定位,造成了农夫茶的广告叫好不叫座。广告最重要的目的自然是要获得市场的认可,面对这种叫好不叫座的尴尬,农夫山泉的工作人员和农夫山泉公司一起,针对农夫茶的问题进行了一次又一次的调研、讨论,分析问题所在。从产品本质上来说,不论如何包装,农夫茶始终是一瓶快速消费的瓶装茶饮料。中国茶道中对水、茶、茶具,以及场合等的考究和精神领域的禅念、静心,自然是作为快速消费品的农夫茶不能达到的。对于消费人群的界定问题也呈现出来,很

---

① 资料来源:农夫山泉. http://wenku.baidu.com/view/fb0274bc960590c69ec37634.html,有改动。

图 9-9 李英爱农夫茶广告

少有白领女性会拎着一瓶茶饮料上班,因为办公室完全具备喝传统冲泡茶的条件,并不需要一瓶即饮茶来取代。

茶饮料的主要消费群体,始终是那些游走在室外的活跃青少年。这使得李英爱式的农夫茶传播不能打动真正的茶饮料消费者,传播的接受者和农夫茶产品的消费者之间不完全统一,造成了市场阻碍。因此可以说,从事前广告效果评估结果就可以预见这一广告效果的局限性。也因有了这次的事前评估,博采广告公司进而开始对这一广告进行调整,将消费群体目标对准 15～24 岁的青少年,寻找新的创意关键点。

2. 事中评估

在农夫茶广告中,首先展开了电视传播:30 秒情感性品牌广告——农夫茶表白篇:"爱像农夫茶,余香清新,青涩甘甜"。既表现了农夫茶的内涵,又是网络互动的入口和预告(图

9-10）。电视广告载体选择最吸引这一群体关注的两个栏目，湖南卫视《快乐男声》和东方卫视《加油好男儿》，同时与这两个活动有场景互动等深度媒体合作。在电视传播过程中，博彩公司进行事中评估的市场调研，了解到15～24岁的青少年关注的关键词：网络、互动、选秀、视频、社区、交友、梦幻、爱情、表达情感、寻找。因此，又展开了网络广告策划。在电视广告片的拍摄之后，针对网络视频传播也拍摄了网络长片——农夫茶表白篇短剧（最后成片7分钟），充分展现故事，加深广告内涵，推荐网友视频下载观看。

图 9-10　农夫茶广告"表白篇"

其次，农夫山泉公司选择了中国最大的个人社区，注册人数超过两亿的腾讯QQ空间（Qzone）进行深度合作。把电视广告作为主题虚拟社区的宣传入口，形成传播互动，也充分利用QQ空间原有的庞大客户群，形成用户间的互动。

网络互动，这也是年轻化的农夫茶营销环节中基于事中评估基础之上的最精彩的一部分。通过全方位、全过程的合作，农夫茶与腾讯共同运营了"农夫茶·梦幻爱情世界Qzone"，在这个甜蜜的虚拟爱情空间，恋人网友可以讲述自己的情感历程，也可以在充满农夫茶元素的空间布置装点自己的虚拟爱情国度。而开设这样一个见证爱情的条件就是购买一瓶农夫茶，获得一个账号。作为整体活动的先锋，此次博客活动也同时受到千万用户的关注，在QQ空间、QQ消息、腾讯网和QQ机器人的全方位推广下，实现了活动全方位的持续火热。

腾讯将农夫茶希望带给消费者"梦幻爱情"的品牌诉求提炼出来，专门设计了制作精良的"虚拟梦幻爱情国度"大型虚拟世界。品牌空间不仅仅是背景设计，还综合运用视频、音乐、Flash、在线互动等多种技术手段，每个产品都独具魅力。从"农夫茶挂件"、"爱情精灵树苗"这样的细节，到"农夫茶梦幻爱情世界"的整体，处处彰显出农夫茶的独特魅力，对用户来讲也颇具个性化设计。每个QQ空间用户在国度里都可以有一个自己的爱情树苗，通过浇灌爱情树苗引来爱情精灵。在这个农夫茶主题的网上生活乐园里，用户可以尽情地访问各色的QQ空间,体验网络给爱情生活带来的不同感受。在这个梦幻爱情世界里还有以农夫茶口味定名的"清新柠檬岛"、"鲜醇绿茶岛"、"幽香茉莉岛"等三个爱情岛,消费者可根据自己的爱情观选择入住这三个爱情岛并成为岛上的居民,进一步展开自己在农夫茶虚拟爱情国度的网络生活。

3. 事后评估

在广告策划后期,博彩广告公司通过事后评估来进行此次广告策划的评价,了解到通过此次广告策划多方位的互动传播,农夫茶的销售业绩明显优于去年,"农夫茶女孩的初恋"真正成为叫好又叫座的广告。这种轰动的效果,是基于事前、事中、事后三层评估的基础之上的,因此可以说是预料之中的。农夫茶的"梦幻爱情世界"成为2007年度腾讯最成功合作案例之一。开创了网络与传统消费品合作的一种新形式。

从广告效果评估的目的看,广告事前评估、事中评估与事后评估的最大差别在于:前两者的作用在于诊断,以找出并及时消除广告中的沟通障碍;而广告效果事后评估的作用则是评价广告刊播后的效果,目的是了解广告实际产生的结果,以便为今后的广告活动提供一定的借鉴。

【重点提示】

事前评估实施应该注意的事项

商品联想法、实验市场法、消费者审查法的概念、以及具体实施步骤

■ 关键概念

广告策划效果评估　经济效果　心理效果　社会效果　专家意见综合法　评分预测法　分割法　销售地区试验法　实验市场法　消费者审查法

■ 复习思考题

1. 广告策划效果评估的内涵与意义?
2. 广告策划效果的评估标准与划分的依据是什么?
3. 广告策划效果评估有哪些方法?
4. 谈谈你对广告效果评估的理解。

■ 单元实训

【实训内容】

模拟广告事前评估

【实训目标】

了解广告传播效果事前评估的基本技术,确立科学的广告观。

【实训内容与组织】

在广告实验室组织参与完成特定广告作品的传播效果事前评估工作。

1. 将学生分成10人一组,模拟消费者。
2. 在广告实验室播放被测广告,播放前后分别由调查者向模拟消费者进行提问,以考察被测者对品牌认知度的影响,发现广告中的缺点。

3. 测评结束后上交测评报告。

【成果与检测】

每小组保质保量完成练习,上交《广告效果事前测评报告》,由教师对各小组分析报告进行评估。

第十章 4A广告公司策划实务

■ 课前导读

麦肯的本土化运营理念和策划思想[①]

麦肯世界集团成立于1902年,总部设在美国纽约,公司创立超过百年的历史,是全球著名的跨国4A广告公司之一。麦肯世界集团是世界上最大、最完善的广告服务网络系统之一,麦肯投资建立的独资或合资广告公司遍布全球131个国家和地区的191个城市。

麦肯·光明公司广告作品见图10-1。

莫康孙(北京麦肯·光明广告公司总经理)先生说过:"诚信经营、创新管理、态度决定一切。我想这是最好的本土化的运营理念和策划。本土化运营的方式有很多,资源本土化、人才本土化、管理方式本土化等,因为这一切符合中国人的思维,在中国会有很好的发展。"

"广告公司被期待的角色,已经从单纯的品牌塑造者,演变为一个更为广泛和全面的角色,他必须对客户的业务有深入的了解。"人才本土化不仅是降低运营成本的需要,更是赢取中国市场的又一个必然选择。"

"随着经济环境的恶化,客户的需求发生了转变,相应的,我们也调整了营销策略:一改传统的营销方法,从整合营销的角度出发,加大立竿见影的营销投入,短期内拉动客户的市场销售。"

同时,跟着广告主的业务需求走,还有公司对经营规模的调控。"人是我们经营理念里最重要的资产。""我们会根据客户的业务需求量来调整我们的用人规模。"麦肯·光明广告有限公司北京原董事总经理陈洁莹说道。积极收购本土机构来扩大公司规模的策略同样也不会被作为重点。"在经济逆境中,很容易犯的错误就是过于激进,市场仍有很多不稳定的因素。的确,现在市场价格比较便宜,对其他公司的并购可能令你在短时期内多了很多资源,立刻壮大了很多。但是这只是一年两年的短期效应,并购之后有很多其他难点需要解决。可能公司的营业额会增加很多,但利润就不一定了。你需要去衡量风险问题,我们宁愿自己强化核心竞争力,建一个新经营模式的公司。买人家的回来并不是我们的方式,除非和我们的战略是一个互补的双赢。"

---

① 资料来源:http://wenku.baidu.com/view/4dfe6e350b4c2e3f572763e0.html,有改动。

(a) (b)

(c)

图 10-1　麦肯·光明公司广告作品

审慎的市场策略在客户结构比例分配上也有所体现。"国际客户是我们很重要的收入来源，虽然他们在这个时间段是一个保守的态度，为这部分客户创造产品市场需求仍是我们的重点。"陈洁莹接着说道，"这和我们一直以来的经营理念（替客户品牌创造需求）也是相符的，在经济不景气的时期，这个理念更加管用。因为只有使他们的业务有增长，我们的业绩才会跟着增长。"

第一节　企业品牌策划

一、何谓 4A 广告公司

4A 广告公司的概念，本书第六章第三节已经有所涉及。4A 一词源于美国，The American Association of Advertising Agencies 的缩写，中文为"美国广告代理协会"。因名称里有四个单词是以 A 字母开头，故简称为 4A。后来世界各地都以此为标准，取其从事广告业、符合资格、有组织的核心规则，再把美国的国家称谓改为各自国家或地区的称谓，形成了地区性的 4A 广告公司。

美国广告代理协会是 20 世纪初由美国各大著名广告公司所协商成立的组织，成员包括：奥美、智威汤逊、麦肯、李奥·贝纳、天联等著名广告公司。该组织最主要的协议就是关于客户媒体费用的收取约定（17.65%），以避免恶意竞争。此后，各广告公司都将精力集中在非凡的创意和高超的客户服务中，从而创造出一个接一个的美妙的广告创意。因此，4A 也成为众多广告公司争相希望加入的组织。

从 20 世纪 70 年代末到 90 年代初，4A 成员们渐渐地进入华人世界里。由于中国内地尚未允许外商独资广告公司的存在，所以 4A 公司往往与中国内地公司合资成立合资广告公司，如盛世长城、智威汤逊中乔等。

80 年代末 90 年代初，改革开放初期随着跨国公司纷纷进入中国，国际广告公司也纷至沓来。当时，国内的广告业尚未发展，4A 广告公司凭借着国际客户的声誉，以及大胆而精妙的创意、精彩的导演和拍摄树立了其在国内广告界的名声，国内广告界渐渐了解了 4A 广告公司，4A 广告公司便成为代理国际品牌广告代理公司的代名词了。

那些并不是 4A 成员的国际广告公司也被列为 4A 之列，如电通（日本最大的广告公司）、博报堂等，业务量甚至超出了许多 4A 广告公司。由于广告公司的人员流动性比较大，因而大多数的广告人都有多家 4A 广告公司的背景。所以一般我们所说的 4A 广告公司是指国际性有影响力的广告公司，如奥美、智威汤逊、精信、麦肯、电通、电扬、BBDO、李岱艾等。

二、企业品牌的内涵与意义

企业品牌是指以企业名称为品牌名称的品牌。企业品牌传达的是企业的经营理念、企业文化、企业价值观念及对消费者的态度等，能有效突破地域之间的壁垒，进行跨地区的经营活动，并且为各个差异性很大的产品提供了一个统一的形象、统一的承诺，使不同的产品之间形成关联，统合了产品品牌的资源。

企业品牌的内涵至少应包含商品品牌和服务品牌，并在两者基础上衍生出企业品牌。只有具有与企业的商品品牌相匹配的超值服务，也就是建立有别于竞争对手的富有企业文化内涵的独特的服务品牌，才能不断提升商品品牌的价值含量和提高企业的美誉度，否则企业品牌的内涵就要大打折扣。正是有形的商品品牌和无形的服务品牌相互结合，才成就了提升企业核心竞争优势的企业品牌，一个优秀的品牌就可以成就一个优势的企业。

企业品牌的确认是在企业成立的初期进行设定，通常企业品牌都同它所提供的特定的产品与服务相联系，在随后的经营过程中，不会轻易进行调整。企业品牌应当确定与其专属领域的位置,便于客户形成清晰的认知。丰富、凸现企业品牌的内涵是一个长期过程,它需要其他的品牌予以相应的支撑。

企业品牌建设的意义重大,主要有以下几点。

1. 增加企业的凝聚力

这种凝聚力,不仅能使团队成员产生自豪感,增强员工对企业的认同感和归属感,使之愿意留在这个企业里,还有利于提高员工素质,以适应企业发展的需要,使全体员工以主人翁的态度工作,产生同舟共济、荣辱与共的思想,使员工关注企业发展,为提升企业竞争力而奋斗。

2. 增强企业的吸引力与辐射力

有利于企业美誉度与知名度的提高,好的企业品牌使外界人羡慕、向往,不仅使投资环境价值提升,还能吸引人才,从而使资源得到有效集聚和合理配置,企业品牌的吸引力是一种向心力,辐射力则是一种扩散力。

3. 是提高企业知名度和强化竞争力的一种文化力

这种文化力是一种无形的巨大的企业发展的推动力量。企业实力、企业活力、企业潜力,以及可持续发展的能力,集中体现在竞争力上,而提高企业竞争力又同提高企业知名度密不可分。一个好的企业品牌将大大有利于企业知名度和竞争力的提高。这种提高不是来自人力、物力、财力的投入,而是靠"品牌"这种无形的文化力。

4. 是推动企业发展和社会进步的一个积极因素

企业品牌不是停留在美化企业形象的层面,而是成为吸引投资、促进企业发展的巨大动力,进而促进企业将自己像商品一样包装后拿到国内甚至国际市场上"推销"。在经济全球化的背景下,市场经济的全方位社会渗透,逐步清除企业的体制障碍,催化中国企业品牌的定位与形成。

三、企业品牌的形成

企业品牌是企业从降生的那一天就要开始运营的,企业品牌构成是一个漫长的进程,有的需要十年,也许更久。企业品牌的形成过程是企业与公众相互沟通相互影响的循环过程。在企业品牌形成的过程中,公众印象、公众态度和公众舆论起着决定性的作用。

1. 公众印象

公众印象的形成过程,可以通过广告学中的 AIDMA 模式来检验。在这一心理活动过程中,又以注意、判断和记忆三种心理现象最为重要,这对研究企业品牌的传播有重大意义。注意,是指心理活动对一定对象的指向或者集中,它是品牌印象形成的序曲。注意包括有意识注意和无意识注意两种形式。企业品牌策划争夺的更多的是公众无意识注意的时间和次数,从而将企业的形象传达到受众的印象中,唤起受众的高度注意。判断是指对事物特征有断定的思维的一种基本形式。它分为直觉判断和复杂判断两种。企业品牌策划一方面要在企业视觉设计上追求美感,与公众的心理情感相吻合;另一方面也要强调企业个性,通过高质量的产品、服务、广告等方式,在公众心目中形成良好的心理定式,在公众心目中留下深刻的印象。记忆是经历过的事物在人脑中留下的印迹,这是一个信息加工的过程,因为根据人们的遗忘记忆曲线,人们在观察事物过后的一定时间,部分记忆会模糊或者丢失,对于企业品牌策划来说,不仅要让受众有好的第一印象,还要反复强化受众的记忆。

2. 公众态度

印象常常被作为客观迹象存在人的头脑之中,但是态度就是一种主观现象了。只有当受众对企业抱有好的印象,并且抱有积极肯定的态度时,受众才有可能购买企业产品。企业品牌策划的目标之一,就是让受众对企业形成良好的态度。态度的形成是由服从到同化,最后到内化的过程。受众态度的形成与转化是一个复杂的过程,企业形象策划可根据心理学原理采用以下方式来控制或者影响公众的态度。第一,强化企业在受众心目中的形象。第二,定式政策,企业形象策划通过一系列规范员工的行为,久而久之,这种理念便会成为企业组织中多数成员自觉的行为。第三,联想政策,就是通过将企业想要传达的理念,与一些人们认为美好的事物联系起来,让人们在想到美好的事物同时,就会想到企业品牌。第四,信任策略,即确保灌输给受众的信息真实可靠。

3. 公众舆论

舆论是社会相对多数的看法,它具有很强的威慑力和煽动性。因此,在企业品牌策划过程中,要重视民意所向,积极把舆论当做塑造企业良好形象的契机。当然,当企业成为舆论对象遭到指责时,应该以一种负责任的态度来转化为扩大知名度、改善企业形象的契机,即坏事变好事。最后,还要变被动为主动,学会制造和引导舆论。

四、企业品牌建设过程策划

1. 深入了解品牌的意义,以适当的方式营销适合的产品

消费者对于特定品牌,存在着特定的预期。理解品牌意义之后,无论是产品、营销活动或消费者的体验,都将较为一致,不致给人突兀之感,并且符合企业的价值。

以迪士尼(Disney)为例,在 20 世纪 80 年代初期,迪士尼陷入财务危机。为了解决危机,迪士尼引入新的管理团队,重新评估品牌价值,得出迪士尼与众不同之处在颇具吸引力的电影主题和人物,于是把营销重点回归到唐老鸭、米老鼠和灰姑娘、美人鱼、白雪公主等经典动画角色上(图10-2)。他们把这些品牌的使用权授权给不同的公司,允许他们在产品上画上迪士尼的动画人物。于是,财源广进。20 世纪 80 年代中期,迪士尼更加注重品牌经营。为了确保品牌的长期成长,他们进行了一次品牌稽核,就像会计师审计师对企业财务做评估一样,迪士尼的营销审计师分别从内部的营销活动和外部的顾客反应着手,深入地检视品牌的价值。

在审视营销活动时,他们才发现原来迪士尼正在做很多无效的营销活动,令他们十分震惊。澳大利亚有一家卖地板蜡的公司,竟也在产品上使用米老鼠的标志。但可爱的米老鼠和光滑的地板没有丝毫联系。类似的滥用品牌的事情比比皆是。在调查顾客反应时,有顾客反映,他们喜欢迪士尼的品牌,但常让他们尴尬的是,在超市货架前听到孩子央求:"爸爸妈妈,可不可以买这种清洁剂?那样的话,我就能得到一个小唐老鸭。"迪士尼从中得到教训:不要在不属于你的领域里横插一脚。

迪士尼找出了"欢乐、家庭、娱乐"作为自己的品牌箴言,使公司所有员工清楚迪士尼的品牌定位,授权公司的产品一定要与品牌定位一致。迪士尼为此特地在公司总部设立了一个团队,负责宣传和执行品牌箴言。

2. 正确的品牌定位,凸显自身的差异点,并强调共同点

思索品牌定位时,凸显自身的差异点固然重要,但是让消费者和顾客知道自己和竞争品

图 10-2 迪士尼动画经典

牌之间有着哪些共同点,也同样重要。强调共同点的作用在于:抵消竞争对手的差异点。值得注意的是,"共同点"意味着在某些方面,你和竞争对手旗鼓相当,但不是雷同。

20 世纪 80 年代,世界上销量最大的卡是美国运通卡,持有运通卡象征着尊荣、地位。威士卡另辟蹊径,突出便捷、能被更多商家接受的优势。因为美国运通卡向商家收取更多费用,所以很多商店不支持运通卡。同时,威士卡还要创造相同点,首先它在白金卡上镀上黄金,增添荣耀感。接着,它在北美地区播放同一条广告语,长达 20 年之久。在这期间,他们在世界各地的高档酒店、风景名胜大肆做广告。

在 2004 年的雅典奥运会上,威士卡的营销策略也非常成功。它的广告词独具匠心,"到雅典看奥运,别忘了带上你的帽子,因为雅典夏天很热;别忘带相机,因为世界顶级运动员云集在此;但最重要的是,别忘了带威士卡,因为美国运通卡在这里行不通!"广告最后出现威士卡的标语:"威士卡:在你想去的每个地方"。

3. 发掘顾客尚未被满足的渴望或需求,提供超值的服务和产品

成功来自机遇。看到未被满足的市场需求,立马跟进,这就是一些著名互联网品牌,雅虎、谷歌、亚马逊等成功的原因,这个原则适用于建立新品牌。1990 年,星巴克意识到美国人对一杯好咖啡的渴求胜过其他。他们从中看到商机,精选咖啡豆,精深烘焙技术,加强员工训练、提供优厚福利,改善咖啡馆的陈设、气氛和气味、音乐,甚至调整椅子的舒适度,成功地为顾客营造了最佳消费体验,成为顾客的"第三个家":家、办公室、星巴克。

星巴克经典平面广告见图 10-3。

4. 持续创新,让品牌和顾客始终保持关联性

若是行之有效的旧品牌,关键就在于不断地创新和维持品牌与顾客的关联性,并且确保

(a) (b) (c)

图 10-3　星巴克经典平面广告

方向是正确的。多年来不断有新产品问世的吉列就是如此。及至最新的锋速 3，无论产品名称如何改变，吉列均致力于追求技术的创新，改进产品，确保产品符合使用者的需求。技术创新为产品赢得新的名声，新的飞跃。

5. 建立品牌可信度，为品牌营造适当的个性和形象

品牌可信度来自专业、可靠和讨人喜欢这三个特质。一个可信度高的品牌，必须长于自己所做的事情，关心顾客的需求，还要给人有趣、欢乐的感觉。苹果计算机和维珍集团就是最佳范例。它们的顾客几乎都是忠实的拥护者，无论产品、广告，乃至于公司的创办人乔布斯和理查德·布兰森，都给品牌增添了不少魅力和乐趣。

6. 及时且不时地传递出一致的信息

很多品牌犯过频繁改变品牌信息的错误。好的品牌管理则逐步发展品牌，不必强求信息前后完全一致，但要像写小说那样，要有一条主线，沿着这一条主线，发展故事。在咨询市场，麦肯锡以策略思维、见识卓著见长，IBM 则是长于技术专业，提出有效的解决方案。作为市场后进者，咨询公司埃森哲采取了双叉式定位策略：一方面强调自己具备了竞争对手的长处，麦肯锡的远见和 IBM 的执行力；另一方面则是结合二者所长，建立起埃森哲的差异点。一个由高尔夫球明星老虎伍兹的平面广告，就充分说明了埃森哲欲传达的信息："有些片刻，理论和执行力可以完美结合"。埃森哲想让客户知道，麦肯锡的策略和愿景，IBM 的科技和执行力，它们都有。

7. 运用各式各样互补性的品牌要素，以及支持性的营销活动

英特尔的例子非常典型，因为它创造了一个"元素品牌"，让原本只是"商品"的微处理器，变成一个受到消费者和客户认同的品牌。它大力宣传微处理器是计算机中最重要的部分，但并非所有的微处理器的品质相同，英特尔的产品是最佳选择。英特尔创造了"IntelInside"的标语，还通过广告、零售商和代工厂家，吸引消费者购买英特尔微处理器。

8. 策略性地设计和执行品牌架构和品牌组合

当企业同时拥有许多产品，而每个产品各有不同的品牌名称时，就必须建立起品牌架构，或是适当地安排品牌组合，确保每个品牌都能吸引不同层级的消费者，但彼此又不至于重叠、甚至相互竞争。以宝马为例，该公司在 1980 年进军美国市场时，让消费者知道，宝马

汽车具备了如凯迪拉克等豪华轿车的尊荣、奢华和舒适，但重要的是，BMW还兼具了卓越的性能，无论是传统3、5、7系列，或其他房车、跑车、休旅车，BMW致力于囊括不同的市场区隔，并且确保各项产品又不相互竞争。

【小问题】
1. 说说你熟悉的企业品牌，然后谈谈你对企业品牌的理解。
2. 企业品牌策划有什么作用。
3. 结合案例谈谈企业品牌建设策划。

【补充阅读】

关于时尚消费品品牌策划的思考

说到时尚消费品的品牌策划，我们先应该了解自己所要销售的产品的特点。一说到时尚消费品，我们就会想到一些关于它们的主要消费者的关键词：较高的经济能力、品位，女性，潮流时尚，世界名牌等。时尚消费品，一般是女性消费者，或是男性买来当礼物送给女性。它们通常是美丽的、高贵的、昂贵的、奢华的。外形精致而内在华丽，买到了使用了这一份时尚消费品，自己就仿佛得到了公主一样的待遇。所以一直以来时尚消费品大多数是高贵的不可攀的优雅美丽的女性所追求的形象，男性会买来送给女性，也代表着他们对这类形象的向往。

然后我们应该想到的是我们所面对的消费群体，以及这类群体购买此类产品的动机。决定生活方式的基础、生活形态、消费行为交互影响。在生活形态细分、市场细分后，将目标人群定位，才能做出更贴近消费者心理的品牌策划。根据VALS(价值观及生活方式)市场细分，人格个性是持久的消费者行为驱动变量。VALS的基本动机分为理想动机、成就动机、自我表现动机。在这三个动机不同强度和资源程度的不同作用下，可将成年消费者细分成八个类型。时尚消费品的目标消费者就是生活形态细分框架中的改革者(创新者)，他们通常非常关注形象，通过形象展现他们的地位、权利、品位、个性和独立性。其消费行为具有追求高档、特定产品和服务的高尚品位。时尚消费品的购买人群，一般是在社会中拥有较高地位、收入较高、注重形象和品位、特定关注某些名牌的人们。奢侈消费，是为了更好地满足自我，实现理想自我，塑造所追求的形象。

下面我们以两则例子来具体说明时尚消费品品牌策划给我们带来的思考。

案例一：迪奥(Dior)手袋2011广告——全新好莱坞喜剧大片

迪奥作为国际大品牌，一直在万千女性心目中有着璀璨的地位。

"黑色幽默"一直是外国广告表现中常用的一种手法，迪奥此次请来著名导演翰·卡梅隆·米切尔和女星玛丽昂·歌迪亚联手演绎迪奥手袋的全新大片，为我们呈现出好莱坞式喜剧效果。影片讲述玛丽昂·歌迪亚本色演出的大明星拍摄Dior手袋的硬照，广告前几分钟都着墨于明星的拘束、规则和日复一日的枯燥，仿佛人偶般让人摆出死板的姿态。之前重重的铺垫，让玛丽昂·歌迪亚在广告最后一幕中疯狂的举动发挥出了最惊喜的化学作用，肆意表现的改变、撕裂扔掉的拘束、狂野个性的自我，为Dior手袋的华丽添上个性与欢乐的符号，为观众带去了惊喜惊艳的视觉震撼(图10-4)。

图 10-4　玛丽昂·歌迪亚 Dior 手袋广告

案例二:Ghd 直发器广告——灰姑娘的华丽变身

Ghd 直发器创意广告在短短的时间里红了,更为品牌打开了知名度。人们津津乐道于广告的创意与其中表现的独立野性、自由潇洒的品牌形象。就像你拥有了 Ghd 直发器,你会变得从容不迫地游走于各种场合,秀发不再是你所要担心的问题。

广告讲述的是一个灰姑娘的故事(图 10-5),依旧是王子、依旧是华丽舞会、依旧是玻璃鞋,不同的是灰姑娘并没有得到王子的青睐,而是在十二点时狼狈而逃,毁掉的妆容和舞裙,

图 10-5　Ghd 直发器广告

追赶而来的继母,如何绝处逢生?灰姑娘拥有了 Ghd 直发器,立刻华丽变身。广告的亮点在最后,个性、张扬、野性的变身后的灰姑娘并没有接受王子投来的目光,而是从容离开。故事结尾突破了我们的想象,却让人意犹未尽津津乐道。这是宣扬着独立个性、不依附男性、潇洒从容的品牌形象,不正和女性希望站在焦点处接受爱慕,自己又能潇洒从容对待爱情的心理不谋而合?

正因为和理想形象的一致性,让人们觉得购买了该产品就能塑造这样的形象,才会让消费者产生了购买的欲望。

对于时尚消费品,消费者的购买行为,消费者一般决策过程(七阶段模型):需求确认—搜集资料—购买前评估—购买—使用—用后评估—处置。

时尚消费品由于其种种独特性,导致了它在消费者决策过程中影响的程度不同。时尚消费品价格高昂,更新换代快,品牌价值极高。不像一般的大众消费品,它有针对的特定市场。有的人会为了买一件这样的商品而努力赚钱,或者有钱了买来犒劳自己,对这类社会价值远远高于功能价值的产品,消费者一般不会考虑比较同类产品的实用性,他们会选择习惯的品牌。所以,时尚消费品尤为重视品牌形象塑造和宣传,少而精,贵而精是它们的卖点。不宜用试用、演示等营销手段,而是应该 VIP(贵宾)化,给予每一个消费者独一无二的尊贵的购物享受。

从宣传手段、售点设置、品牌形象、销售服务等方面着手,让消费者们的购物过程成为一种独特的体验,尊贵的 VIP 享受。故此,VIP 制度很重要,可以通过一年内在某品牌里消费了多少钱,自身的资产和地位,人脉和关系等得到该品牌的 VIP 资格,享受超前的服务,最新的限量产品选择,这是对消费者心理的运用。

购买之后的评估,大多靠口口相传,或许你会觉得这样的宣传效率低下,但是名牌借的可是它们的特定消费者——名人们、名媛贵妇们的口,范围广大而且可信度高的口口相传方式。在电视上、红地毯上或各种时尚场合,这群特定消费者就会"以身作则"向追随者们展现这一品牌的产品。追随者们会感受到他们所向往的所追求的名人形象是来自产品,也自然而然地从名人转移到对产品的关注和追捧上。

因此,对时尚消费品进行品牌策划,综合以上的案例和分析,可以看出应着重于以下几点。

1. 品牌形象塑造

因为你的精贵而追求你,因为你的高端而向往你,因为你的不平凡而选择你。时尚消费品就该是这样,不甘于俗流的个性,有高不可攀的地位、高端优质的品质(很多人都信奉一分钱一分货)。形象必须是完美的,可以集中所有人们所追求的名词——美丽、高贵、性感、诱人、非凡、出色,是消费者想要达到的理想的自我形象。时尚消费品一旦决定好自己的品牌形象后,就必须万分精细地呵护着自己的名声,避免走下神坛的惨剧。聪明地运用整合营销传播,用各式各样的媒体,把同一个声音不间断地清晰地告知世界。能怎样轰动就怎样轰动,想尽一切方式不惜成本地抓住所有人的眼球,让消费者一看到你的名字或产品,就联想到你的形象,并且这是他想要的所向往的形象,那么,你就赢了!

2. VIP 的尊贵购物服务

从品牌形象到店铺装修到每一个细节,整个公司、品牌的 VI(视觉)设计,必须符合尊贵独特的形象。包括售点销售,可以实行一对一销售服务,或者是为客户私人订制的特别服务,还有前面所讲到的VIP制度。致力于让每一个消费者都能拥有独一份的尊贵享受。

3. 让品牌发布会成为一件盛事

维多利亚的秘密的年度时装发布会每一次都会成为城中话题。一场品牌发布会不仅仅是简单的产品展示,而是产品和梦想的统一。事实上,人们追求时尚追求奢侈品,是在追求自己梦想中的自我。所以时尚消费品可以超越其本身的使用价值,最大限度地加入幻想和概念。不仅能在消费者心中定下更美好的形象,而且突出的发布会形式能成为人们的关注点,引起话题,打开知名度。

【重点提示】

4A广告公司

企业品牌的内涵与意义

企业品牌建设策划

第二节 产品品牌策划

一、品牌经营策略

所谓品牌经营策略就是企业通过创建自己的品牌,一如既往地做好品牌的维护与发展工作,并逐渐拥有一定数量的忠诚消费群体,使企业不但拥有自身的品牌优势,而且通过将其做大做强,最终提高产品在市场上的占有率。企业想要在品牌竞争的浪潮中立于不败之地,且突出自己的特色,就要进行产品竞争、价格竞争、技术竞争、服务竞争等。"企业唯一的社会责任就是利润最大化",这是诺贝尔经济奖得主梅尔顿·弗里德曼的名言。光靠把产品做好,还不一定能达到利润最大化。品牌的重要性由此看出来了。

(一)品牌策略的作用

品牌策略的作用表现在以下几个方面。

1. 树立良好企业形象

企业形象是企业在自身消费者心中的地位和价值的体现。良好的企业形象是企业的一项重要无形资产。品牌策略与企业形象息息相关,知名品牌往往就是企业形象具体的证明。二者相互促进、相互保障。

2. 促进产品销售

品牌策略可以促进产品销售,提高该企业产品的市场占有率和影响力。在残酷的市场面前,谁能占领市场,谁就能实现预期的经营目标。品牌策略作为一种促销手段越来越受到重视。事实证明,名牌产品的市场占有率和销售额都高于非名牌的同类产品。

3. 促进企业持续发展

品牌策略有助于提高企业经济效益,促进企业的持续发展。品牌本身就是一种无形资产,其潜在价值有益于我们开发使用。可以利用品牌的光环在投入阶段降低成本;可以在生产阶段,加强管理、降低生产成本;可以在销售阶段利用品牌策略提高单价和销售。潜在的品牌效益是在企业经营过程中应当很好利用的有价资源,其实用价值不逊于有形资产。

我们已经进入一个品牌竞争的时代。研究营销传播的专家 Larry Light 在提及未来品牌的发展趋势时说:"未来的营销是品牌的战争——品牌互争长短的竞争。商界与投资者将认清品牌才是公司最珍贵的资产。"中国的品牌要想加强竞争力,必须注重品牌策略的运用,此外,还应通过品牌投资、品牌维持、品牌管理等手段,科学正确地维护品牌的长久发展。

(二)品牌策略的种类

那么,品牌策略有哪些?下面就给大家介绍几种。

1. 品牌个性

品牌的命名、包装、设计、定价,以及品牌的形象代言人等,都是品牌个性的体现。把握好品牌个性非常重要,一个好的形象代言人也可以赋予一个品牌以灵魂。

2. 品牌传播

这个时代,五花八门的产品充满了整个市场,如果不好好进行品牌传播,就无法让品牌为人所知。品牌传播的手段有很多,可以依据市场需求来确定。

3. 品牌维持

品牌维持也是品牌营销中非常重要的一环。只有品牌维持成功,才能给企业带来实际的利益,才能维持品牌的长期发展。因此应该从质量上保证商标品牌的信誉。同时还应重视品牌忠诚度,忠诚的使用者会对品牌产生依赖感,他们重复购买,重复使用,自觉不自觉地抵制其他品牌的诱惑。

4. 品牌管理

在一个企业发展壮大的漫漫过程中,品牌发展总会遇到一些问题。在遇到这些问题时,有的企业将危机转化为转机,使品牌的发展更为顺利,也有的品牌就此倒下。可见品牌管理是非常重要的。加强品牌管理的主体应该是企业,企业自身的素质对品牌的产生和发展起着至关重要的作用。企业首先应增强名牌意识,从产品的开发、设计到产品的推广活动,企业应以高标准来规范自己的行为。此外,还要运用智力资源,集思广益,依靠各方面的力量为企业的活动出谋划策,促使品牌健康成长。

二、品牌策划

(一)企业品牌广告定位

品牌定位是市场定位的核心和集中表现。企业一旦选定了目标市场,就要设计并塑造自己相应的产品、品牌和企业形象,以争取目标消费者的认同。由于市场定位的最终目标是为了实现产品销售,而品牌是企业传播产品相关信息的基础,品牌还是消费者选购产品的主要依据,因而品牌成为产品与消费者连接的桥梁,品牌定位也就成为市场定位的核心和集中表现。品牌定位和市场定位密切相关,品牌定位是市场定位的核心,是市场定位的扩展的延伸,是实现市场定位的手段,因此,品牌定位的过程也就是市场定位的过程,其核心是市场细分。市场细分是指企业根据自己的条件和营销意图将消费者按不同标准分为一个个较小的、有着某些相似特点的子市场的作法。企业进行市场细分是因为在现在的市场条件下,消费者的需求是多样化的,而且人数众多,分布广泛,任何企业都不可能以自己有限的资源满足市场上所有消费者的各种要求。通过市场细分,向市场上的特定消费群提供自己具有优势的产品或服务已是现代营销最基本的前提。

(二)目标市场的确定

在市场细分的基础上对细分出来的子市场进行评估以确定品牌应定位的目标市场。确定目标市场的程序：一是对子市场进行评估，以确定目标市场；二是选择子市场的进入方式。通过评估，品牌经营者会发现一个或几个值得进入的子市场，这也就是品牌经营者所选择的目标市场，下面要考虑的就是进入目标市场的方式，即企业如何进入的问题。

（三）品牌建设

1. 品牌资产的建设

品牌资产也称为品牌权益，是指只有品牌才能产生的市场效益，或者说，产品在有品牌时和无品牌时的市场效益之差。企业的商标或者品牌不仅仅被看做是区别商品或服务出处的标志，而且还被认为是沉淀企业信誉、累积企业资产的载体，品牌资产体现在相同质量的商品或服务之间的差价上，体现的是品牌相对独立的自身价值；品牌资产也是指与品牌的名字与象征相联系的资产（或负债）的集合，它能够使通过产品或服务所提供给顾客（用户）的价值增大（或减少）。

2. 信息化建设

信息化建设指品牌利用现代信息技术来支撑品牌管理的手段和过程。随着计算机技术、网络技术和通信技术的发展和应用，企业信息化已成为品牌实现可持续化发展和提高市场竞争力的重要保障。品牌应该采取积极的对策措施，推动企业信息化的建设进程。品牌2.0理论指出，信息化建设是品牌母体树冠部分的支持网络，庞大的品牌识别系统必须对应有强大的信息化建设体系，如果信息化建设不能满足品牌识别系统的要求，品牌识别系统也将受到伤害，会自动调低到现有的信息化建设体系可以支撑的大小，这是品牌母体的自我调整过程。根据这个原理我们可以解释一种现象：为什么有的品牌进行了很好的品牌识别系统设计，初看起来是一个极具竞争力和发展前景的品牌，但却不能持久，并马上出现了负品牌效应（品牌的负面元素暴露进而损害品牌的美誉度）。

3. 渠道建设

渠道是品牌建设的，但却不属于品牌，渠道有其自身的发展规律。在品牌2.0理论体系中，渠道建设是它触点，品牌它触点是品牌母体的树干部分，指品牌母体与品牌关系网络（消费者、分销商、供应商、观念领导机构）、媒体、口碑的接触点。而渠道建设就是品牌母体与分销商的接触点。

4. 客户拓展

客户拓展理念和方法可衡量出品牌掌握客户的程度。一个优秀的品牌，不论如何建立销售渠道、发展代理、利用平台力量和第三方力量，却始终会把握住客户，也就是有清晰、系统的客户拓展方法。按照千家品牌指数数据模型定义的客户拓展方式包括客户培训、行业标准的参与行为、品牌联盟、国际大客户合作策略、重点行业客户关系、项目案例宣传等。

5. 媒介管理

品牌看似坚硬，实则脆弱：它需要时刻维护、不断洗刷，就算要以最昂贵的管理使之历久常新，也在所不惜，不然优质的品牌就不会是少数。

6. 品牌搜索力管理

我们知道，品牌搜索是利用搜索引擎工具对品牌进行的特定搜索。而品牌搜索力则是品牌搜索获得的值，按照千家品牌实验室品牌指数中"品牌搜索力"的要求，搜索力值以搜索返回条目数为计算值。根据不同的需要可以设定品牌搜索的时间、频率，这样品牌搜索力的结果也不是一个恒定值，而是一个动态变化的值。

下面以 4A 广告公司的一则案例来说明品牌策划具体的实施过程。

广告主:加多宝集团
所属行业:食品饮料
广告执行:悠易互通(北京)广告有限公司
执行时间:2010 年 04 月 12 日至今

由世博青海馆到昆仑山 召回广告让用户兴趣盎然①

(1) 案例亮点

通过追踪分析用户的网络行为,对指定行为人群投放"召回广告",可以引导用户的网络行为,这种"以人为本"的定向投放方式,能够有效吸引目标用户的注意力和兴趣。

(2) 营销背景

◆产品介绍

曾成功运作"王老吉"品牌的加多宝集团,近日推出"昆仑山"天然雪山矿泉水,并将在全国 30 多个省市同步上市。其水源地"玉珠峰"地理位置得天独厚,"零污染"造就了优异纯净的产品品质。此外,"昆仑山"水源地正位于青海三江源地区,为此加多宝集团为青海玉树捐出一亿元赈灾款。目前,世博青海馆备受游客的关注,而"昆仑山"作为重要合作伙伴也出现在了青海馆中。

◆推广目的

通过本次系列推广活动,迅速积累良好的口碑,提升品牌市场认知度和影响力,打造国内第一高档天然矿泉水的形象,并最终促进市场份额的增长。

(3) 传播分析

◆目标受众

大中型城市的高端消费群体,学历高、能力高、消费高,注重并追求高生活品质。

◆传播挑战

长期以来,国内的高端水市场一直被外资品牌把控,如法国依云、日本富士山等实力巨头,相比之下,刚刚上市的"昆仑山"则处于劣势地位。此外,目前,高端水市场的无序竞争,以及部分消费者对高档水存在的认知误区,都为本次推广活动带来一定挑战。

(4) 营销策略

作为全新的高端矿泉水品牌,谋求市场广泛的认知度是当务之急的事。产品的目标受众以网络为主要生活工作方式,因此新浪、凤凰等大型门户网站将是他们获取日常资讯的重要途径。借助这些门户网站的海量用户群,可以促进营销信息的覆盖范围和传播速度。

本次广告行动最大亮点在于,悠易互通抓住加多宝集团为青海捐款、"昆仑山"矿泉水出现在世博青海馆等社会热点事件,在品牌传播中成功运用了"用户召回定向技术"。它可以对访问过指定页面的用户投放特定广告,同时还可以通过对主动搜索访客所使用的关键词进行细分定向。在本次传播中,悠易互通将对访问世博、青海馆、赈灾捐款等网页的用户投放"昆仑山"矿泉水广告(图 10-6),并通过积累关键词扩大网民搜索覆盖范围,以此将用户的

---

① 资料来源:http://www.17emarketing.com/2011/0123/6109.html,有改动。

关注点由相关事件引导到品牌广告上来,网页信息与广告信息的密切相关性,可以刺激用户对广告的产生兴趣,从而以非常自然的方式进行营销信息的传播和品牌推广。

图 10-6　昆仑山矿泉水网络广告图

(5) 执行效果

在持续播放的短短 5 天内,本次广告的总计曝光次数约 1 000 万,点击率接近 5%,完整播放率和重播率均超出预期。其中,本次行动总计对约 10 万目标用户使用了"召回定向技术",接近 80%的用户进行了广告点击,用户召回的点击率是常规定向的 10 倍以上。此外,召回广告对节约广告成本极为有效,只需要到达相对较少的用户,就能产生较高的回报率。

【小问题】

1. 说说你们熟悉的产品品牌,并说说你理解中的产品品牌。
2. 品牌策划的前提环节是什么,重点环节什么。
3. 结合案例说说你对品牌建设的理解。

【补充阅读】

跨文化——探讨品牌本土化思考①

当肯德基产品实施本土化战略,打破"洋"快餐和中式快餐的界限,从而撬动了新的消费市场时,原本站在全球角度开展中国市场营销活动的麦当劳也迅速跟进。它们不仅在菜单设计和经营方式方面中国化,品牌战略更是如此。麦当劳从 2003 年开始了年轻化的品牌重塑运动,用"我就喜欢"张扬自由的生活态度,着重吸引中国年轻的消费群体。肯德基的品牌形象则着重传播的是"立足中国、融入生活"的理念。在每一个品牌细节上,它们都不时注入明显的中国文化特色。

为什么以上品牌在进入中国后在推广过程中都加入了中国特色呢,中国是一个有几千年历史的文明古国,在历史发展中,形成了独特的中国文化,它与欧美国家,甚至日本这样的东方国家的文化有着巨大的差异。他们有着不同的文化价值观、不同的心理结构,以及不同

---

① 资料来源:唐元恺.跨国企业的"本土化"策略. http://www.bjreview.cn/Cn/06-CN/06-9-27/china-1.htm,有改动。

的地域环境与人文环境。那么,洋品牌怎么样能做到本土化呢?本土化路径可以从以下三个方面考虑。

1. 品牌定位本土化

品牌定位是市场确立形象并塑造品牌内外全部形象,进入目标消费者心智并存留特定位置的全过程。通过定位,产生差异,引发联想,适应需求。例如,麦当劳从20世纪中叶到21世纪初,50多年的品牌定位一直没有改变过,即针对"家庭"的品牌定位。"常常欢笑,尝尝麦当劳",已成为消费者耳熟能详的广告语。从2004年开始,麦当劳的品牌定位与形象展示在全世界包括中国发生了很大的变化,从最初的广告语变成了"我就喜欢",让很多消费者感受到麦当劳年轻、具有个性气息的品牌定位。麦当劳的定位虽然发生了变化,但是仍然在全球范围内同时进行,毫不影响品牌定位全球化这一宗旨。

2. 品牌命名的本土化

与中国品牌喜欢起洋名的想法一样,跨国公司则偏爱给自己的洋品牌取一个中国名。将原有品牌名称翻译为销售国家的语言,是世界名牌向外国延伸的常用方法。音译有索尼Sony、潘婷Pantene。音译、意译结合的有:百事可乐Pepsi、可口可乐Coca-Cola等。当年,可口可乐在进入中国市场之前,公司特地聘请了一位在伦敦任教的中国人蒋先生设计中文译名。于是,"可口可乐"四个字就出来了,该译名采取了双声叠韵的方式,音意双佳,读来朗朗上口,同时,又显示了饮料的功效和消费者的心理需求。该命名商标投入到市场后,果然受到中国消费者的追捧,自此,可口可乐中文译名也成了广告史上的命名经典之作。

3. 广告本土化

广告是世界众多知名品牌在实施扩张中所必须采用的重要营销手段。但在成功的实施全球营销时,有关广告的决策却最容易受不同文化差异的影响。消费者的反应受其文化、风格、情感、价值体系、信仰和理解力的制约,在广告策略上,跨国公司从广告模特的挑选、广告诉求点的确定、主题曲的设计到媒体的选择等都应做到本土化,不用外国的方式或者模特。在可口可乐铺天盖地的广告中,选用的代言人都是中国人喜闻乐见的,例如,2009年的代言人飞轮海组合,广告内容紧紧围绕中国人最喜欢的节日新年做文章,推出了主题为"新年第一瓶"可口可乐的广告(图10-7),取得了很好的效果。

图 10-7 飞轮海"新年第一瓶"可口可乐广告

4. 销售渠道本土化

追求本土化营销,树立品牌本土化的经营,可以降低生产成本,缩短生产周期,针对中国市场塑造中国本土的形象,使其品牌更加深入人心。可以根据中国市场环境,进行渠道模式革新,也可以通过多层次的技术和管理培训,把国外的成功经验介绍给国内的经营伙伴,与本地经销商形成战略性合作伙伴。

从外国商品本土化推广之路上,中国企业也可以在品牌扩张的本土化之路上获得部分启示。在品牌扩张的本土化之路上,中国企业应该重视研发,发展技术,构建企业专业化优势;利用本土优势,积极培育本土品牌,合理整合当地资源;注重消费心理和文化传统,增加品牌的认同感;适度扩张品牌,注重品牌的优先效益。

【重点提示】

产品经营策略的意义

产品营销策略有哪些

如何进行品牌策划

第三节 促销策划

企业促销的基本手段有四种:人员推销、广告、销售促进和公共关系。促销策划,是指针对一定目的,有计划地选择与综合运用各种促销手段,从而达到产品的销售并树立良好的企业形象。促销策划的根本目的在于围绕广告策划的目标,实现为企业服务。促销受到促销目标、市场特点、产品特质、产品生命周期、媒体组合效果等多方面的影响。下面介绍几种常用的促销策划。

一、赞助促销策划

随着社会的发展,企业的社会角色也渐渐发生转变,人们逐渐发现,企业不仅仅是一个经济技术实体,而且是一社会性组织,因此,企业同时肩负经济责任和社会责任。现在的企业,已经学会通过社会赞助的公共手段达到经济目的,这样既塑造了企业的良好形象,也有利于企业产品或者服务的销售。赞助活动是一种软性广告,虽然有一定的开支,但是从长远来看,有利于企业的经济效益和社会效益。赞助活动根据其赞助的对象不同,可以分为体育赞助、文化教育事业赞助、社会慈善与福利事业赞助和其他形式的赞助。我们经常会听到类似"××唯一品牌赞助商"之类的话语。赞助的形式可以灵活多样,有的是举办赞助仪式,有的是举行新闻发布会,有的是对赞助活动进行评估。赞助要根据企业整体营销目标,借助赞助广告活动与广告策略的配合,大力宣传,从而充分发挥赞助活动的效果。

下面以伊利赞助上海申花足球俱乐部为例[①],看看赞助的效果。

2012年,注定"体育营销"是个颇具热度的关键词。国内企业赞助体育赛事早已司空见惯,但这其中的体育营销之道却不一定是所有企业都能完全参透的,因此,很多赞助行为仅仅做到了和观众"打个招呼"。如何将体育营销的效果最大化?伊利就做得很好。

---

① 资料来源:http://www.espnstar.com.cn/pub/csl/2012/0327/256576.htm。

随着中国足球超级联赛新赛季帷幕的拉开,3月上旬,上海申花足球俱乐部对战江苏舜天足球俱乐部的比赛备受人们瞩目,人们也注意到了舒化奶为其指定牛奶,在比赛现场热卖。伊利作为国内乳业的领航企业,在体育赞助营销这方面一直做得很好,赞助2008年北京奥运会就是很好的例子(图10-8)。这次伊利赞助上海申花足球俱乐部,借着足球比赛倡导的不断挑战、永不服输的精神,使舒化奶"强健有活力"的品牌内涵得到了进一步诠释。"助钙好吸收"的舒化奶,更是为体育健儿们的强壮体格提供了保障。而作为功能奶市场领导品牌,舒化奶以其独树一帜的营销力和影响力,借赛事平台向公众传递着自身的品牌内涵与精神诉求。

图 10-8 伊利进球篇广告图

体育营销中最重要的在于赛事精神与品牌内涵的深度契合。舒化奶的体育营销是其文化营销的一种载体,它有着能够打动消费者和深入消费者情感深处的文化属性。因此,系统的、全方位的营销策略,相关的品牌推广、促销方式、展览展示等系统工程就尤为重要。好马更要配"好鞍",才能使体育营销效果持续性呈现。

二、专题促销活动

专题促销活动是有单独计划、有特定目标的公共关系工作。专题促销最大的特点就是它有明确的主题、任务、目标,以及采取的措施与步骤。因而每次活动之前都要精心策划一番,以期活动效果最大化。专题活动主题明确,选择的时间也往往至关重要,并且专题促销活动一般会有特色节目吸引受众。下面举一则完整的专题促销活动案例来进一步说明专题促销活动。

2010年安徽汽车展"五一"嘉年华活动方案①

1. 嘉年华概述

2002年以来,每年中国安徽国际汽车展览会组委会都会在"五一"期间推出精心打造的"安徽汽车嘉年华"活动,并取得了非常可观的成绩,今年我们将继续演绎以拉动内需、刺激消费为主题的汽车嘉年华活动,更有开辟电动车专区,以便快速打造电动车的品牌形象,建立健全省内销售网络,提高电动车市场占有率。

本届活动我们将从以下几个层面推广。

(1) 致力于展览与销售

为了让更多的潜在消费者、二次购车者有一次集中的买车机会,把汽车展览和销售作为"2010年安徽汽车嘉年华"(图10-9)重头戏进行推广与执行。一方面使得"2010年安徽汽车嘉年华"具有更大影响力;另一方面,在汽车展览的同时达到销售的目的,同时借助本次车展,还推广了安徽的汽车文化。这样在给参展商带来直接经济效益的同时又使汽车文化得到了宣传,同时,还联合电动车品牌快速提高其企业知名度与美誉度,促进产品销售,加强终端宣传,聚集人气。

(a)   (b)

图10-9 2010年安徽汽车展"五一"嘉年华活动现场

(2) 丰富的汽车文化活动

"2010年安徽汽车嘉年华"与推广"汽车文化活动"应该是紧密相连的。随着"模特大赛"、"少儿环保汽车主题绘画比赛"等汽车文化活动的展开,将进一步扩大了"2010年安徽汽车嘉年华"的影响力与宣传力,同时吸引了专业观众与非专业观众的参与与关注。

(3) 迎合国家政策和绝佳的黄金档期

新版《合肥市道路交通安全条例》将从2010年1月1日起正式施行。其中规定,燃油助力车等非标准车今后不得在合肥上路行驶,对于已经核发"临时通行证"的,2010年5月1日之前还可允许上路行驶,但2010年5月1日后,燃油助力车将完全禁止上路;而对于上牌的电动车则可以继续上路。此项政策对电动车来说是福音,可扩大电动车内需,刺激消费。另外,随着2010年"五一"长假的取消,出门旅行显然难以成行。"五一"三天干什么?来安徽国际会展中心看新车、看好房必将成为合肥市民的首选。

---

① 资料来源:http://wenku.baidu.com/view/6106c528bd64783e09122ba0.html,有改动。

(4) 直接有效的广告效果

当时正处在春夏之交时节,正是汽车销售的旺季,利用汽车展示活动这种独特的活动渠道将产品、品牌、促销信息传达给潜在购车群体。

(5) 专车免费送达

金寨路高架通行无阻,给看车带来便利。更有免费展会车辆稻香楼发车,8 min高架桥直至会展中心;届时省内各地市"购车团"、"看房团"将组团专车送往国际会展中心,到达车展现场,现场购车还有优惠;随着皖江经济区的城市大建设、大发展,使买车成为必然,新兴的购车群必将出手。

(6) 房车互动彰显购买实力

与2010年安徽汽车嘉年华相关的重要活动是"中国(合肥)现代人居环境展",将形成大型房、车展销互动的局面。汽车展示借助房展会带来更多的有购买能力的人群,随着各项文化活动的展开,也极大地丰富了汽车嘉年华的看点,同时,将极大地推动老百姓参与的积极性。

2. 活动主题

拉动内需,刺激消费

3. 活动时间

2010年5月1日至5月3日

自2010年3月5日起,所有汽车厂家、4S店、汽车零配件厂商、汽车美容用品、汽车维修、汽车保险业、电动车等均可报名参展,可作企业形象展示、汽车展示等。

4. 活动地点

安徽国际会展中心(A区)

5. 组织机构

主办单位:中国安徽国际汽车展览会组委会

承办单位:太平洋汽车网

6. 主要活动内容

(1) 大型房、车展销互动

(2) 2010年安徽电视汽车模特大赛(预赛)

(3) 新车试乘试驾大体验

(4) 100名少儿汽车绘画比赛　主题"我心目中的环保汽车"

(5) 文艺表演

(6) 新车发布会

7. 活动打包费用合计

30 000元

展位面积:300 m^2

媒体广告回报:太平洋汽车网将针对此次车展活动开设专区专栏,进行全方位的系列跟踪报道。通过自身强大的网络媒体优势并结合其他优势媒体,对参展的每个品牌和每个经销商全方位的推广和系列跟踪报道。

8. 宣传安排

"安徽汽车嘉年华"成功举办了六届,借助"2010年第十一届中国(合肥)现代人居环境展","2010年安徽汽车嘉年华"势必成为安徽省内规模较大、档次较高汽车展会活动。

(1) 媒体安排

安徽交通台、太平洋汽车网、安徽电视台、合肥电视台等新闻媒体。

合肥主流媒体,不遗余力的"网式宣传",开设专题、专版全力支持,发布活动进程及报名信息。同时还有本届"2010年第十一届中国(合肥)现代人居环境展"宣传带来人气。

(2) 时间安排

自3月下旬至5月中旬,长达两个半月的宣传造势和后续报道,让活动不断推向高潮。

三、展览展销活动

展览展销是通过产品实物展示和现场示范表演达到宣传企业及产品的目的的活动。这种传播活动很直观,并且感染力很强,所以沟通效果也很好。展览展销活动有各类不同的形式,从内容上看,可以分为综合性展览与专题性展览。从展览的规模来看,有大型、小型或袖珍式展览。

展览展销活动给现在的企业提供了竞争的场所,不论采用何种方式,都要经过精心策划与设计,从而达到最好的效果。展览展销的组织工作程序如下。

1. 分析举办展览展销的必要性

展览展销将耗费大量人力、物力、财力,要对其可行性进行研究,写出可行性报告。非必要,就不举行。

2. 确定展览主题和子标题

在复杂的展览内容中,首先要明确一个基本的主题,作为全局的纲领。其他子题目,必须围绕主题进行,目的是给公众留下一个鲜明、深刻的印象。

3. 确定展览类型和参展单位

(1) 类型

室内或露天;大型或小型;专题类或综合类。

(2) 参展单位

同类或不同类。一般用广告的方式征集。

4. 明确参观者的类型

参观者有参观型和专业型之分。一般准备两套解说词:对参观型,解说词要通俗易懂;对专业型,介绍的资料应详细和深入,学术性要强。

5. 建立新闻媒介联络机构

联络机构工作:对外发布新闻;与新闻界联络;挖掘展览展销的新闻热点和亮点,写新闻稿件。

6. 做好工作人员的培训

解说员、接待员、服务员的工作质量直接影响到展览展销的质量和效果。必须对他们进行现场培训,使其熟悉工作和环境,能应付各种特殊情况。

7. 编制展览展销预算

一般情况下,展览展销预算包括七项:场地费、设计费、人工费、联络和交际费、宣传费、运输费、保险费。预算要留有余地,防止突发事件的产生。

四、零售业促销活动

对零售业来说,一年365天不可能天天都是旺季,总有淡旺季之分。旺季自然都是忙业务,那么淡季呢?业务减少了,很多店铺面临着关张的危险。怎么办?毫无疑问,促销是一个必要的手段。如何合理运用促销策略是每个店铺、经销商都要面临的问题。但是,促销不是市场问题的"终结者",而是一把"双刃剑"。促销既能带给店铺更多的利润,又会带给店铺很多的无奈,就像明知面前是个泥潭,但是不得不跳下去。毕竟利用商品价格进行促销已经成了店铺和店铺之间的最常用武器,无论你的促销是主动的,还是被动的,只有毫不犹豫地往下跳,才有重生的机会。

零售业促销的方式有价格折扣、临界价格、抽奖、包装促销、人员促销等。零售业的促销活动方案包括:市场分析、活动主题、活动目的、活动时间、预期目标和效果、市场推广建议和费用预算明细等。

【小问题】

1. 促销的活动形式有哪些?
2. 经常听到"赞助"这个词,你理解的赞助是什么?举例说明。
3. 说说你平常生活中看到的零售业促销活动。

【补充阅读】

联合促销[①]

在生活中,只要你留意观察,就会发现当你在超市买某样东西时,如果你多付一点钱就可以买到另外的一样东西,或者说导购员告诉你购买一样东西后只要购买另一样东西,就可以参加某个抽奖活动。乍一听,消费者觉得很划算,但实际上这往往是生产厂家产品的促销。这种将两种东西绑在一起的销售,就叫做联合促销。联合促销的特点在于门槛低,效果显著。企业只需要花很少一笔促销费就可以很好地达到销售目标。因此,这种销售方式,不管是对于大品牌还是小品牌,都是非常有效且非常低成本的销售模式。如果销售得当,很有可能达到 $1+1>2$ 的效果。

联合促销的形式有两种:一种是企业内部两个不同品牌的联合促销;另一种是不同企业、不同品牌之间的联合促销。第二种相对第一种较少,但发展前景广阔。

我们来看看如何实现联合促销。第一步,寻找可以联合促销的品牌,达成协议。找品牌常用的方法有以下几种。①消费习惯法,即从产品自身的功能用途出发,按照消费者的消费习惯,来寻找合作品牌。例如,心相印纸巾跟楚天都市报两者联合促销,买一份楚天都市报就送一包心相印的纸巾。②创新法,将不同产品或服务嫁接,寻找促销点。③连锁法,也是看产品之间的功能联系。比如,打印机可以联合打印纸品牌,洗衣机跟洗衣粉联合促销。第二步,寻找契合点,明确共同目标。在寻找到自己的合作伙伴之后,就是要明确目标,然后目标一致,共同完成。且契合点越大,共同目标越接近,联合促销的效果也就越大。如肯德基与百事可乐的联合促销。第三步,制订一个双赢的方案。任何促销方案的成功,都离不开一套有效可行的方案指导。联合促销最大的目的是要实现合作品牌双赢。在方案制订上,双方都应以大局为重,才能使利益最大化。联合促销有着广阔的市场前景,因此,值得很多企业学习借鉴。

---

① 资料来源:如何运作联合促销以小搏大. http://www.emkt.cn/article/186/18607.html,有改动。

【重点提示】

赞助促销策划

专题促销活动与展览展销活动的区别

零售业促销

■ 关键概念

4A广告公司　企业品牌　品牌建设策划　产品品牌策划　赞助促销策划　专题促销活动　展览展销活动　零售业促销活动

■ 复习思考题

1. 结合4A广告公司案例,谈谈企业品牌策划应该如何实施,以及实施过程中应该注意的问题。
2. 产品品牌经营有哪些策略?
3. 品牌策划过程有哪些?
4. 促销策划包括哪些形式,每种形式的内容及优势是什么?

■ 单元实训

【实训内容】

促销策划训练

【实训目标】

使学生掌握促销策划的程序和方法,学会撰写促销策划报告。

【实训内容与组织】

将班上同学分为五人一组,由教师指定促销策划项目。

1. 各策划小组根据已选定的促销策划项目分工合作,收集资料,并进行促销策划方案的撰写。
2. 各策划小组派一名代表上讲台解读本小组的促销方案,用PPT的形式。
3. 其他小组成员和任课老师可对各小组的促销方案进行提问,并指出修改意见。
4. 各策划小组根据老师和同学所提意见对方案进行修改。
5. 上交修改后的书面促销策划方案。

【成果与检测】

上交书面促销策划方案,由教师根据以下标准进行评分。

1. 促销策划方案的完整性与科学性(40分)
2. 促销策划方案的可行性(20分)
3. 促销策划方案的创意性(20分)
4. 上台发言代表的表述水平(10分)
5. PPT制作水平(10分)

(教师可自行调整评分标准权重)

第十一章 广告策划书的内容与撰写

■ 课前导读

选择正确的策划书表达方式

在广告策划与创意阶段,广告人员已经基本确立了针对客户广告项目实际而制订的总体战略和基本战术,广告策划书正是对总体战略和基本战术的最终完整呈现。因此,从根本上而言,广告策划书的品质高低由前期的广告策划和创意阶段的成果的质量决定。

那么,这是否意味着只要有不错的想法就一定能形成优秀的广告策划书呢?毋庸置疑,广告策划书的"生命力"源自前期的广告策划和创意阶段的成果。但是,策划书表达方式的差异是否也有可能对成果的展现起到或正或负的作用呢?

以小美同学的实践为例。西部A市的大学生小美为安利做了一份"A市安利品牌美誉度提升策划案"。小美通过前期调研并结合安利公司发展目标,在方案的第二部分提出了A市安利品牌美誉度提升的目标。以下提供的是小美先后两次对"A市安利品牌美誉度提升的目标"的文字阐述。

第一次表述如下。

A市安利品牌美誉度提升的目标

只有15%的受访者赞同安利作为事业机会,是安利品牌美誉度所有指标中最低的,有40%的受访者是不知道,42%的受访者说不上好或差,3%的受访者觉得差,而这方面安利在全国的美誉度是57%。鉴于年轻消费者的消费观念和力度较大,同时会选择安利作为事业机会,我们选择了20~25岁的年轻人作为目标人群。因此,我们希望通过此次策划,改进这方面存在的问题,使A市安利品牌美誉度提高17%。

第二次表述如下。

A市安利品牌美誉度提升的目标

调查结果显示,被访者对安利作为商业或事业机会这方面的印象在五个指标中最低,仅有15%,与全国的57%相差甚远。因此,我们选择最先解决安利作为商业或事业机会认同较低的问题,这既会带动安利知名度在A市的提高,也会带动其他四个指标相应加分,最终让安利品牌美誉度得到整体提升。

被访者中年龄在20~25岁的人占40%,多为高校大学生。所以我们选择了A市大学生作为此次广告传播活动策划的主要目标人群。据统计,A市大学生将近30万,以平均每个大学生能有效影响到两个其他年龄段的人(父辈和祖父辈)计算,大学生的影响力将达到90万。A市20~60岁劳动年龄人口约280万,因此,本次广告传播活动预计能影响到的人口占总A市人口的32%。另外,大学生属于网络媒体的积极使用群体,因此在2011年2月21日到6月30日期间,我们将主要通过网络互动,努力实现A市安利作为商业或事业机会的认同度提高到32%的目标。

从小美同学的前后两次阐述中可以看出,她所制订的策划案的目标——实现A市安利作为商业或事业机会的认同度提高到32%——并未发生改变。但在对比阅读之后,读者能否感觉到前后两次表达方式的重要差异?这些差异是否影响到了你对这两个版本的广告策划书的选择倾向?

第一节 广告策划书的主要内容

俗话说:"商场如战场",战场的本质是竞争,商场也是如此。机遇、风险、名利、暗阱……企业在市场竞争中,需要以理性和机警寻找最佳作战方案。在商战中,消费者是企业需要获取的关键资源,而广告又是企业影响消费者的主要工具,因此,将广告策划书形容为企业的商战"兵书",丝毫不为过。

概括而言,广告策划书的主要内容是为企业量身订制特定时期内的广告竞争战略,并依据广告运作流程和规律提出广告传播及整合传播的实施策略和执行方式。作为企业的商战"兵书",无论是在核心战略层面、实施策略层面、还是执行方式层面,广告策划书的实质都是为企业提供广告沟通领域的"用兵之道"。

一、广告策划书的主体架构

广告策划书是承载纲领提要与全局部署的整体文本,无论其具体构成如何设置,方案都必须要解决三大基本问题——"计"、"谋"、"势"。据此,广告策划书的主体架构由三部分组成,包括:"计",分析行业与企业生存态势;"谋",提出营销目标和广告战略目标;"势",制定广告运作及整合传播策略。

1. 分析行业与企业生存态势——"计"

《孙子兵法》中"计"的意思是"庙算"、"计算",主要是指在战争前讨论诸项决定胜负的因素。"孙子曰:故经之以五事,校之以计,而索其情:一曰道,二曰天,三曰地,四曰将,五曰法……凡此五者,将莫不闻,知之者胜,不知者不胜。"(译文:孙子说,要通过五个方面比较计算,以探索双方优劣的情况。一是道,二是天,三是地,四是将,五是法……这五个方面,将帅都有所闻,只有深知者才能取胜,否则不能。)如同行军打仗的将帅,为了能在激烈的市场竞争中胜出,企业在采取具体行动之前,也应当仔细斟酌"道、天、地、将、法"这五个方面的情形。于是,分析企业所在行业与企业的生存发展状态,帮助企业明确自身的优势与劣势就成为广告策划书必要的和首要的内容。

"道",原是使民众能够和君主的意见一致,可以同生共死,而不怕任何危险。与此相对应,广告策划书中的"道"探讨的是特定行业里的消费者偏好,以及企业(产品)在满足消费者偏好上的表现优劣。"天",原是指昼夜、阴晴、寒暑和四时制约。在广告策划书中,"天"指的是行业、企业、产品生命周期特征和企业(产品)进入市场时间对该企业开展广告行动的方向上的制约。"地",本意为地理位置的远近,地形的险阻与平坦,广阔与狭窄,以及死地和生地等。在广告策划书中,"地"表示在争夺现有市场或开发新市场的过程中,竞争企业的营销与广告行动对本企业所形成的威胁与机遇。"将",原指智、信、仁、勇、严法,是指军队编制和通信制度,将官配备、职责和粮道,军队经费。与此相对应,广告策划书中的"将"代表的是针对企业(产品)自身属性、品质、经济资源、社会资源、以往广告活动方式等是否有利于企业保持或改变现有市场地位或广告战略而进行的分析。

2. 提出营销目标和广告战略目标——"谋"

"上兵伐谋,其次伐交,其次伐兵,其下攻城;攻城之法,为不得已……故用兵之法,十则围之,五则攻之,倍则分之,敌则能战之,少则能守之,不若则能避之。"(译文:用兵的上策,是运用谋略取胜,其次是运用外交取胜,再次是歼灭敌人军队,下策才是攻城。攻城,是不得已而采取的办法……因此用兵的方法是,有十倍于敌的兵力就合围它,五倍于敌就进攻它,一倍于敌就设法分散敌人、各个击破,与敌人兵力相等就要能抗击它,兵力比敌人少就要能摆脱它,条件不如敌人就要避免交战。)孙武的这段话告诉世人,懂得在何种情况下适合和不适合与敌作战,懂得根据双方兵力多少采用不同战术,就是在运用谋略取胜,是上策。

企业竞争的上策也是运用谋略取胜。在市场经济体制下,任何一家企业都置身于价值网络之中,和其他企业、组织之间存在双向的制约关系。同样一家企业的市场决策和行为总是受到其他特定企业、组织的影响,也反过来会刺激其他特定企业、组织的市场反应。显然,动态的市场博弈要求企业必须环顾四周、知己知彼,在比较中寻找核心竞争力,选择或攻或守、或分或避的营销目标。选择了正确的营销目标,才能制定适宜的广告目标战略,确保广告运动的正确方向。可见,广告策划书提出广告目标战略的过程,实则是在充分理解企业与主要对手制约关系的基础上,凝练出既能确保企业享有最佳竞争优势,又能让消费者在预计的时期内认同的品牌(产品)核心价值的过程。

3. 明确广告活动事项与整合传播策略——"势"

"庙算"和"谋划"之后,便进入实战阶段。为了取胜,兵家还须擅长"造势"。《孙子兵法》写道,"凡战者,以正合,以奇胜……战势不过奇正,奇正之变,不可胜穷也……"(译文:指挥作战,总是用正兵与敌接触,用奇兵取得胜利……作战方法不过奇正,可是奇正的变化却是无穷无尽的。)我们可以从中理解,充分发挥主观能动性,机智地变换战术和灵活地使用兵力,形成不可阻挡的作战能力就能"造势"。

将实战阶段的兵法应用到广告策划书的内容设计之中是非常重要的。虽然广告策划书是对广告决策的预先判断,但为了提高广告决策的成功几率,广告策划书也需要设置预先"实战演习"的内容。既然实战需要"造势",那就意味着,广告策划书不仅要发现问题,还要提供创造性的解决之道,设计出奇制胜的战术,营造顺利达成广告目标的有利局面。

广告策划书中的"实战演习"主要指明确广告活动事项和整合传播策略。广告活动的基本事项有广告主题、广告传播对象、广告创意及表现、制作,整合传播策略包括广告媒体选择与组合计划、与广告相配合的其他营销传播工具的使用等。金六福广告以"中国人的福酒"开启全新的白酒消费习惯,万科总裁王石为摩托罗拉广告代言反倒让公众对万科企业产生更大关注兴趣,百度"更懂中文"的唐伯虎系列小电影广告创造了媒介发布费用为零、接近2 000万人次深度传播的奇迹……诸多企业广告策划的成功个案都说明,在广告活动事项和整合传播策略中的某一环节或多个环节上的创新,都能为企业创造巨大的经济回报。因此,优秀的广告策划书应当精心展现"奇正之变",在广告活动环节和传播策略上能够"出彩"。

二、广告策划书的构成要素

为了详尽而有序地陈述广告策划书要解决的"计"、"谋"、"势"三大问题,并方便广告客户准确理解策划方案的要义,一般来说,广告策划书包含以下构成要素:前言、市场环境分析、营销目标、广告目标、广告策略与执行、广告预测与评估计划和结论。

(一) 前言:提纲挈领

前言是以摘要的方式对整个广告策划方案进行概括,用简洁的语言提炼方案的核心主题和基本要点。此部分内容的主要作用是便于广告客户在快速阅读中把握策划方案的基本思路,对具体实施策略进行"快照式"预览。此外,由于公司高层管理人员更侧重于宏观决策,他们会更倾向通过前言来判断方案的实用价值,因此,广告人在进行前言写作时,需要特别注意语言表述规范和行文逻辑。

(二)市场环境分析:知己知彼

为了规划未来就必须立足现在,为了战胜对手就必须了解对手,为了改变行业格局就必须明晰已有格局。市场环境分析旨在探测企业内部和外部现状,整理与此次广告策划直接相关的市场信息,描述优势和劣势、机会与威胁,为广告决策提供客观依据。市场环境分析大致可以依次分为以下五个方面的内容。

1. 行业分析

国内外政治、经济、政策等宏观因素影响下和行业自身技术、资金、成长阶段因素影响下的总体市场规模和变化趋势;市场结构和市场绩效所形成的竞争饱和状态、竞争焦点和市场缝隙。

2. 消费者分析

了解公众对某一产品品类的总体消费需求和消费偏好;评估特定企业(产品)现有消费者的经济、社会价值;测量该企业现有消费者和目标消费者的重合度;分析是否存在具有更好开发价值的潜在消费者。

3. 产品分析

从整体产品概念出发,剖析产品价值和价值的实现程度,包括向用户提供的产品的基本效用或心理利益的核心产品层面,由品质、品牌、外观、商标及包装等构成的有形产品层面,由信贷、保证、安装、维修、送货、技术培训等服务体现的附加产品层面。

4. 企业和竞争对手的竞争状况分析

比较企业和竞争对手在市场上的占有率、市场地位、资源优势、企业形象、运营目标、品牌核心价值方面的差异,寻找机会点。

5. 企业和竞争对手的广告分析

比较企业和竞争对手在广告目标对象、广告传播主题、广告认知效果、广告投放区域和媒体平台、广告强度和密度方面的差异,寻找机会点。

(三)营销目标:全局在胸

企业任何看似独立的广告策划活动都应当与公司的总体目标紧密相关,服从于企业的营销目标。在广告策划书提出广告目标之前,应先完成对企业营销目标的界定。营销是完成商品、服务或价值从企业向消费者转移的过程。为了实现转移,企业需要制订营销目标,即有层次的、定量的、现实而又互相协调的市场任务体系。首先需要制订企业运营的总方针,即长期目标,包括企业希望进驻的行业领域,规划期内要实现的市场地位、总体市场占有率、营业增长率、投资回报率,生产、销售之间的统合方式等。长期目标的完成是由各个阶段、分步骤开展的短期目标的达成来实现的。因此,短期营销目标侧重于企业现阶段要解决的市场问题,如产品创新、渠道分布、价格调整、促销力度等。

无论是长期营销目标还是短期营销目标的提出,都应当以市场环境分析为客观依据,短期营销目标不得与长期营销目标相冲突。另外,在此部分内容形成之前,一些广告客户强调企业已经确定了营销目标,此时广告人切不可盲目相信企业自己预设的营销目标,而应当以市场环境分析所得出的结论为基础,明确策划案究竟是要遵循还是要调整原定营销目标。

第十一章　广告策划书的内容与撰写

（四）广告目标：心无旁骛

一般而言，广告策划书中的广告目标更多直接服务于短期营销目标，但也不可与长期营销目标相矛盾。要始终牢记，广告目标的任何组成部分都应当在营销目标的规定范畴内，也应当有利于营销目标的达成。

广告目标主要包括广告竞争目标和广告传播目标。广告竞争目标集中说明企业的广告活动是为了抑制、挑战、跟随，还是回避主要竞争对手的广告。广告传播目标要详细说明用何种广告主题在什么时间段去影响哪类目标对象，让目标对象中多少比重的群体能因为广告对产品产生偏好或购买行为等。

（五）广告策略与执行：奇正变幻

生产、流通、消费是经济活动的三个基本环节。广告活动作为经济活动的一种，也可以分为这样三个环节，广告策划书中的广告策略与执行部分正是针对提高广告生产质量、控制广告流通成本、增加广告消费价值问题而给出的实施方法。具体为：创意及表现策略、执行制作用于提高广告生产质量，媒体选择、组合、排期和广告制作、媒体发布费用预算用于控制广告流通成本，促销、互动体验、公告关系等其他活动的配合用于增加广告消费价值。

广告策划人需要充分理解广告生产、广告流通和广告消费的内在规律，才有可能在广告活动的具体环节中推陈出新，从而提高广告策略与执行的整体势能。

（六）广告预测与评估计划：深思远虑

提供对广告运动的事先评估、事中评估和事后评估的指标和方法，说明评估经费预算。针对广告方案执行中可能会出现的困难，提供解决预案。

（七）结论：一锤定音

汇总广告策划案的基本观点，对广告策划案的特点做出整体评价，侧重强调方案的科学性、创新性和实效性，以此最终说服广告客户认同广告策划案。

下面节选一份非常可乐的广告策划书（该策划为2008—2009年大学生广告艺术节学院奖策划书类哇哈哈命题银奖作品）作为案例，具体说说广告策划书的主要内容与结构。

《我的可乐跟我姓》策划书节选[①]

（一）企业和竞争对手的竞争状况分析部分

1. 企业在竞争中的地位

非常可乐现在的年销量在20亿～30亿元人民币之间徘徊，在中国碳酸饮料市场，坐三望二的地位不可动摇。

（1）市场占有率

由于在中小城市及农村市场中的经营逐渐展现出成效，近年非常可乐的销量大幅增加，已占到可乐市场份额的15%，接近"老二"百事可乐。在此战绩之下，非常可乐乘胜追击，扩大产量。而且其扩产的力度比可口可乐还要大得多。

（2）消费者认识

在北京市场赢得2.6%的认知度，可在上海市场，非常可乐的认知度几乎为零。

---

① 文俊. 李佳佳. 陈晓萍. 杨帆. 符宇锋. 陈洁. 我的可乐跟我姓. http://www.xueyuanjiang.cn/a/awards/diqijie/2009/0925/253.html, 有改动。

（3）企业自身的资源和目标

娃哈哈为推出非常可乐已准备了两年,公司投资1亿多美元,从德国、意大利等国引进了两条目前全球最先进的制瓶和罐装生产线,设备毫不亚于可口可乐和百事可乐;原浆配方则是与国外几家著名公司合作,调动了技术组,根据国人口味,经过了几千次的配料和改进。娃哈哈广邀全球专家加盟,为其产品原料、配方、工艺、口味等度身定制。就像当年可口可乐公司的神秘配方一样,娃哈哈也研制出独有的不仅口感好,更有中国文化内涵的中国人的口味。

2. 企业的竞争对手及其基本情况

目前非常可乐面对的主要竞争对手是可口可乐和百事可乐,尤以可口可乐为主。这两家公司不管从哪方面来说都比非常可乐强大得多。

可口可乐公司已在中国的21个省份建立了合资企业23个,年销售量超过3.2亿箱,占据了中国可乐市场的57.6%份额。目前,可口可乐公司仍然在不断扩大它的地盘。紧随其后的百事可乐,也在中国市场占据了21.3%的市场份额,"洋可乐"几乎已在中国市场一统天下。

3. 企业与竞争对手的比较

（1）机会

① 利用国人的爱国热情,培育自己的民族品牌。

② 政策扶持和新闻舆论的支持。由于树起了民族大旗,而且有可能是国内唯一一家能与"洋可乐"抗衡的企业,出于民族自豪感,以及对发展国货的强烈愿望,有可能在市场进入、生产贷款等方面获得某些政策性的扶持,同时在舆论宣传等方面可获得相对的优势。

（2）威胁

威胁主要来自竞争对手,即可口可乐与百事可乐。

（3）优势

① 品牌优势　娃哈哈这一品牌已是国人心目中的名牌,它的企业形象已赢得了消费者的认同和信赖。在这样的基础上再推出产品,消费者接受起来比较容易。

② 价格优势　一开始非常可乐就采取了价格领先战略,把市场价格定得比较低并获得了相对成功。但如果想进入一线城市,对价格并不敏感的消费者来说这也许并不是个优势。

（4）劣势

① 市场份额相对较小。从相对比较市场占有率来看,非常可乐与两大竞争对手还有一定的差距。

② 与洋可乐相比,目前其市场影响力还较小,在国人心目中的品牌认知度还不够。

主要问题:利用什么方式发挥民族特色这一品牌优势。

（二）企业和竞争对手的广告分析

1. 非常可乐的广告

在非常可乐上市以后,"娃哈哈"马上展开了大规模的广告宣传活动。非常可乐广告的投放以中央台及各地的卫视台与省台为主,在各地有线台投放较少,1998年1—8月非常可乐在中央台投放的广告费用占其他频道的27%。

"娃哈哈"大面积、高频率的广告投放,配合产品的市场导入和整个品牌的运作,起到了良好的需求拉动作用。但非常可乐的广告创意是五花八门的,没有一个统一的策略。最初非常可乐确定的品牌定位是"中国人自己的可乐",强调它的本土性、民族性,并且要以振兴民族可乐为己任,显示出与洋可乐定位的差异。从情感上影响消费者,用民族感情唤起他们的购买欲望。可是接着定位是"有喜事,当然是非常可乐",以及"非常可乐分享美好生活"显然这样前后不一致的定位成为人们对他广告印象模糊的主要原因之一。

2. 可口可乐的广告

从历史上看,可口可乐公司是以广告投入大而取胜的。如今可口可乐在全球每年广告费超过6亿美元。中国市场也不例外,可口可乐在中国每年广告投入高达几千万元人民币。

临近20世纪末时,可口可乐意识到,要当中国饮料市场的领导者,品牌融合中国文化才是长久之路,可口可乐开始大踏步实施广告本土化的策略。

可口可乐广告本土化策略,首先体现在其广告与中国文化的结合。中国人喜欢热闹,尤其是春节这个合家团聚的日子,而可口可乐广告引人注目的手笔就是1997—2002年一系列的春节贺岁片子。可口可乐还就北京申奥成功、中国入世大打广告宣传,现在它又大力赞助中国足球队,声称喝可口可乐,"分享世界杯精彩"。可口可乐俨然成了中国本地产品,而这种乡土形象,确实达到了与中国消费者沟通的效果。

其次,可口可乐积极选择华人新生代偶像做形象代言人。可口可乐一贯采用无差异市场涵盖策略,目标客户显得比较广泛。近年来,可口可乐广告策略把受众集中到年轻人身上,广告画面以活力充沛的健康青年形象为主体。据称,起用华人新生代偶像做宣传之后,可口可乐在中国的销售增长了24%。

3. 百事可乐的广告

百事可乐抓住了年轻人喜欢酷的心理特征,开始推出了一系列以年轻人认为最酷明星为形象代言人的广告。而在大中华地区,曾担任百事可乐代言人的名人包括:张国荣、刘德华、郭富城、王菲、陈慧琳、郑秀文、周杰伦、蔡依林、陈冠希、古天乐、谢霆锋、姚明、罗志祥、吴克群等。通过广告,百事可乐力图树立其"年轻、活泼、时代"的形象。

4. 广告分析和总结

(1) 机会

可口可乐和百事可乐走的都是明星代言的路线,而据问卷调查表明明星效应并不是促使消费者选择购买可乐的主要因素,相反它只占一小部分,所以非常可乐可以走群众代言的路线,更能贴近消费者。

(2) 威胁

可口可乐和百事可乐的强大的广告覆盖率和品牌的知名度。

(3) 优势

"中国人自己的可乐"的广告定位。

(4) 劣势

广告不能很好地提高品牌的文化内涵。

(5) 主要问题

如何利用广告提升自己的品牌文化,提高市场占有率。

【小问题】

1. 广告策划书一般包含哪些构成要素?
2. 广告策划书中市场环境分析部分的主要内容是什么?
3. 广告策划书中的广告策略与执行部分的主要内容是什么?

【补充阅读】

"中国骄傲,入主未来"——奇瑞汽车瑞麒 G5 广告策划案①

1. 营销环境分析

奇瑞汽车进军中高端市场,推出高端子品牌瑞麒,G5 是第一款 B 级商务轿车,而 B 级车市场一直是合资品牌的天下,且价格一路下探到 A 级车市场,马自达 6 更是下探到 16 万元以下,而真正国产的荣威 550 和一汽奔腾 B70,运用合资背景的造车平台与经验,在市场中直接与 A 级车进行竞争,获得了一部分的市场份额,而过去自主品牌如华展、奇瑞、吉利的 B 级车无一成功。

瑞麒 G5 承担着塑造奇瑞高端品牌 RI1CH 的重任,且要扭转国人对自主品牌 B 级车不利的看法,因此 G5 在上市初期必须扭转消费者对自主品牌 B 级轿车技术和性能上的忧虑。而 G5 搭载的 2.0T 涡轮增压发动机和莲花公司对 G5 整车操控系统和底盘进行了调校后的表现,成为传播的突破口。

G5 面临的主要挑战是:①消费者对国产 B 级车技术和性能上的担心;②消费者对国产汽车 B 级车品牌与自身身份认同上的巨大落差。

G5 的传播策略将围绕这两个核心挑战展开,强化 G5 在产品性能上可明确感知和印证的特点,并寻找国产自主品牌与消费者内心的认同感。为完成这样的传播目标,瑞麒 G5 在上市前在世界最难 F1 赛道,号称绿色地狱的纽博格林北环赛道进行了测试,跑出了 8 分 56 秒的优秀成绩,这一成绩甚至超过了很多顶级轿车的成绩,这也是自主品牌轿车第一次登上这条赛道。

2. 广告传播目标

在消费者对自主品牌无汽车核心技术认知的前提下,扭转消费者对 G5 性能的不利看法,必须要有非常明确的诉求和可感知的体验。而专业类汽车杂志和网站的测评将成为舆论的源头,首先要征服专业人士的看法,并邀请消费者进行深度试驾来体验 G5 性能。同时,国产品牌与消费者身份认同仍然是品牌策略的焦点问题,必须找到瑞麒品牌与消费者内心共鸣的点,让消费者觉得 G5 适合他。

此次传播活动的主要目的是:①让专业人士和消费者逐步认识到 G5 是一款高性能轿车,主要特点为操控和运动性能出色;②明确瑞麒 G5 的产品形象,提升消费者的认同度(麒麟销售公司调查科此前做的消费者对自主品牌 B 级车的认同度只有 8%,期望这一比例能提升至 18%)。

3. 广告策略

核心创意是:中国骄傲,入主未来。

作为中国自主汽车产业的领头企业,奇瑞在国庆 60 周年进行了展出,并第一次走上世界最难赛道进行了验证,跑出了令西方媒体和专业人士吃惊的成绩,这是自主品牌给予汽车产业和中国消费者最好的答案,当然也是自主品牌 B 级车最好的产品。

核心创意的产生主要来自 G5 产品本身的感知和特性,虽然 G5 在外形设计上考虑了中国消费者稳重和商务特性的需求,但 G5 在运动和操控性能上的出色表现,让我们有理由有

---

① 大唐灵狮."中国骄傲,入主未来"——奇瑞汽车瑞麒 G5 广告策划案. 中国广告,2010,9:94-95.

如此自信的表达,这也是中国消费者对中国汽车品牌的期待。

更为重要的是,我们的目标消费者,那些中国本土企业的中坚力量也大多数在与外资和合资品牌竞争,并且在竞争中获得越来越多的自信,淘宝与易趣,百度与谷歌的竞争甚至成为中国财经类和新闻类的焦点事件,这也无疑增强了自主品牌的信心。而那些在本土企业中的中坚力量,他们的内心也正在发生对自主品牌的微妙变化,瑞麒G5必须把握住这样的趋势。更大的市场背景也在催生这样的心理变化,随着全球金融危机的发生,中国国家形象也在发生最为深刻的变化,中国在海外进行的国家形象的传播令许多中国人感到兴奋。

而瑞麒G5和他们一样,正努力赶超外资和合资品牌,是积极和充满自信的。

4. 广告表现和执行

整个传播运动分为了三个阶段。

第一阶段:主要针对纽博格林的赛道优秀成绩进行了传播,并邀请专业的汽车杂志和网站进行试驾活动,加之纽博格林事件本身获得的媒体关注和传播,在G5登上各大汽车网站平台时,专业人士在G5运动性能和操控上都给出了非常高的积极评价(在各大汽车网站G5专题中的编辑评价说明了这一点)。在广州车展上市时,邀请了比利时赛车手和中国著名赛车手李佳现场作出了试驾评述,强化了产品性能和信心。

第二阶段:为邀请消费者深度试驾和零距离感知G5的产品性能,公司安排了专业赛车手组织的七大城市为期两个月的深度试驾活动。传播的主题是"征服还是被征服"。

第三阶段:为了进一步强化产品性能和提升品牌形象,麒麟公司签约世界足球先生梅西,并在南非世界杯期间进行了大量宣传,突出"用2.0T的芯征服世界"这一传播口号,并围绕梅西建立了球迷俱乐部和为梅西加油等一系列公关活动。

5. 广告效果评估

原本设定的两大目标皆已达成。

① 消费者对G5产品操控和运动性能的认知非常突出,这和专业网站评测是一致的。

② 消费者在对G5的购买意愿上获得了很大的提升。

(上述结论源于麒麟公司市场部数据)

【重点提示】

广告策划书的主要内容

广告策划书的构成要素

市场环境分析

广告目标

广告策略与执行

第二节　广告策划书的编写技巧

在对北京、上海、广州三地的广告主进行相关调查后,上海明略市场策划咨询有限公司得出研究结论:"企业主往往希望广告公司能以专家的身份来帮自己诊断并提出切实可行的解决方法。企业最需要的是能从广告公司的专业人员那里得到好的建议以便在将来的发展道路中能时时领先。""企业主作为当局者往往较容易被自身的一些主观想法所左右,对于自身的不足缺乏全面和客观的认识。而广告公司可以凭借专业的经验和知识进行客观分析,同时提出一些有效的发展策略。因此,逾四成的企业认为广告公司的竞争优势在于拥有有效的发展策略。"①

广告策划书是广告公司专业能力的重要表现载体。因而,广告策划书要获得客户认可,就应当体现出上述研究结论中企业对广告公司的能力要求:实效、专业、全面、客观。广告策划书能否达到企业的需求标准,从根本上取决于广告策划书的内容质量。不过,由于文字语言和图像语言是广告策划书的基本表达工具,对这两大工具的应用技巧水平也会影响广告策划书的品质和说服力,因此,广告人不能忽视广告策划书的编写技巧。为了利于策划方案实现"实效、专业、全面、客观",广告策划书的编写应做到以下几点。

一、有条不紊的逻辑推理

篇章结构的逻辑关系一般包括平行关系、接续关系、先后关系、递进关系和总分关系。

平行关系指各部分平等并立、无主无从,前后顺序不十分严格,颠来倒去未尝不可。

接续关系指人们在安排章节段落的时候,往往有某种理由这样排列而不那样排列,它们虽然也是并列的,但却是有序的。

先后关系指含时间先后因素的若干命题并立,不能颠倒。

递进关系指各部分之间不仅并立有序,而且每后一部分都比前一部分有进一层的意思。

总分关系指分述从属于总说,可以先分后总,也可以先总后分。②

从广告策划书的整体全局来说,大多数广告策划书选用递进的逻辑关系,依次为提出问题、分析问题、解决问题。如果从广告策划书的三大内容的内部构成而言,各个内容板块要承担的任务不同,各自使用的内部结构逻辑关系也不同。

1. "计":大多使用接续关系

"计"旨在分析行业与企业生存态势,全面、清晰是这部分内容的基本特点。所以,此部分适宜使用接续的逻辑关系,各个组成单位并立而有序,既各自独立形成条块,又环形围绕主题而相互产生有机关联。例如,《小糖果,大面子——第一喜糖果品牌策划全案》③中的"计"——"品牌环境篇"内容多样,包括糖果行业市场培育、糖果市场销售变化、公司内部能力、公司外部竞争等各方面的信息。同时,方案撰写者又以"喜忧参半"的视角将这些内容合理组织,避免了信息因全面而可能繁杂无序的缺陷,同时又给出了各种类型信息的市场价值。"百度,更懂中文"的策划案中以陈述百度面临的几大重要的挑战进行了市场综述,包括:挑战一,如何确立品牌领导者地位;挑战二,如何提高使用者的自豪感;挑战三,如何提高收入和赢利能力。三大挑战分别对应不同层面的市场问题,各自独立,但总体来看三大挑战都是围绕百度的品牌实力塑造来说的,因而不会产生"风马牛不相及"的编写错误。

2. "谋":大多使用总分关系

"谋",意在提出营销战略目标和广告战略目标。营销战略目标和广告战略目标的制定往往受制于多方因素的影响,同时目标必须明确集中、说服力强。使用总分关系来编写战略目标能较好地处理集中的目标提炼和网状的因素分析之间的捏合问题,使该部分紧凑明了,

---

① 上海明略市场策划咨询有限公司.企业需要广告公司做什么?——北京、上海、广州三地广告主调查.中国广告,2004,5;第38。
② 陈宗明.逻辑与语言表达.上海:上海人民出版社,1984年3月第一版,第298-299页。
③ 陈邦跃.小糖果.大面子——第一喜糖果品牌策划全案.食品工业科技;2006.9,第20页。

又有充足的说服力。撰写时可以先总后分,先直接表明战略目标,再分述各方关联因素,也可以先分后总,先分述各方关联因素,再水到渠成提炼战略目标。例如,《非常可乐,非常MC^2》为非常可乐设计的营销战略的核心是以时尚为本,整合中国风与多种概念元素,打造新的品牌概念"非常可乐,非常MC^2"。在给出营销战略的核心之前,撰写者首先解释了"为什么要时尚?"和"为什么要中国?",这是典型的先分后总的总分关系。接着,撰写者提出了"充满中国式时尚的可乐"的新品牌定位,并说明"首先,这一定位淡化了民族性,把"中国人自己的"变成了"具有中国特色的",在情感上更加自然淡定,也容易增加认同感。其次,把"中国"这个概念具体化,中国式的时尚,中国式的潮流,具有中国元素的创意,更能给中国消费者以形象感和亲切感。最后,既然是时尚,则必然面对年轻人,而不是涵盖全体中国老百姓,市场细分更加清楚。"这里使用的是先总后分的总分关系。

3. "势":大多使用先后关系

"势"的内容为制定广告运作策略和整合传播策略,直接关系到方案的执行方向。为了确保后期方案执行者准确依据策略合理分配资源、掌控执行进度,此部分的撰写适宜采用先后的逻辑关系,即依据各类策略实施的时间先后关系而编排。例如,为了使消费者对浦发银行的认知从目前的区域性银行转变到全国性银行上来,《浦发银行2009企业形象传播方案》将提出的策略分为两部分阐述:创意策略核心(结合"全国性银行"的传播目标与"进步的动力"的浦发银行品牌本质,以及"新思维,心服务"的品牌口号进行创意发展)、整合传播策略及实施(以打造浦发银行全国性银行的形象为主要目的,选择权威性、专业领域、到达率与关注率高的媒体进行传播推广,尽可能多地提高品牌的露出度,让全国人民对浦发银行有一个崭新的认识)。虽然撰写者并没有明确表明各个策略的执行时间,但广告活动的正常流程中总是先有创意主题和创意作品随后才开展媒体发布,显然撰写者使用了先后关系来组织行文。

最后,需要强调的是,在广告策划书中,平行关系、接续关系、先后关系、递进关系、总分关系的适用规则并非一成不变。只要有利于广告策划书的各局部的有机整合和整体的论证力度强化,每一种逻辑关系都可以实现各得其所。

二、律动形象的语言审美

理性与感性是人类的两大审美追求。一份优质的广告策划书除了能为客户提供决策的理性意义之外,还能借助文字语言的形式美和意象美让广告客户在阅读之中享受理性意义之外的感性体验。文字语言的律动感和形象性还可以解除广告客户阅读理性信息时易产生的心理上的沉重感和疲劳感,客户也会因此增加对广告策划书的好感。

1. 以语言形式美创造广告策划书的律动感

语言形式美是指以声、形等要素为基础,对字、词、句式进行巧妙配置后产生的阅读趣味,生成策略包括句式的整齐美、话语的节奏美和话语的音韵美。律动感是有节奏的跳动、有规律的运动带给人们的心理舒适感。由于三种语言形式美策略都赋予了意义解读的节奏和规律,因而能够产生悦人的律动感。

句式的整齐美指数个句子之中,每句字数相同或相近,句义并列。例如,叶茂中营销策划机构如此表述为昆明"南亚风情·第壹城"楼盘项目制定的品牌传播概念:"南亚风情第壹城对昆明的意义完全等同于曼哈顿对纽约、巴黎对法国的意义……商业比附曼哈顿,用曼哈顿高度发达的商业体系映射南亚风情第壹城未来的无限商机;休闲比附巴黎,用享誉全球的休闲之都巴黎衬托南亚风情第壹城未来舒适从容的生活。将比附进行到底!对,这里就是昆明的曼哈顿,这里就是昆明的巴黎!"①通过整齐的句式,自信坚定的气势被充分挥洒出来。

话语的节奏美既指多句间句式整齐形成的节奏感,又指单个句子以节拍"由少到多、数量相同者挨近"②的方式安排词序从而更顺口。《小糖果,大面子——第一喜糖果品牌策划全案》在"品牌规划篇"中说道:"资源毕竟有限,我们必须选一条最经济的路径,于是我们规定了三做三不做:①做刚不做柔……②做群不做单……③做熟不做生……"③撰写者并没有表述为"三不做三做"、"不做柔做刚"、"不做单做群"和"不做生做熟",就是遵循了节拍由少到多的词序安排规律,让语言表达更为流畅。

话语的音韵美主要表现为押韵。广告策划书中使用的押韵并不严格要求平仄对仗,只要韵脚相同,甚至同音、同字,都可以形成音韵美。《疯狂广告——奇骏首登南极优酷传播方案》表述的媒介组合策略为"首页焦点视频主打曝光度"、"电视剧频道确保覆盖度"、"资讯频道吸引目标人群"与"汽车频道锁定消费人群"。④ 其中的"曝光度"与"覆盖度"、"目标人群"与"消费人群"之间就是并不严格的押韵。

2. 以语言意象美激发广告策划书的形象性

意象是用来寄托主观情思的客观物体。它既是可描绘的具体事物,又是融入了创作者主观情绪、具有特定情感内涵的生动形象。借助意象,语言就能调动读者生活中日常的、具体的感官记忆,让读者将抽象的理解对象与可看、可听、可触、可闻、可尝的客观物体相对应,既能传神地表达作者的观点和态度,又能增加读者理解的趣味性。

强化语言意象,是广告策划书非常必要和重要的语言优化策略。广告策划书是十分强调逻辑性的理性文本,势必会使用大量的抽象概念、判断和推理,这不仅要求撰写者思路清晰、表达严谨,也需要客户高度集中精力去准确理解,客户比较费时费力。为了能帮助客户快速而不失准确性地把握广告策划书的主旨和内涵,尤其是在提案这么紧张短暂的时间内要做到这一点,最佳的语言策略就是将客户理解策划书的过程从学习转化为感受,尽可能让策划书中关键性的语言描绘部分能调动感官活动的情景,从而激发客户想象形象的画面,在语言意象的引领之下感受到策划案的观点和态度,进而形成赞同。

使用了语言意象技巧的广告策划书,往往能为读者快速绘制战略特征和方案的整体框架图景。例如,叶茂中营销策划机构在"真功夫"全球华人餐饮连锁策划案中,就以"拳头应该打向谁?"和"应该打哪套拳法?"代替了常规的"竞争对手分析"和"竞争策略"等中性表达,运用"真功夫"这一品牌名称所带来的功夫画面联想——拳法。此种用语在近义表达方案基本脉络的同时,还传达了策划案的信心与实力,也表达了撰写者将自己看做是客户战斗同盟的立场姿态,如此用心自然能赢得客户的好感。

使用了语言意象技巧的广告策划书,还能透过文字产生亲切的交谈感。《魔椒家族,辣

---

① 叶茂中营销策划机构.南亚风情·第壹城品牌策划案纪实.中国广告,2010.11,第65页。
② 钱冠连.美学语言学——语言美和言语美[M].深圳:海天出版社,1993,第311页。
③ 陈邦跃.小糖果,大面子——第一喜糖果品牌策划全案.食品工业科技,2006.9,第21页。
④ 魏歆.疯狂广告——奇骏首登南极优酷传播方案.中国广告,2009.7,第154页。

出你的味——2010年魔鬼辣面营销策划方案》的"生存环境篇"特别设计"魔椒有话说"的栏目，以"魔椒家族"三位卡通人日常的、轻松的对话场景将营销环境分析、产品分析、消费者分析、竞争状况分析得到的观点和结论予以再现，看似内容重复，实则是让客户置身于策划书所营造的家人或朋友式的聊天环境，为客户提供诚恳、实在的意见，理性之中充盈着满满的亲切感。

三、适应认知心理的符号传达

在广告策划书中，符号主要包括文字符号和图像符号。由于文字符号和图像符号是广告策划书与客户对话的工具，因而文字符号和图像符号的使用除了要符合各自领域的规则外，还需要适应认知心理规律，获取客户的认可。

1. 遣词造句关联个人特征

职业、年龄、生活经历、地位、能力、性格、心智、兴趣、人生态度、价值观念、审美观念等诸多个人特征既会决定一个人的字词表达方式，也会决定他的字词接收偏好类型。写作一般类型的文章一般是更多表达作者自己的字词使用习惯，而在撰写广告策划书时，则需要偏向考虑读者（客户）的字词接受习惯并与之相适应，才能加重说服的砝码。

开门见山还是剥茧抽丝，正统严肃还是轻松幽默，简洁明了还是娓娓道来，朴实直率还是华丽浓彩，各种遣词造句的方式并无优劣好坏之分，选择的标准大多取决于读者（客户）的个人特征，以及项目本身的品质特色。例如，《好风凭借力　送我上青云：佳乐整合营销广告传播策划书》使用"高瞻远瞩＋鼠目寸光"来概括战略目标，其中"鼠目寸光"原本是贬义词，在这里贬词褒用，语言幽默，具有新意。不过这样的幽默也是有风险的，尽管策划案对"鼠目寸光"进行了具体解释，意指"更要立足于在短期内使销售量迅速上升，激扬士气。佳乐的产品包装、广告给人焕然一新、眼前一亮的感觉，让各地的消费者特别是金华的公众、政府、报纸、电视等觉得一个新的佳乐、一个生机勃勃的佳乐即将诞生，从而获得外界大量的公共资源的帮助。为低成本扩大佳乐的业绩创造宽松的公关环境"，但是成语仍不可避免地给人不太愉悦的关联想象。因此，在客户心理接受的前提下，"鼠目寸光"的表述具有趣味，在客户心理排斥的情况下，该表述则令人不快。另外，如果产品属于中小型企业或新生企业，该说法可以对应产品发展实际，客户能够理解；如果产品是大型企业或成熟企业，该说法明显削弱了产品品质，客户则极有可能否决。

2. 图像设计遵循记忆规律

依据认知心理学中的记忆法，图像之所以能比抽象的文字、数字更容易被记住且保持长久的原因至少有两个。

一是图像大多提供了具体位置和特定意义的对应关联，为观看者提供记忆基础。图像的左、右、上、下、中等位置经过特定标志后，更有利于记忆。比如，"百度，更懂中文"品牌传播方案中以文字表述了创意策略："2005年初，面对竞争的压力、消费者的需求，以及资本的期望，百度正式进入系统化品牌建设期，百度怎样才能给消费者带来与竞争者不同的体验？一方面，追求技术的精深；另一方面，理解中国文化的博大，并注入热爱。构成了百度品牌建设工作的双轨制,树立百度不同于竞争对手谷歌的品牌区隔"[1]。方案还特别将创意策略绘制成图(图11-1)。创意策略图中,三圆交叉位置的居中性让观看者的注意力形成聚焦,三圆交叉位置的三方关联性也表示了百度创意策略是综合考量消费者需求、百度优势和竞争差异性而形成的,实现了具体位置和特定意义的对应关联,观看者不仅能快速理解,还能长久记忆。

二是图像常常为观看者提供了关键词句与特定视觉形象的对应关联,为观看者提供了记忆线索。以"如虎贴翼"天和骨通贴膏策划案为例说明。"如虎贴翼"天和骨通贴膏策划案[2]的"市场环境分析"部分在以文字细述行业发展的四大趋势之前,就首先以"方向标+关键句"的图示方式将四大趋势展现出来(图11-2)。在"竞争者分析"部分,作者则完全采用了"表格+关键词句+五角星"的图示形式表示两级竞争对手的现状(图11-3),可见在方案撰写者心中,图像传达所起到的利于理解和记忆的作用效果并不亚于文字阐述。

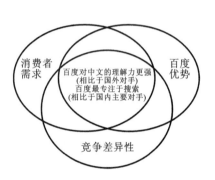

图 11-1　百度创意策略图　　　　图 11-2　"如虎贴翼"天和骨通贴膏所在行业走势

从目前大多数广告策划书的符号安排格局来看,"图文并茂"的设计已经成为主流,主要包括图像提炼行文重点、图像展示行文组成部分间的逻辑关系、图像模拟策略实施效果等方式。此外,广告策划书的演示辅以影像资料展示的情况也逐渐增多,客户也大多表示认可。因此,广告策划书的撰写者需要重视视觉传达技能的学习和应用。

【小问题】

1. 广告策划书中的主要内容板块一般使用何种逻辑关系?
2. 如何运用语言写作技巧增强广告策划书的审美价值?
3. 广告策划书中图文配合的主要方式有哪些?

---

[1] 陈谷.百度:更懂中文　因而更懂营销——百度获得2006中国艾菲金奖案例解析.成功营销[J],2006.12,第66-67页。

[2] 庄隆.李晨铭.张容.左丽丽.2008—2009年大学生广告艺术节学院奖策划书类天和药业命题银奖作品《"如虎贴翼"天和骨痛贴膏营销策划书》.中国大学生广告艺术节学院奖网站,2009年9月24日。

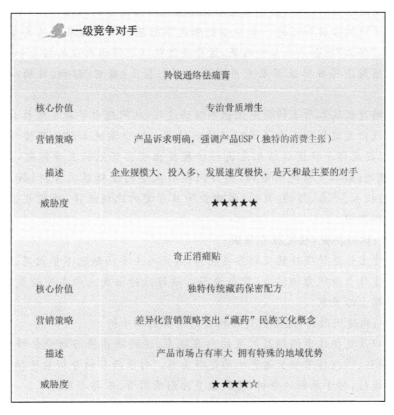

图 11-3 "如虎贴翼"天和骨通贴膏的一级竞争对手分析

【补充阅读】

基于逻辑框架法的项目策划五步框架[①]

项目管理的主要任务包括：项目策划、项目实施和项目后评价。策划阶段的主要任务包括项目的选择与设计，项目选择的正确与否将直接关系到项目相关企业、部门或国家的最终利益。项目的设计将成为管理者实施、管理和后评价的最初依据。可以看出项目策划工作直接影响到项目能否成功，但是由于此任务面临极大的不确定性而给策划者带来了相当大的困难，因此要求项目策划者全面把握项目相关环境，从总体上将项目内在投入与外在影响因素综合考虑，并对其产生的相应影响进行逻辑分析。逻辑框架法正是基于这种思维的方法，是一种总体思维模式，此方法的运用有助于项目策划者将与项目运作有关的重要因素集中起来进行分析，从而事先明确项目要达到的目的和实现的目标，防范的主要风险和实施过程中的管理重点。

逻辑框架法是一种系统地研究和分析问题的思维框架模式，是由美国国际开发署于1970年最先开发并使用的一种设计、计划和评价的工具。现今国际上已将此方法广泛应用到项目策划、风险设计、事前评估、实施检查、监测评价和可持续性分析等领域。逻辑框架法

[①] 刘炳胜.包寒蕊.马爱英.马乐.基于逻辑框架法的项目策划应用研究.科技管理研究[J],2006.2,第114-115页。

是一种概念化论述项目的方法,其基本思路就是采用一张简单的框图,对一个复杂项目的内涵和关系进行清晰的分析和描述。其核心概念是事物层次间的因果逻辑关系,即"如果"提供了某种条件,"那么"就会产生某种结果,这些条件包括了事物内在的因素和事物需要的外部条件。逻辑框架法将目标及因果关系划分为四个层次:目标/影响、目的/作用、产出/结果、投入/措施。

项目策划的过程从本质上讲就是认识事物的过程,从问题中寻找发展机会,再对机会进行逻辑性分析找出关键影响因素并进行解决的过程。这个系统工程必须按照一定的顺序、层次逐步进行,据此作者将逻辑框架法进行扩展提出项目策划的五步框架:第一步识别机会,确定投资领域;第二步构建问题树,进行问题与机会的逻辑层次分析;第三步构建目标树,明确项目的投入、产出、目的、目标;第四步项目方案的比较选择,确定最佳方案;第五步制订项目设计框架图。

1. 第一步:识别机会,确定投资领域

不同的投资主体选择项目的目的各不相同,考虑的主要问题也不尽相同,但机会的识别必须要与投资主体自身能力相结合,综合分析。项目选择出发点的不同造成投资主体对具体项目选择思路上的差别。

2. 第二步:构建问题树,进行问题与机会的逻辑层次分析

问题树可以清楚描述出问题与对策的内在联系,这种联系将有助于分析项目的投入与产出、策划与实施、近期作用和长远影响的逻辑关系。对于后果的分析应该按照从微观到宏观的顺序逐步进行;对于原因的分析,要找出直接影响因素,不要涉及太广。

3. 第三步:构建目标树,明确项目的投入、产出、目的、目标

将问题树进行转化便可形成目标树,在目标树的构建过程中要找出垂直方向的逻辑关系,明确项目目标、项目目的、预期产出和所需投入。根据问题树分析中项目存在的主要问题确定目标树中项目产出;根据问题树中原因的分析确定项目所需投入;根据问题树中直接影响的分析确定项目目的;根据问题树中间接影响确定项目目标。

4. 第四步:项目方案的比较选择,确定最佳方案

逻辑框架法立足于项目的发展与变化,要想取得最佳成果,必须进行技术方案的可行性论证与经济性比较,从而最终保证使项目的投入最小而取得的效益最大。根据目标树制定的总体规划结合项目实施主体自身能力,比较各种可行方案,确定最终实施方案。

5. 第五步:制订项目设计框架图

根据已经建立的目标树和已经确定的具体实施方案的分析便可形成项目策划的逻辑框架。在此过程中要全面分析方案在实施中可能面临的资金、技术、环保等方面的限制,为后续工作做好充足的准备。在项目限制条件和极限值的基础上,确定监控的主要指标和验证的方法。

【重点提示】

大多数广告策划书选用递进逻辑关系

分析行业与企业生存态势适宜使用接续的逻辑关系

使用总分关系来编写战略目标

依据各类策略实施的时间先后关系而编排

语言意象技巧

■ 关键概念

计　谋　势　逻辑关系　审美　语言形式美　意象　记忆规律

■ 复习思考题

将广告策划书的主要架构和构成要素明确化、规范化，可以让广告策划书的撰写工作有章可循，但也可能带来广告策划书整体结构安排的同质化。是否可以在不削弱信息含量和质量的前提下，重新设计广告策划书的总体结构呢？你曾经见过这样的广告策划方案吗？

■ 单元实训

【实训内容】

广告策划书撰写训练

【背景资料】

阿尔卡特源自欧洲浪漫国度——法国。阿尔卡特手机无论在设计上，还是在品质、成本控制上，都追求高性价比，以最理想的价格带给用户最好的体验。该品牌2004年被TCL通信收购，目前TCL通信阿尔卡特品牌在国内采取电子商务和移动互联网服务营销，线下体验店复合模式。2010年阿尔卡特全球销售超过3 622万台，名列手机厂商前茅，2011年4月获得英国王室授权，为威廉王子婚礼推出一款特别纪念版手机。

2011年阿尔卡特全新品牌Alcatel one touch发布。贴合年青一代不断增长的移动网络需求，进一步细分目前的互联网手机市场，即时推出网络社区手机，除了时尚的外观设计及丰富的影音娱乐体验功能外，特别加入Edge高速浏览，互联冲浪更高速，内置QQ等多种SNS工具，聊天、社区互动更随心，全键盘设计、一键导航、输入更迅速便捷，让用户哪怕不在电脑前，也能即时顺畅的与自己的互联网好友、社区紧密相连。

【实训目标】

培养学生撰写广告策划书的能力，使学生能独立完成广告策划书的写作。

【实训内容与组织】

1. 全班按4～6人组成一个小组，分组对Alcatel one touch手机的市场发展环境进行内部和外部分析，展现其优势与不足、机遇与挑战。

2. 完成小组内交流后，在此基础上进行小组间交流，结合Alcatel one touch手机市场发展的内部条件和外部条件，提出该手机的营销目标和广告目标、广告创意。

3. 撰写广告策划书。

【成果与检测】

1. 以小组为单位提交广告策划书。

2. 教师对各小组讨论情况及广告策划书进行评分。

第十二章 广告策划书的实施与评价

■ 课前导读

正确执行策划的重要性

在进入本章内容之前,先来看看两则历史故事。

南北朝时,北周以"替天行道"的名义向北齐发动进攻,直逼北齐都城邺城,彼时邺城兵将精锐,粮草充足。但北周的几次连胜让北齐的士气比较低落,因而北齐大臣斛律光建议皇帝高纬亲自去安抚士兵,并为他撰写好发言稿,让他发言时要慷慨悲壮、声泪俱下,以便更好地激励士气。不想高纬站在军队前,心里一慌,拿着讲稿,竟然一句话也说不出来。他望着黑压压一片的列队士兵,只会"嘿嘿"傻笑。他这一笑,引得宠妃冯小怜和身边的太监们也开始傻笑,台下的将士也跟着笑。全场一片傻笑过后,高纬一句话也没有说,便搂着冯小怜扬长而去。将士们见高纬如此无能,失望透顶,北齐士气自然完全涣散。于是,当天晚上就有人打开城门,把北周的军队放了进来。不久之后,北齐亡国。

另一个故事大家更加熟悉。战国时期,秦国攻打赵国。赵国原指派老将廉颇奉命抗敌,廉颇按兵不动,秦军形势不利。秦国为了取胜,便采取反间计,让赵孝成王听信了秦国间谍的谗言,认为廉颇年老懦弱,不能抵挡大敌,改派已故大将赵奢的儿子赵括取代廉颇。赵括从小熟读兵书,谈起用兵之道来滔滔不绝,连他父亲都说不过他。赵括接替了廉颇的兵权后,立即改变了廉颇的策略。他照搬兵书,认为应该争取主动,立即向秦军大举进攻。而秦军对赵括十分了解,早已做好准备,设下了圈套。赵括自以为秦军无力抵抗,长驱直入,结果中了埋伏,四十万赵军全部被俘虏,最后被秦军全部活埋,赵括也在突围时中箭身亡。

这两个故事似乎和我们即将讨论的广告策划书的实施与评价并无关联。不过仔细想想,就能明白并非如此。北齐亡国虽早已注定,但皇帝高纬在军营不恰当的言语表达和行为举止让将士们彻底失去信心,加速了北齐的灭亡。与此类似,在广告策划提案中,提案人的言语表达和行为举止如果不妥,就会冒犯客户,甚至会使客户怀疑广告公司的能力而放弃合作。赵括熟读兵书却惨败身亡,错不在兵书有误,而是赵括对兵书的执行失败,不能务实以对、随机应变。同样,在广告策划书的实施过程中,如果执行不力,一份原本正确合理的策划书,也不能带来客户利益的实现,还有可能产生与预期目标背道而驰的结果。两段历史虽然遥远,但其中的教训都能直接指导广告策划活动的开展,何尝不值得好好体味呢?

第一节 广告策划提案技巧

彼此需要却常有抱怨,这就是广告客户和广告公司之间的微妙关系。在广告公司不满广告主苛刻挑剔的时候,广告主也有话向广告公司说。方正集团副总裁施倩曾说,一些广告人对企业的内涵不了解,不能与合作伙伴达成默契。不能因为这个是高科技企业,就大量采用鼠标、线条和蓝色。[①] 在新加坡圣淘沙眼中,一些广告代理商过于趋炎附势,太快而缺乏创意地给出方案。德尔地板则感觉到,一些广告代理商与企业仅仅是买和卖的关系。言下之意,有些广告代理商在拿到订单或收到钱款后,态度就从热忱变得懒散。

在与广告主之间相互尊重的前提下,广告公司作为信息服务型企业,应更多地虚心倾听广告主的声音。三位广告主分别对广告公司的合作前、合作中和合作后的表现提出的意见,是比较具有行业代表性的,广告公司应当诚心接受。如果将这三家企业的意见用于改进广告策划提案水平的话,则广告公司需要在提案前多做有针对性的准备,在提案中不卑不亢、务实创新,在提案后仍尽职尽责,对客户以朋友之道相待。

一、提案开始前的准备

(一)熟悉

广告策划书的撰写,是撰写者与目标消费者的"隔空对话"。广告策划提案,则是提案人与广告客户的"直接交涉"。与目标消费者进行"隔空对话"之前,撰写者必须提前了解消费者的个性和需求。在与广告客户"直接交涉"之前,提案人也一样需要把握企业和项目决策者的个性与需求。因此,在提案之前,提案团队需要做的工作之一便是"熟悉"。

"熟悉"首先是指要熟悉所服务的企业的特性。因为市场地位、目标区域、竞争目标、产品特征等各种要素的差异,不同的企业对广告公司的服务期待是不同的。以国际广告客户和本土广告客户的区别为例,调研发现,国际大广告主因为有自己的长期的品牌策略沉淀,更希望代理商扮演合作伙伴的角色。最重要的是具有品牌传播意识,深刻理解品牌并与他们达成共识,能在执行中将客户的品牌策略一致地贯彻到各个接触点,代理商需要就品牌广告的接触点和表现手法提出对品牌传播卓有成效的建议,并与品牌的全球策略保持一致。而本土广告主大多希望代理商扮演策略引导者的角色,能够提供全案型的系统服务,借助对市场的洞察提供策略方向上的意见,并易于企业配合执行。由于预算有限,他们也希望选择有潜力的优秀团队与自己共同成长。广告主对广告公司的角色设定不同,自然也希望能在提案中看到广告公司的相应表现,这必然会影响广告提案的内容和措辞选择。一些广告公司为了能更准确地了解企业的想法,不是只坐等客户提供工作简报,而是采用搜集文献资料、深度访谈主要决策人员等多种方法进一步确定企业的需求,进而体现于策划提案之中。

"熟悉"也指要熟悉项目决策者的结构。一般来说,参加提案报告的项目决策者由多人组成。提案人员要清楚决策群中谁是主要决定者,谁是第二决定者,成员对项目的了解程度,各自的性格和工作作风如何等,可以参考精信广告公司列出的问题单[②]:

---

① 创意还有效吗?——对广告主的深度调查.中国广告,2005.4,第 47 页。
② 文武文.方法:国际著名广告公司操作工具,北京:线装书局,2003 年 10 月第 1 版,第 177-178 页。

他们是谁?

他们各自的职责是什么?

他们各自都有多大权力?

他们期望从提案中得到什么?

他们对提案主题有多少了解?

他们对你和你的公司的固有观点是什么?

他们的风格如何?他们的价值观念是什么?

他们决策的程序和标准是什么?

"熟悉"还指要熟悉提案现场环境。提案团队应实地考察客户的提案报告场所,确认抵达提案场所所需的时间、场地面积,确保电脑、投影仪、话筒、电源、音响、灯光等硬件设施齐全、没有故障。事先熟悉现场,既可以消除提案团队因进入陌生环境而产生的紧张感,又可以避免出现迟到或者提案因设备故障而无法展示等各种意外。要知道,一旦发生这些情况,无论原因在哪方,都会让广告客户对广告公司的做事态度和专业能力产生质疑,广告公司所有人的心血就会白白浪费。

(二)工具

使用正式的、能集中表达核心战略和主要战术内容的提案报告是提案时的主要工具。这些工具可为提案报告做独到的视觉设计,且符合广告主企业的特征或本次项目任务的特点。广告客户会因此感受到广告公司的尊敬而给予赞赏。

提案报告要"金玉其外",但要切忌"败絮其中"。一些广告公司以为通过精美的包装就能掩盖内容的贫瘠,其实任何一个明智的广告客户都不会简单地因为外在视觉设计精美就作出决断。德尔集团苏州地板有限公司广告企划部颜忠富曾说:"绝大多数的广告主看中的往往是提案的可执行性和执行效果。"[①]提案的终极评判标准在于是否能有效解决问题,广告客户对此早已心知肚明。

即使已经具备了创新的观点和策略,也需要精心安排提案报告的内容表达方式。提案报告的内容表达应注意以下几个方面。

1. 提案报告的厚薄选择问题

很多广告公司的心态是:提案报告越厚说明广告公司所做的工作越多,也就是比别的广告公司对广告客户更认真。但市场经验日趋成熟的广告主则不会这样看待。九牧王(中国)有限公司前企划部部长苏静指出:"企业不会仅从提案报告的厚与薄来认定广告公司的好与坏,也不会因为有了这份厚厚的报告就认可广告公司做了大量的工作,一本厚厚的提案报告并不能真正代表广告公司的实力。一个提案从前期的调研、市场分析、策划到推动实施及事后评估,内容与可执行力才是最重要的。我个人就特别反感那些莫名其妙地做成厚厚长达上百页的提案书,也不愿意将自己的时间浪费在那些华而不实的厚厚的提案书上。"[②]德国柯诺木集团中国区营销总监杨志明也说:"假如说一份提案报告有100多页,但是有40页在进行公司简介,还有30页在介绍广告公司以往所服务的对象,只有小部分是客户所关注的,那么这就是一份非常业余的提案报告,因为前面的这70页没有任何实际内容,不过是在电脑

---

① 颜忠富.为什么广告提案会越来越厚.广告大观综合版,2006,3:44。
② 苏静.我眼里那厚厚的提案书.广告大观综合版,2006,3:40。

中复制、粘贴的结果。我认为撰写一份广告提案,最重要的还是了解客户的需求是什么,围绕着这个需求去编写、去寻求解决需求的方法,那么这份报告才能具有专业含量,才能征服竞争对手和客户。"①在国际4A广告公司的成功提案中,既有使用仅仅20多页的提案报告的个案,也有使用200多页的提案报告的个案。总之,厚与薄不是提案报告的关键所在。广告公司应当根据策划任务是单一还是多样,是短期还是长期,是维持还是改变等来相应选择"薄"与"厚"。

2. 采用动态符号增加提案报告的生动性和吸引力

提案报告中的主体大多为文字、数据、图表和图片这些静态的符号,静态符号的持续呈现容易让人产生心理疲倦,因而可以适当插入动态的动画、影音来适度调节。对静态符号中的某些重点如关键字词、标点(问号、感叹号等)以动画效果展示的方式进行强调,也是简单而行之有效的办法。

除了精心准备提案报告外,提案团队还需要准备道具,比如,白板、模型、样品等。虽然数字图片、动画、影音已经能够将商品、广告作品、活动现场逼真地模拟出来,但道具所提供的现场的、真实的感觉体验是数字软件无法取代的。例如,如果方案的重心在户外广告,能否借鉴房地产商的沙盘设计展示广告投放效果?如果策划方案包含网络互动,能否现场让客户用鼠标来体验程序的运行?道具可以代表提案涉及的实体对象,也可以起到强化意义的效果。比如,要形容客户与竞争对手实力悬殊,是不是可以用一颗真的鸡蛋去碰一块坚硬的石头呢?现场的震撼画面在客户脑中会比文字留存得更长久。

(三)演练

运动员在奥运会场上失误后不可能重来,广告公司在提案时发生的错误也难以挽回。就像运动员通过不断练习来确保表现的稳定性一样,广告公司减少提案现场失误的最好方法就是演练。

演练不是可有可无的部分,而是实战的开始。因此,在预演时,提案团队应该完全展示计划提案时的状态,参会者也应认真考核,不妨多提一些刁钻、强硬的问题。提案团队应全力以赴,既要热忱积极,又要冷静应对。参会者的结构可以多元一些,除了项目的相关人员参加外,也可适当让其他部门的代表参与进来,这样能够集思广益,有助于预测更多真实提案中的可能性情况。

对演练时出现的不足,提案团队应在演练刚结束参会人员还在场时当即讨论修改。如果一次演练效果不佳,则提案团队必须在经过调整改进后再进行下一次演练,直到做到令人满意为止。如此高强度磨炼后,就可以实现奥美广告公司所说的"演练可以发现漏洞,让前后内容紧密联结。演练可以增强信心,提高演出的完美性"。②

二、提案过程中的注意事项

1. 提案团队的言行

提案团队的着装要整齐协调,透过服装展现广告公司的企业文化内涵和员工的团队合作意识。也可以巧妙针对广告企业的品牌个性而搭配衣着,以表达对客户企业的尊重。

---

① 杨志明.广告提案一二三.广告大观综合版,2006,3:38。
② 文武文.方法:国际著名广告公司操作工具.北京:线装书局,2003年10月第1版,第176页。

眼睛最能表情达意。提案时,提案人的视线既要重点落于主要决策人,也要接触到全场,尤其是会场两侧或者角落。眼神坚定,不要游移闪烁,给人以慌乱不自信的感觉。声音也能渲染情绪氛围。字正腔圆的语音,能塑造发言人的专业权威感。抑扬顿挫的语调,能引导听众分配注意力。平和自然的语气,能表达发言人的诚恳,避免将提案变成生硬的说教,甚至批评。提案时还需要注意使用手势的频率和幅度。使用手势可以让发言人显得轻松自然,但手势过多又会使人紧张,而且会干扰听众视线,分散注意力。另外,在讲述重点或须呈现戏剧性效果以调动听众情绪时才采用大幅度手势。提案人可以适当走动,靠近在场客户决策者,但不要多次前后左右移动,提案人站立位置的不安定会让客户对团队的专业能力产生不信任感。

当客户提出质疑时,提案人切忌急躁不安。不要与客户争吵、辩论,而是以较为婉转缓和的语言引导客户的思路,使其能以提案人的视角重新看待问题。比如,奥美广告公司建议可以这样说:"哦——我了解(同意)您的看法,我们试着从另一个角度来看看这个创意,如果……是不是会更好?"所以,提案人不要以反复强调、急于论证的方式让客户不情愿地闭口,而是以求同存异、寻找共同思维模式的途径化解言语冲突。

2. 提案的时间分配

丹尼尔·卡内曼提出了一个注意的理论。他假设,一个人完成心理工作的能量具有一定的极限,某些类型的信息加工可由信息的输入引起,而另一些则需要额外输入注意努力。提案过程中,客户不可能全程保持较高的注意力水平,因而提案团队必须适时"行动",向客户输入"注意努力"。

广告公司的实战经验发现,45 min 的提案时间是最佳时间长度,既能保证方案的整体陈述,又不会冗长累赘。为了充分利用这 45 min 的时间,提案应当将简短而有创意的开场白和方案最重要的观点表述在前 10 min 完成。在开场 10 min 以后到 30 min 之内的时间,提案团队应将方案策略逐一讲解清楚。30 min 以后时听众的注意力下降至最低点,这时提案可以进入邀请客户提问的时间。当然,在前 30 min 的陈述过程中,提案人也可以在每个策略陈述结束时或者大约每 10 min 后通过发问、说笑话或者讲小故事、打比方等方式,与客户短暂互动,使客户始终处于较高水平的关注状态。

报告展示和讲解说明是提案的视觉和听觉两大组成部分。提案时要注意视觉与听觉时间比例的合理化。拥有营销咨询领域丰富经验的李大千给出提案心得:使用读 100 字、看 50 字、说 200 字、写 50 字的形式。另外,不能把全部的提案时间用于报告展示和讲解说明,一定要留出富余时间,用以应对客户打断报告主动发问、因处理公司或其他事务而离场等不可预料的偶然因素所造成的报告节奏的变化。

将每一位提案发言人的时间精确到秒。另外,千万不要迟到,迟到是最易犯的错误,同时也是最大的禁忌。

三、提案完成后的行动

1. 内部共享和外部跟进

提案完成后,广告公司应当尽快组织全公司的总结会议,将提案中与客户达成一致和待商榷的部分传达给广告公司的各个部门,这样一方面可以让各部门在最新的、统一的指导方向之下开展新工作,也可以让各部门做到知识与经验共享。

更为重要的是,广告公司应根据提案中广告客户的建议,及时对策划方案进行细化或调整,尽早将改进后的方案提交给客户以获得新反馈,使双方最终达成一致,并开展下一步工作。将更多的工作做在广告客户发出号令之前,将提案的结束看成新一轮工作的开端,是广告公司应有的做事方法。

2. 主动与其他组织沟通

为了保证方案的顺利实施,提案完成后的后续沟通还有可能与其他无直接商业合作关系的组织有关联,比如行政管理机构、社会公益组织、消费者团体、媒体等。

在不违反法律和道德规范的前提下,广告公司应当主动解决与其他组织的沟通问题,让之前的提案能最终落实,为广告主争取正当利益。叶茂中营销策划机构制作的电视广告样片让圣象地板的老总十分满意,但之后却出乎意料地没有能通过广告行政审查,原因是:《鞭炮篇》与北京城区禁燃鞭炮的法令相冲突;《踢踏舞篇》让人看不懂;《小狗篇》不符合精神文明要求。叶茂中等人情急之下去中国广告协会寻求援助,将广告样片送到了中国广告协会,没想到竟受到中国广告协会的一致好评。几经努力,他们终于拿到了刊播许可的批文,只是有几处需要修改。[①] 当意外出现时,叶茂中营销策划机构的应对非常积极,最终使得项目有惊无险。这也启发了广告公司的同仁,就像有形产品大多提供售后服务保障一样,知识产品也需要包含售后服务。广告公司不仅需要借助提案将策划方案这种知识产品销售出去,还要动态跟进和有效沟通,避免和减少广告主的使用风险。

【小问题】

1. 广告策划提案前提案团队的准备工作包括哪些内容?
2. 广告策划提案过程中,提案人的说话表达和身体语言表达需要注意什么细节?

【补充阅读】

从影像到心灵——广告提案的一些经验与技巧[②]

很难有一个评定广告提案高手的标准,因为每个人都有不同的性格、不同的长处、不同的弱点,但只要用心去做,总会有一些想法。人的内心深处都有柔弱的一面,希望得到关怀和怜悯,充满对爱的渴望,而且这种渴望将伴随每个人的一生。因此,平成公司提出了"心灵影像"的概念。回归到品牌上,一个好的品牌主张,一定会在人们的心中留下美好的印记。平成希望制作的影视广告可以更贴近心灵、更感人、更能拉近消费者与品牌之间的距离。

喜 之 郎

每年中国有近2.2亿人奔波在春运回家的路上,这相当于把欧洲的人口从一个地方挪到另外一个地方,这是中国的一大特色。对于个人来讲,不管成与败、荣与辱,回家都是一件大事,隐藏在这一现象及其背后的,其实是大众心理上对回家的一种渴望和追求。把以前曾参与过喜之郎广告拍摄的所有演员重新召集在一起,按照他们之前所扮演过的角色重新组成一个大家庭,于是产生了以"把爱带回家"为主题的广告贺岁片(见图12-1)。

---

① 叶茂中.圣象品牌整合策划纪实——叶茂中首次公开的完整案例(节选).广告大观,2000.7,第31页。
② 刘山.从影像到心灵——广告提案的一些经验与技巧.广告大观综合版,2008,4:157-158。

图 12-1 喜之郎"把爱带回家"广告

这个创意在一次例行沟通的时候很快得到了客户的认可。提案本身使用了一点小技巧,提案之前有一个开场白:"我们今天比原定的时间晚到,是因为路上的车太多了,有很多春运的大巴。"由此,将一个本不在例行沟通话题之内的创意引出来。在提案技巧里面抓住机会、随机应变非常重要,什么时间、什么场合,要说什么话、要做什么事,只能靠个人的感觉临场发挥,当然提案最关键的还是要抓住消费者。

请明星代言已经是司空见惯的方法之一,一个新产品怎样才能在邀请明星代言的同时,又不让明星的个人魅力夺走产品魅力,这是一个矛盾。优乐美奶茶是喜之郎的新产品,2007年请了周杰伦做代言人。由于是新产品,所以广告要紧紧围绕着产品展开却又不能枯燥乏味,要在消费者的心里引起共鸣。最后,根据不同媒体的特点制作了不同的广告版本——网络版和电视版。

在创意过程中面临的比较大的难题是方案不仅要跟客户沟通,同时也要跟周杰伦沟通,这涉及三方的谈判和沟通。平成是从为双方都能够带来最大利益的角度出发,所以最终各方面都很满意。周杰伦看了样片后,也主动建议选用他的几首歌曲,整个现场的工作气氛很好。

静心口服液

平成在为"静心口服液"做提案的时候,首先考虑的是代言人的问题。所选的代言人不仅要有知名度,还要有一定的社会地位,同时代言人本身能与产品紧密地融合在一起,表现出静心口服液如何让更年期的妇女更加有自信、更加有风采。由于静心口服液主打市场是在华东,所以就推荐赵雅芝作为代言人。而创意命题就是根据赵雅芝成名的电视剧《上海滩》来规划的,为消费者营造一个重返《上海滩》的氛围(见图 12-2)。选对代言人是整个广告策略很重要的一个环节,如果代言人与产品本身,或与企业品牌的主张是完全不符的,或者说创意本身没有考虑到代言人本身所具有的一些资源优势,都会影响到企业品牌的打造。

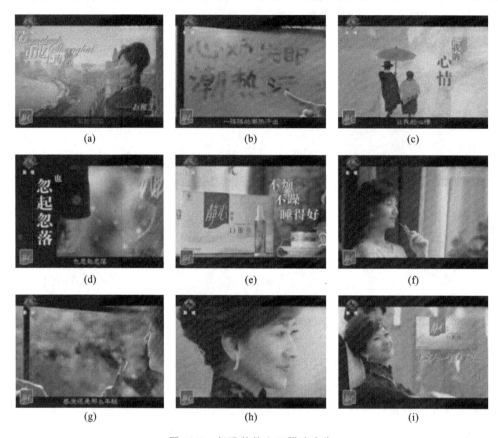

图 12-2　赵雅芝静心口服液广告

静心口服液与平成合作之前也采用过幽默的表现手法做过很多推广,主要是劝丈夫买静心口服液送给自己的太太,但收效不大。类似的推广已经用得比较多,再用下去也不会为销售带来新的增长点。所以平成选择了另一个切入点,把对象瞄准年轻人,表现年轻人和妈妈之间的情感,这还是一块没有被开垦的土地。"静心送给妈,需要理由吗?"作为创意主题,风格上也与年轻人的品味相吻合。这个主题广告一经播出便获得了意想不到的效果,在港台地区播放时,引发了很多人自主改编歌词的行为,改编后五花八门的歌词也被传到了网上。

同时,平成还选择了香港年轻人最喜欢的一个电台进行广告播放。这一主题广告在该电台播出一两个月后,就有很多听众打电话来评论这个广告。于是电台就开通了一个栏目,以改编翻唱为内容,通过 PK(对决)的形式,每天选出两个获奖者,从而形成了泛文化传播,并且还选择其中一些作品录制成小样给客户,客户也觉得效果很好。后来又把这一主题的三个广告改成了四川话、广东话等地方性语言的版本。

好　记　星

好记星,因为采用大媒体压迫性的推广模式,大家都记住了它——大山天天在电视里鼓动家长:如果再不买"好记星"的话,您的孩子可能就没前途了。企业正因为过度营销,甚至采用的是一种焦虑性的营销方式,使得它的品牌持续性面临着很大危机。客户希望平成能够在科技性、时尚性等方面给好记星产品做一个更好的包装。但这个广告的创意提案与他们的想法有一点背道而驰:如果是你的孩子,你希望他将来怎样?这个问题让客户感触良多。当然影音片段仅仅是一部分,还有很多公关等线上线下的配合。

深刻的认知,可执行的提案。平成所有的提案都是围绕着如何打动客户、打动消费者来进行的。最基本的原则就是:你要让客户相信,你不仅了解他的产品,而且非常热爱他的品牌。因为这一点,很多人可能会身穿客户生产的服装,或者喝客户生产的饮品,但最关键的不在于这些外在的行为,而在于对客户的产品及其品牌所处的市场环境有一个很深刻的认知,能提出一些帮助他解决问题的方案。这不仅仅需要一些策略,而且要把这些策略转化成能够感动人心的可执行方案。

有一些很好的文案在提案时提交给客户的只是一张A4纸,上面可能有分镜画面,有对白,有画面描述。其实,这样仅仅是做了一半,甚至还不到一半。因为一个好的创意,如果没有得到很好的展示,就会前功尽弃。

如果客户是一个新客户,或者是一个比稿的客户时,由于其对广告的了解并不多,所以创意不但要以故事的形式呈现,而且要多找一些参考素材来展现。因为客户在这方面不是很专业,很难通过文字或一些简单的图像让客户知道将来制作出来的电视广告效果,特别是对一些比稿的客户,应该给客户一个更直观的影像上的感受,把存在心里的一个心像转化成一个具体的影像,给客户一个初步的感受。

在如何打动客户的问题上,有各种各样的方法——可以是活泼的,也可以是幽默的。不管是什么样的技巧,最根本的是:你一定要善待客户,更要善待消费者。只有你尊重他们,你才会真正地去了解他们,才会提供他们想要的咨询,才能从心灵上感动他们。

【重点提示】

不同的企业对广告公司的服务期待是不同的

提案的终极评判标准在于是否能有效解决问题

演练

提案时要注意视觉与听觉时间比例的合理化

第二节 广告策划书的实施

广告策划书的实施,指的是广告策划方案实施过程中的组织、控制和协调活动,是把广告策划方案从理念转化为具体行动的过程。在广告策划书的实施过程中,策划部门与其他部门之间、广告公司与广告主之间关系不协调、广告活动资源不到位、广告人员办事效率低下或工作流程混乱,任何一个执行环节的失控,都会使原本非常好的广告策划方案不能产生预期的广告效果,最终损害广告主利益,也会破坏广告公司的市场信用。因此,我们必须寻求能保障广告策划案成功实施的执行技能。

营销学家菲力普·科特勒曾指出,为了有效地执行营销方案,公司的每个"层次"都必须运用一整套技能,主要包括四种技能,即配置、监控、组织和相互影响的技能。配置技能,是指营销经理给功能、政策和方案三个层次分配时间、资金和人员的能力。监控技能,包括建立和管理一个对营销活动效果进行追踪的控制系统。控制有四种类型：年度计划控制、利润控制、效率控制和策略控制（主要是前三类控制）。组织技能，涉及具体说明营销人员之间为实现公司目标而应具有的关系结构。相互影响技能，是指经理影响他人把事情办好的能力。营销人员不仅必须有能力推动本组织的人员有效地执行理想的策略，还必须推动组织外的人或企业。[①] 从菲利普·科特勒所提供的四种技能出发，本节提出了广告策划书实施的协调、控制和激励三种执行技能。

一、协调

无论是分配时间、资金和人员的能力，还是设置工作人员之间为实现共同目标而应具有的关系结构，其本质都是协调技能。广告策划书的实施所需的协调技能也包含了同样的内容。

广告策划书的实施必须遵循广告活动的自然时间方向，是从广告创意表现、广告制作到广告投放的线性运作。但在广告投放期间，又可能伴随着促销活动、公关活动等其他事项的同期开展，形成了时间平行的运作关系。处理阶段性任务的时间、资金和人员资源分配就成为广告策划书实施的协调内容之一。另外，广告策划书的实施过程，往往关联诸多主体，如广告公司一方的策划人员、创意人员、制作人员、客服人员等，广告主一方的高层主管、项目经理、业务员等，还包括广告的形象代言人、广告媒体、广告行政管理者等。众多机构和人员的合作配合，就成为广告策划书实施时的又一协调部分。

一般来说，广告策划书实施各阶段任务的时间、资金和人员分配问题大多在前期广告策划书的制订过程中已经部署清楚。执行时，相关管理者和员工只要严格照章履行，就不会有太多错漏发生。

处理众多机构和人员的合作关系的问题则要复杂一些。其中，建立良好的人际关系是关键。1924年，美国科学院的全国科学研究委员会决定在美国西方电气公司的霍桑工厂进行一项研究，主要探讨生产效率和物质条件改善的关系。最初试验的结果是，无论物质条件改善与否，对生产效率的影响都不大。参加试验者大惑不解，怀疑是不是试验程序有问题。到1927年，这一试验由美国哈佛大学企业管理学院产业研究室主任梅奥教授继续主持，又经过5年试验才解开了这个谜。根据这一试验，梅奥提出了"社会人"的观念，并认定人在追求经济利益时还有许多社会和精神、心理上的诉求。诉求的满足程度往往比金钱和物质条件更能影响工人的积极性、创造性，从而影响着生产效率的高低。同时，人们在工作过程中必然会发生情感交流，产生自然行为准则，形成各种类型的非正式团体，影响着工人的行为方式。总之，营造良好的人际关系、和谐的工作环境，对实现最佳的工作绩效至为重要。"霍桑实验"启发我们，在广告策划书的实施阶段，首先要精心设计工作团队的人员组合结构，考虑团队中小组的数量和各个小组内的人数规模的大小是否易于整体的工作调度和责权分配，掌握成员的性格差异、年龄间隔、个人特长，以相近性原则和互补性原则予以组合，实现成员之间的和谐相处。

在广告策划书的实施阶段，广告主应当安排专职人员进入广告公司的项目实施小组。

[①] （美）菲力普·科特勒著.陈乃新、何永琪、李振莲、钱汉强、刘耀轩译.市场营销管理分析、规划、执行和控制（第六版），上海：科学技术文献出版社，1991年5月第1版，第1147-1146页。

虽然广告主一方的专职人员的策划经验并不一定足够,但他们往往在促销、公关、销售等领域能征善战,能弥补广告公司业务能力的不足,并提供不一样的观察视角。不过,广告主的专职人员切莫将自己看做是只负责"挑毛病"的人,应该凭借在大量实践中形成的经验和直觉,更多地向广告公司项目组提出建设性的意见。专职人员也不能将自己的意见强加给广告公司员工,向其施压,使其被迫服从。在广告公司项目组认真工作的前提下,广告主一方的工作人员应当更主动地对广告公司员工表示友好,乐于肯定,视之为良师益友,而非可以颐指气使的仆人,这将更有利于良性组织关系的建立。

二、控制

广告策划书在实施过程中的控制主要包括效率控制和策略控制。了解控制的本质能够帮助我们更好地去实施效率控制和策略控制。

数学家诺伯特·维纳在1948年发表了著作《控制论——关于在动物和机器中控制和通讯的科学》,由此创立了控制论。维纳把控制论看做是研究动态系统在变化的环境条件下如何保持平衡状态或稳定状态的科学。于是,为了"改善"某个或某些受控对象的功能或发展,需要获得并使用信息,以这种信息为基础而选出的于该对象上的作用,就叫做控制。由此可见,信息传递和信息反馈是控制论的重要概念。同样,广告策划书实施过程中的效率控制和策略控制,也应以信息传输和信息反馈为核心。

广告策划书实施过程中的效率控制侧重于强调信息传输的精准和快速。从广告集团 groupm(群邑集团)CEO李倩玲的公司管理经验中,我们可以学习如何提高广告策划书实施中信息传输的效率。李倩玲为了准确追踪业绩和效率,自创了 To do list(任务监控表)。开会时,秘书的工作是帮她做好会议记录。特别是"谁答应了何事?承诺了什么?何时达成"这些文字就好像是部属的诺言,形成任务监控表。除固定月报和季报外,李倩玲都是自己来追业绩、盯员工。时间一到,"你答应过我什么,时间到了你该怎么办?"如果没有合理的解释,半年时间后,李倩玲就会"直接换人,没有第二句话"。参加总公司会议后,制作而成的 To do list 中,她会把"任务如何分配、需要跟谁谈、要盯谁的业绩",一项一项,一二三四五六七……马上呈现出来。每天她都会查看,今天完成了几项。清掉以后,就会有新的 To do list。"如果没有结论,这个会议等于没开。"主题、结论是她最在乎的指标。开会之前,她会自己把开会主题和目的传递给高层主管;开会时,她自己掌握会议时间表监控会议状况。两小时的会议,如果一个小时还处于黏着状态而没有进入核心,她会要求马上换角度。①

从李倩玲独特的管理方法中可以看出,要尽可能保证信息传输的精准度,必须清楚界定"人、事、责"的对应关系,这也是李倩玲为什么特别关注"谁答应了何事、承诺了什么、何时达成"、"任务如何分配、需要跟谁谈、要盯谁的业绩"的原因。对广告策划书实施团队而言,团队管理者必须与每一个团员之间达成对"人、事、责"内容理解的一致,并要求团员以亲笔签字等不可由他人替代的方式表示确认。团队管理者还应当在活动推进的节点时间阶段(如创意、制作、投放阶段)检查各工作小组是否如期按质完成规定任务,未能达到目标的落后小组必须解释事情的原委和他们使计划完成所要采取的行动。

要提高信息传输的速度,须综合考虑团队成员正式交流的频次和方式的选择。会议是

---

① 佚名.群邑中国李倩玲"擒贼擒王"绩效管理一把抓.全球商业经典,2006.11:42-43页。

团队成员正式交流的主要方式,召开会议的次数应根据策划项目实施时间的长短相应增减。会议次数过多,会过多增加行政事务的时间成本,降低工作效率。会议次数过少,团队内部信息传输不畅,不利于管理者觉察潜藏的问题和风险。在团队正式交流的方式选择方面,就像李倩玲要求"每次开会必须要有结论"一样,广告策划书实施团队的管理者应当要求至少各小组的主要负责人的汇报必须言之有物、直击问题核心,甚至可以使用掐表控制时间的方式,激励负责人紧扣主题、着眼关键。

广告策划书实施过程中的策略控制侧重于信息反馈的灵活性。广告策划方案是在动态变化的市场中实施的,尽管策划者已经对消费者的反应、竞争对手的行动、其他组织的观点倾向等因素做了最大限度的事先预料,但仍无法预测所有的可能性。这就需要策划项目实施团队的管理者能够在接收到关于环境变化或实施效果不佳的不利信息后,及时作出反馈,调整原有策略,拿出新的对策。2003年第12期的《汽车之友》杂志刊登了三份丰田汽车广告,分别为其三款新车"陆地巡洋舰"、"霸道"和"特锐"。在"霸道"车的广告页上,两只石狮蹲踞路侧,其中一只挺身伸出右爪向"霸道"车做行礼状,该广告的文案名为"霸道,你不得不尊敬"。2003年12月4日,《解放日报》以《日本丰田汽车霸道广告有辱民族尊严》为题报道了该事件,同日,几大门户网站及相当多的媒体进行了转载,一时间触动了国人敏感的民族情绪,引起大量声讨。尽管广告是由广告公司制作,也是由中国人提出创意的,但丰田公司并没有推卸责任,一汽丰田汽车销售有限公司总经理古谷俊男表示:"出现这样的事情完全是我们的责任,应该由我们自己来承担。"在12月4日当天,丰田公司迅速召开由公司多位高层参加的媒体座谈会,并于当日发布道歉书,停发广告,发表该广告的媒体和创作该广告的盛世长城也一致"表示诚恳的歉意",使丰田在最短时间内获得了公众和媒体的谅解。[①] 在丰田事件中,主要看到的是广告主对危机的快速应对和广告公司的积极配合。这说明,不利局面的化解是由广告主和广告公司共同来完成的。当广告主的市场经验足够成熟并能够应对时,广告公司要做的是与广告主保持态度和行动上的一致。如果广告主缺少危机应对的能力,为之服务的广告公司就应当主动担责,为其提供策划调整方案。如果方案实施产生了不良的公共影响,广告公司还应当提供广告主与消费者和媒体间进行信息沟通的方案。

三、激励

激励就是指主体通过某些手段或方式让激励客体在心理上处于兴奋和紧张状态,并积极行动起来,付出更多的时间和精力,以实现激励主体所期望的目标。广告公司的激励与人力资本价值之间是一种正相关的关系,如果激励越强,人力资本的价值就会提高。

首先,负责实施广告策划案的主管要树立激励标杆,让工作人员知道什么样的表现能够得到褒奖。TOM户外传媒总裁李践认为,企业一定要让员工清楚地知道企业需要和鼓励什么、倡导和奖励什么,不能造成员工理解上的偏差。

其次,当工作人员达到了奖励标准时,项目实施主管就应当兑现承诺,并注重奖励方式的多样性。广告学者姚曦指出,广告公司对内的激励制度的建构,要建立对内部人员的奖励补偿机制、升迁机制、决策参与机制等,从物质层面到非物质层面都要兼顾到,以保证能够全

---

① 游昌乔.丰田"五招"化解"霸道"广告危机.中国中小企业,2004.2,第16页。

面地对员工进行潜力的激活。① 根据员工对广告策划书实施的贡献程度,采用诸如聚餐、公告栏展示、发红旗、礼物赠送、奖金发放、休假、学习深造等多样的肯定方式。既有外在激励手段,满足员工对奖酬资源的外在需要,如经济奖励、机会提供、他人的称赞等。也有内在激励手段,加强员工对成功的内在渴望,提升工作激情和兴趣。这些方式也同样适用于广告公司的最高层管理者对负责实施广告策划案的主管的激励。

激励需要遵循几条重要原则。一是明暗分开。凡是大家看法想法一致,不易引起众人反感的,可公开激励,目的在于获得大家的良好的回应,以扩大影响。若是大家见仁见智,有争议但而非奖赏不可的,便暗中进行,以减少误解或不满。二是公私分明。必须心中没有施恩的念头,更不希望个人获得任何报答,才有实效。三是顺逆分清。有些人顺着请他帮忙,他会推三阻四、勉强答应,也似有天大人情。最好用反激的方法,故意把问题说得十分困难,暗示非他能力所能胜任,激他毅然自告奋勇。有些人老于世故,便要顺着激励。先说明他的长处,以引起知遇之感,再表示看重他的才华,请他不必顾虑太多,他就会朝气勃发、鼎力相助。四是刚柔并济。用刚硬的方式来激励,多半建立在利害的基础上面,以柔软的方式来激励,则偏重于情谊。五是大小并重。大功劳要隆重,以示礼遇。小功劳也要重视,因为轻忽小功,大家就会希望夺取大功,以致小问题乏人注意,势必会酿成大祸害。大事应予特别奖励;小事也宜合理奖赏。职位高的,固然要礼待他;职位低的,更不宜轻视他,以免引起反感。多数人受奖,要大场面,大家一起接受激励;少数人或单独一人,不妨视实际情况,或公开或个别地给予激励。②

【小问题】

1. 广告策划书实施过程中的控制主要包括哪些环节?
2. 工作团队管理者如何有效地实施激励措施?

【补充阅读】

对广告公司的三点建议③

与合作的广告公司老总聊天时,他们总是感叹现在的广告太难做了:广告价格越来越透明、广告主越来越高明、广告媒体越来越精明,广告公司处在夹缝中,生存真的不是件容易的事;另一方面,企业,即广告主,也在感叹找不到合适的广告公司,换了一家又一家,或是让这家做一点,让那家做一点,在磨合中蹉跎了岁月,疲惫了身心。广告公司该怎么办呢?笔者从客户的角度提出以下三点不成熟的想法。

一、提供以市场为中心的专业服务

客户需求来源于市场需求,所以客服部门首当其冲的工作是了解市场需求,而不仅仅是客户需求,要准确无误地传达需求,而不是一味地迎合客户,要站在广告主的角度适时地提出满足市场需求的更为合理的方案,这样才能让客户对广告公司更加信任。客服与创意、制作、媒介执行部门都要潜心研究市场需求,把客户的需求落到实处,真正地"落地"。其次,确

---

① 姚曦.创新行为与广告公司人力资本管理.中国地质大学学报(社会科学版),2009.9,第111,113页.
② 德博华.执行的艺术.北京:线装书局,2003年8月第1版,第131-133页.
③ 刘部桂.对广告公司的三点建议.市场观察,2009.1,第141页.

定唯一的专业联系人,一方面是专人服务,另一方面是专业服务,这样看似一个简单的规则,很多广告公司却都没有做到。客服总在忙,忙得团团转,最后却忙不到点子上。问一个事情,不是一会儿再回复,就是要问问其他人,客户无从下手,好多工作都得悬着。

二、要有稳定的、创新的核心团队

公司有没有实力,主要看有没有一个出色的团队,这决定着能不能做出高质量的作品,不要总是等着客户提供现成的资料,创意总监也不能等着闭门造车。要从客户的角度出发,深深揣摩,广泛收集产品、企业的相关资料。紧紧抓住广告主的心,成为他们的智库,做出贴近市场的创意。而创意是"新"意、更是"心"意,会让生活有美感、有乐趣,让消费者感觉到温暖和快乐,给人以信心和希望,从而得到消费者的信任,使消费者喜欢这个品牌,这样,广告公司才真正能得到广告主的认可。稳定的核心团队不仅是广告公司的愿望,也是广告主的愿望。因为广告公司的门槛很低,培养一段时间,一些核心员工可能会跳槽或自己干,人员变动幅度相当大,甚至有离开的人回头撬走客户的情况。广告主很头痛的事就是刚刚熟悉了一个客户总监、一个创意总监、一个执行总监,但过不了多久,人就变了,要不就是三缺一,原有的默契没有了,好多工作要重新开始。稳定的团队来源于稳定的制度,尤其是分配机制和诚信机制。

三、执行力——不要总是差那么一点点

广告公司都是按照现代化的企业制度来运行的,表面上看,公司雷厉风行,员工特别精明,但是一到执行的层面,因为各种原因,团队协助或外协的执行就出了问题,规定今天出片子或创意,却拖到了明天,甚至后天,找各种理由应付客户,自作主张地拿自认为正确的东西去敷衍客户。

造成广告公司执行力不强的另外一个重要因素是公司没有特色,不专注,为了得到客户而乱作承诺,许下一些增值服务,一旦合作,却又忘在脑后,顾左右而言他,造成执行难的困境,也给广告主留下上了贼船的感觉,甚至得到因"不能按要求制作"而拒绝付款的通告,也就是广告公司通常所说的客户的刁难。

【重点提示】

广告策划书的实施和协调

广告策划团队

广告策划书实施过程中的阶段效率控制和策略控制

广告公司对内的激励制度的建构

第三节　广告策划方案的评价

如何评价广告策划方案,实质上是广告公司能给广告主提供何种功能的问题。那么,广告公司究竟能够为广告主提供什么样的功能呢?

这个问题的答案是发展性的。因为市场地位、目标区域、竞争目标、产品特征等各种要素的差异,不同的企业对广告公司的服务期待是不同的(这点已在前文阐述过),势必会带来广告策划方案评价标准的不同。问题的答案还与广告公司自身的业务结构设置情况有关。本土广告公司在大量的业务经历中,常常觉得广告公司的作用有限。蓝道广告公司创意总监江绍雄认为,企业的工作一般分为三大块:产品开发、渠道建设和产品形象建设。而产品开发和渠道建设这两块广告公司根本无法介入,如果将广告主的发展目标硬压在广告公司头上,则有拿小头来决定大头之嫌。[①] 一些国际4A级广告公司则大大改变了传统型广告公司的价值,广告业务不再局限于产品形象建设。比如,日本电通广告公司除了进行广告代理和媒介代理业务外,还将为企业进行商品开发,并以此作为非常重要的工作内容,电通广告公司常常因为商品开发的成功而获得企业更多的广告代理业务。电通广告公司商品开发工作的流程是这样的:首先去思考目标对象是哪一块市场,开发核心概念,然后设计功能,进行外形设计,之后对商品命名,最后再开发广告创意。[②] 同样都是广告公司,但各自业务结构的差异最终使得广告公司进入到企业营销的不同环节,各广告公司策划方案的类型和目标自然也会存在较大差异。

可以预见,随着广告公司业务模式的改变,未来广告策划方案的评价也必将是动态变化的体系。因此,对本节所提供的广告策划评价的一般方式和普遍标准,学习者应当结合实际灵活应用,不可生搬硬套。

一、广告策划方案评价的总体导向

1. 不偏不倚

无论广告公司可以何种程度深入广告主的营销领域,一次或某一时间段内的广告策划都无法解决企业的全部市场问题,甚至不能独立完成企业的传播目标。沃尔沃汽车有限公司中国区市场总监孙玮认为:"广告不是魔术,更不是神话。所以,在清晰的市场传播目标下,将广告整合进整体传播体系,借其优、用其长,才能最充分地发挥广告的传播效应与影响。"[③]所以,广告主应当明确广告策划方案的"有所为"和"有所不为",依据策划方案中提出的任务来制订策划方案实施后的衡量标准,保持前后一致,做到不偏不倚地评价方案的价值。

广告主的"不偏不倚"还指广告主既要认真给广告公司的策划方案纠错,又要敢于承认由自身原因所造成的方案失误。灵智精实广告公司客户总监王剑谈到服务瑞典沃尔沃汽车有限公司的感受时说:"在重大广告传播之后,都会有客户(沃尔沃)的感谢信发到每一个参与者的邮箱中。每一次因为客户原因造成的策略和创意的反复修改,都会在修改前得到客户的当面致歉。"[④]广告主的坦诚,往往能让广告公司感受到温暖和尊敬,从而再次激发出策划人员的专业创造力。

2. 虚怀若谷

广告主了解自己,但不了解消费者;广告公司不太了解企业,但更了解消费者。因而,只要在为广告公司提供机会了解企业以弥补知识不足后,在关于影响消费者的策略问题上,广告主应当放低姿态、虚怀若谷,倾听广告公司的意见。不那么"强势"的广告主,常常会得到更多的回报。摩托罗拉(中国)电子有限公司认为"有伟大的客户就必定有伟大的代理商",应该让广告代理商参与决策,充分信任他们,这样谦逊的态度既成就了摩托罗拉和奥美广告公司的成功合作,又让摩托罗拉成为中国广告代理商眼中的"最佳广告主"之一。可见,为了

---

① 王凤云.招个般配的广告公司——专访蓝道广告公司创意总监江绍雄.广告主,2006.2,第29页。
② (日)樋口景一.电通人才培训课程连载之一——广告策划实践.中国广告,2010.10,第156页。
③ 孙玮.沃尔沃的体察式参与.国际广告,2007.6,第23页。
④ 王剑.灵智精实的良性服务.国际广告,2007.6,第24页。

提高合作的质量,广告主在评价广告策划方案时,应给予更多鼓励和包容。

如何处理与广告公司关于策划方案方面的意见分歧,最能体现出广告主是否具有宽阔胸襟。2006年初,李宁公司筹划推出新款篮球鞋——"飞甲",产品在设计方面非常具有东方特色,在鞋面上放置了类似于兵马俑铠甲的"甲片状"设计。李宁公司非常希望广告代理商能够在广告中着力表现这一亮点。而李奥贝纳的团队却提出了完全不同的看法,他们认为,这一亮点和篮球运动的关系并不紧密,对目标人群也没有足够的吸引力,不能刺激产品销量的提升。同时,他们还提出单纯特写某一个产品特点很难帮助品牌提升篮球项目的形象。面对分歧,尽管李宁公司内心确实比较"复杂",但同时也尽量站在客观的角度去重新审视创意的出发点,最终还是放弃了初衷,同意将李奥贝纳提出的"东方创意"作为这一推广项目的核心传播概念。之后李宁飞甲篮球鞋《水墨篇》(见图12-3)不但为代理商赢得广告大奖,也为李宁公司带来可观的产品销售收入。北京李宁体育用品有限公司的经验就是无论广告代理商提出的意见与建议是否与广告主的内心想法相同,都要以尊重和信任善待代理商。[①] 试想如果李宁公司没有大气度来肯定代理商的策划案,又何来之后的皆大欢喜呢?

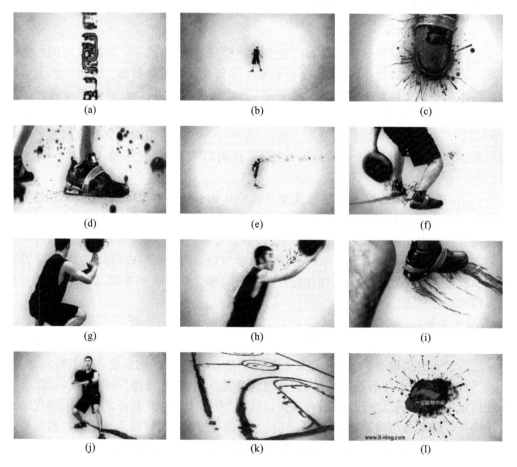

图12-3 李宁飞甲篮球鞋"水墨篇"广告图

[①] 陈世远.李宁的善用与善待.国际广告,2007.6,第24—25页。

3. 约法三章

建议广告客户和广告公司之间事先约法三章,制定出评估条款,且表明评估条款是属于广告策划案内容评价部分,还是广告策划案实施效果评价部分。比如,如果广告客户要求广告策划案中广告创意部分能为目标消费者提供实用的、感情需求的或自我表现的利益诉求,这就属于广告策划案内容评价部分的标准。如果广告客户要求广告策划案实施后,产品销量增长率能达到某一数值,这就属于广告策划案实施效果评价部分的标准。

企业给出的评估条款应当具体、实在,不能用"让消费者满意"、"销量提升"、"表现企业品位"之类的模糊、抽象的词句作为日后的评估准则,尽量采用数据化、实体化的表述。以房地产广告策划案为例,由于消费者会关注楼盘的很多相关因素,如地段、价格、户型、交通、付款方式、配套设施、规划、交付使用时间、发展商的信誉和实力等,但不是每一个关注因素都会成为广告策划案的主要强调对象,消费者也不会对每个因素给予同样分量的关注。因此,将"提升消费者对广告楼盘的关注度"作为广告策划案的评估条款是不精确也是不符合实际的。如果将条款表述改为"广告投放一个月后,有50%的目标消费者能够回答楼盘的价格和规划特征,有20%的目标消费者采取了咨询行动",就会比原表述更为准确,也更能科学地激发广告公司的工作效能。

二、广告策划方案的内容质量分析标准

一份优秀的广告策划方案,其内容质量上乘的表现之一在于广告策划方案的核心要素(主要指市场环境分析、营销目标、广告目标、广告策略)要达到理性严谨、目标明确和具备创新的三大总体要求。具体表现为:策划案的市场环境分析部分中调研方法是否科学、调研数据是否准确充实、分析推断是否逻辑严密,得出的结论是否合理创新;营销目标部分是否立足于广告主的实际能力,是否利于塑造广告产品或品牌的独特形象,是否采用了有效制衡其他竞争对手的最佳发展目标;广告目标部分是否找到了清晰的广告目标对象和广告传播主题,确定的广告传播主题能否符合广告产品或品牌的特点,广告传播将对竞争对手的广告行动产生何种影响;广告策略部分中创意表达的文案、视觉,以及整体艺术效果如何,媒介选择是否符合产品特性和目标消费者的媒介使用习惯,媒介的组合和排期是否合理、独特而有效,预算项目是否条理清晰,预算数目设置是否得当等。

广告策划方案内容质量上乘的另一重要表现则是广告策划方案是否以最佳方式调配使用资源,即做到人尽其责、物尽其用和井井有条,实现最优化原则。

首先,要充分考量广告产品需要和客户意愿的实际情况,合理分配广告客户的预算,并给出确凿的依据。在广告预算有保障的前提下,广告公司必须让"好钢使在刀刃上",不可任意而为。叶茂中服务乌江榨菜这一老品牌时,采用了新生品牌的广告投放方式。雀巢品牌管家卡米洛·帕加诺说过:"品牌在构建初期,我们总是将80%的费用集中投入到电视媒体上。"但叶茂中认为"乌江"这个品牌虽然并不是在构建初期,但要达成跃升为消费者心目中真正的榨菜第一品牌的目标实则算"梅开二度",因此,对"乌江"品牌传播同样需要集中与坚持,提出将80%的传播费用集中于电视媒体与终端传播。在广告预算有限甚至紧张的条件下,广告策划案更需要展现出"以小博大"的创意。灵智精实广告公司认为,真正能够让客户的信任翻番,加分的不是那些大手笔预算下的广告运动,而是小预算、大创意的传播。2004年,还是以进口方式在中国销售的沃尔沃汽车,对中国市场的企图心并不大,因此,在与灵智

精实广告公司的合作中广告传播预算只有100万元,而且包含制作费,且要求广告战役既能沟通品牌核心价值,又能在短期内达成品牌的高频次曝光。面对这项"不太可能完成的任务",在几轮激荡会后,灵智精实果断建议客户使用黄金时间段的电视公益广告来与消费者沟通,传播沃尔沃所倡导的"提升驾车主动安全意识"的理念。公益广告的价格是正常商业广告的1/4。通过这个想法,灵智精实取得了相同预算下传播效果放大400%的惊人效果。

其次,广告策划案对各项任务的分工、配合与推进等环节的设计必须合理有序,能够提供任务分配表、工作进度表和物资使用计划表。任务分配表主要表明各个部门、各人负责的事项,各自的权责界定,跨部门工作衔接,以及跨部门的合作注意事项。工作进度表是广告策划案实施的预期的、阶段性安排,规定在每一个时间段内各部门、各人员工作要完成的事项,并提供工作检查方法。物资使用计划表主要列清各个阶段工作的开展所必需的物品、设备或场地,以及给出物资的采购、保管、运输、调度等后勤事务的解决方案。

三、广告策划方案的实施效果衡量指标

提供认知、建立情感和驱动行为,是广告策划方案实施的三大效果类型,这已经被大多数广告公司和广告主所认同。华视广告公司在总结广告策划方式的实施效果时这样表述道:"大灵通系列广告在成都投放以来,随着时间的推移,自2006年8月初开始到9月末短短的两个月时间里,大灵通在成都的知名度上升了30%,8月当月销售量增长了10%,对大灵通的偏好度和倾向度比同类产品超过35%。很多人表示,提到大灵通会马上想到不退市和价格实惠,并表示,如果购买通讯产品或二次购买通讯产品,会优先考虑大灵通。"[①]四川华视广告策划有限公司就使用了非常典型的三维评价方式:认知——知名度——上升30%、想到不退市和价格实惠,情感——偏好度和倾向度、优先考虑大灵通——比同类产品超过35%,行为——销售量——一月内增长10%。

在认同"认知、评价、行为"的三维评价方式的同时,广告主更希望认知层面、情感层面和行为层面的效果是客观的、可计算的,因而建立认知、情感和行为效果测量的量化指标十分必要。无论何种广告策划,都涉及对消费者进行特定产品概念、消费观念的培养。为此,笔者将在借鉴教育目标分类学理论与方法的基础上,结合广告策划方案的内容设置特点,设计广告策划方案实施的认知、情感和行为效果测量指标体系。

1956年,本杰明·布卢姆(1913—1999)出版了《教育目标分类学·认知领域》,其中提出的教育目标认知领域的分类法在世界范围内引起了巨大反响。随后以布卢姆为首的委员会分别于20世纪60年代和70年代公布了情感领域和动作技能领域的分类。布卢姆把认知领域分为知识、领会、运用、分析、综合、评价六类目标。"知识"是指那些注重记忆的行为和测验情境,这种记忆是通过对观念、材料或现象的再认知或者回忆而获得的。"领会"是用来包括表明理解交流内容中所含的文字信息的各种目标、行为或者反应。"运用"的标志在于,在没有说明问题解决模式的情况下,学习者会正确地把抽象概念运用于适当的情景。"分析"注重把材料分解成各个组成部分,弄清各部分之间的相互关系及其构成方式。"综合"包括对已有经验中各个组成部分与新材料的重新组合,把它们改组成一个新的、更清晰

---

① 华视广告公司.成都联通"大灵通"突围策略.中国广告,2010.12,第86页。

的整体。"评价"是指为了某种目的,评估观念、作品、答案、方法和资料这些项目准确、有效、经济、满意等的程度。① 本杰明·布卢姆把情感领域分为接受、反应、价值的评价、组织、由价值或价值复合体形成的性格化五类目标。"接受"包括觉察、愿意接受、有控制的或有选择的注意。"反应"包括默认的反应、愿意的反应、满意的反应。"价值的评价"包括价值的接受、对某一价值的偏好、信奉(坚信)。"组织"包括价值的概念化、价值体系的组织。"由价值或价值复合体形成的性格化"包括泛化心向(例如,从审美的观点来看待所有的问题,或者乐意根据证据修正判断或改变行为)、性格化(例如,形成一种始终如一的人生哲学)。②

辛普森把动作技能领域分为知觉、定势、指导下的反应、机制、复杂的外显反应、适应、创作七大目标。"知觉"是通过感觉器官觉察客体、质量或关系的过程,是从事一种动作行动最实质性的第一步。"定势"是为某种特定的行动或经验而作出的预备性调控或准备状态。"指导下的反应"指决定哪些反应是为满足任务操作的要求而必须作出的,从而表现出来的外显的行为动作。"机制"是已成为习惯的习得的反应。"复杂的外显反应"阶段,技能已被掌握,能进行得既稳定又有效。"适应"是改变动作活动以符合新的问题情境。"创作"是根据在动作技能领域中形成的理解力、能力和技能,创造新的动作行动或操作材料的方式。③

本杰明·布卢姆等人的教育目标分类法比较具体、细化,实现了效果测量的精确化,但也带来了操作上的烦琐。为了给广告公司和广告主提供高效、方便的测量工具,笔者简化了布卢姆等人的教育目标分类法,提出广告策划案实施的三类目标效果体系,依次为认知目标、情感目标、行动目标。

1. 认知目标

认知目标包括知识、理解和运用三大目标。"知识"指目标消费者接触产品或企业广告后进行再认知或者回忆广告作品的完整程度。"领会"指目标消费者理解广告创意表现中所含的语言文字、视觉符号等信息所代表的产品或企业特性的准确程度。"运用"指广告主题成为指导目标消费者消费理念的优先原则的选择几率。

2. 情感目标

情感目标包括反应、评价和性格化三大目标。"反应"指目标消费者对广告商品所代表的消费意义从不反对、赞同到被消费意义取悦的三种由浅至深的情绪。"评价"指目标消费者渴望拥有广告商品的心理越来越强烈。"性格化"指目标消费者除了将通过广告获得的知识用于指导消费行动外,还是否会用于正面指导个人生活、社会交往等其他方面问题的解决。

3. 行动目标

行动目标包括定势、机制和创作三大目标。"定势"指目标消费者在购买某类产品或服务之前是否将广告产品作为考虑对象并愿意付出多少经济预算。"机制"指如果重复购买,

---

① (美)B.S.布卢姆等编著.罗黎辉.丁证霖.石伟平.顾建明译.教育目标分类学第一分册:认知领域,武汉:华东师范大学出版社,1986年8月第一版,第59-178页。

② (美)D.R.克拉斯沃尔.B.S.布卢姆等编.施良方.张云高译.教育目标分类学第二分册:情感领域,武汉:华东师范大学出版社,1989年5月第一版,第34-37页。

③ (美)A·J·哈罗、E·J·辛普森.施良方.唐晓杰译.教育目标分类学第三分册:动作技能领域,武汉:华东师范大学出版社,1989年4月第一版:第155-160页。

目标消费者仍然会选择广告产品的可能性。"创作"指目标消费者是否愿意分享自身广告产品的消费体验,让朋友或家人也成为广告产品的购买者。

由于每一项广告策划案涉及的具体情景都不相同,因而测量者可以根据将以上目标效果体系的每一个细化指标相应转化为依据特定策划项目量身定制的问题,并使用顺序量表(把许多刺激对象同时呈现给被试者,让被试者按一定标准把它们排成一个顺序)、等距量表(把一个感觉分成主观上相等的距离)、比例量表(把一个感觉量加倍或减半、取任何其他比例或估算对应数值等)等心理量表形式来设置备选答案。最后,运用统计和数学运算,得出相关数据和结论。

【小问题】

1. 广告策划方案评价的总体导向是什么?
2. 广告策划方案内容质量分析的一般标准有哪些?
3. 如何设计广告策划方案的实施效果衡量指标?

【补充阅读】

广告策划:少些点子,多些科学[①]

广告策划,绝不等同于出点子,这一点越来越成为圈内外人士的共识。然而,广告策划究竟是什么?

根据著名策划人王志纲对策划所作的论述,对策划可作如下理解。

1. 策划是一门思维的科学

所谓思维的科学,是指怎样定位准确、审时度势,怎样把握主观和客观,怎样辩证地、发散地、客观地、动态地把握各种资源。

2. 策划是一门设计的科学

把思维的问题解决了,后面就是设计的问题。它是根据企业的需要来设计项目。最终目标是要"出成果、出机制、出人才、出品牌"。那种只追求短期市场回报的做法是很危险的。企业的发展是长期的,而且在发展的过程中,从人才队伍的建立、文化理念的导入到企业文化的提升、机制的梳理都要全面兼顾。

3. 策划是监理的科学

思维和设计仅停留在书面上,而要真正实施设计项目,还要做更多的工作。因为市场是变幻莫测的,会碰到事先预想不到的具体情况,这就要求策划人指出具体该怎么处理。

现代广告理论明确指出:广告策划是根据广告主的营销,做周密的市场调查和系统分析,利用已掌握的情报,制订的广告计划必须与产品、市场、消费者情况相适应。策划人必须对社会有一个较高的认识,策划观应上升到一种人生观和社会观,而不应仅仅停留在技巧上。

由此可见,广告策划并非一个点子那么简单。然而,直到今天,广告策划人却比比皆是,某些广告策划人把创意理解为动歪脑筋、出歪点子,只要知名度,不要美誉度,这反映了他们素质低下和无奈。

---

① 曾振华.广告策划:少些点子,多些科学.广告人,2000.3,第68—69页。

第十二章 广告策划书的实施与评价

最近,南方某广告公司为"来一客"方便面设计的一个巨幅户外广告,引起了羊城人的极大反感:瓷白的浴缸中,一位目送秋波的洗浴女子翘起玉腿,一边的广告语赫然写着——"泡的就是你!"广州市工商局以"准色情广告"的定论将其封杀。"好露骨"、"不辣不革命"、"你活腻了吗?"如此等等,真让人看了起鸡皮疙瘩。对于广告中出现的这种"惊人之语",一些专家指出,这实际上掩盖的是一种经营的无能和文化的贫瘠。商业经济学专家王瑜教授说,现在市场竞争已经全面进入以品牌竞争为本质特征的时代,而一些新产品为求"闻达于市",经营者和广告策划人挖空心思出馊点子,给自己的产品贴上"另类"标签。有些人索性说,自己的东西上不了天堂,就让它轰轰烈烈下地狱,只要不是平平常常在人间。

笔者认为,市场是人这种高级动物争夺生存权的场所。在经历了多年激烈的产品过剩竞争后,部分企业经营者在广告策划上产生了一些幻想,他们渴望能有"奇思妙想"或"惊人的制作"。不言而喻,在这种情况下,市场对广告人的压力不断增加。面对现实,广告人只有一条路——少些馊点子,多些科学性。只有这样,广告才能向受众传递有效的商品(劳务)信息,才能有效实现企业与消费者的沟通。否则,不换脑袋,就换人才。

科学知识,是人类对客观世界的特征与规律的概括与总结,以不变应万变,万变不离其宗。这里的"不变"和"宗"就是指特征和规律。科学决策的思维模式应该是:问题是什么——为什么——怎么办——效益如何。点子策划的时代已经结束,广告策划需要建立在对市场、对消费者进行科学调研的基础上,考虑社会文化的审美取向和受众心理,使用广告理论和规律,实现不同的广告表现。

【重点提示】
未来广告策划方案的评价体系
广告策划方案的核心要素
广告策划方案对各项任务的分工配合与推进

■ 关键概念
执行技能　协调　控制　激励　内容质量分析　实施效果测量　目标分类法

■ 复习思考题
除非计划转化成工作,否则计划等于零。所以,广告公司和广告主必须设立一个能够执行广告策划方案的组织。那么,广告公司的执行组织和广告主的执行组织在广告策划方案的实施过程中各自承担何种角色和功能?两个组织间的关系应当如何协调?

■ 单元实训
【实训内容】
模拟评价广告策划书
【实训目标】
培养学生对广告策划书的分析与评价能力。
【实训内容与组织】
1. 由教师指定一份广告策划书作为案例,在课堂上给学生阅读。

2. 可对学生按 4~6 人一组进行分组,组织分组讨论。
3. 讨论完毕后每位学生撰写一份广告策划书评价报告。

【成果与检测】
1. 每位同学向教师提交一份广告策划书评价报告。
2. 教师根据学生讨论情况和广告策划书评价报告完成的实际情况进行评估打分。

后记

在盛世与困境并存的广告时代,新颖有效的创意与策划无疑是广告江湖比稿的不二法门,也是突破传播困境的利剑。那么,广告人实现华丽转身的突破点在哪里?如何提升创意与策划能力?如何提高新媒体时代广告人的专业素养?这构成了本书写作的缘起。

作为广告专业教材,本书在编写体例上,保持了传统教材的框架体系,但在理论梳理和案例阐述上,力求精简、生动,将理论之"虚"和案例之"实"结合,在翔实阐述知识要点的同时,也借助案例使读者对枯燥的概念更为生动可感。纵观20多年以来的广告教育,广告学作为应用学科,在高校教学中一直存在重"术"轻"学"的倾向,这既根源于行业的低端价值链,也与传统广告理论缺乏创新而无法指导广告运作实践有关。但这并不意味着作为"形而下"的应用性学术缺乏理论价值,恰恰相反,在新媒体发展的背景下,广告实践越来越需要新理论模型、新思想、新观点的支撑,这是广告行业未来发展的价值主线。在创意和策划上,无论是企业主,还是广告业界,对新媒体的创意和策划比以往更为迫切,如何在吸收新媒体创意和策划案例的基础上,梳理、重建广告教学理论,提高阅读黏度,是本书编写中重点关注的内容。

本书编写人员来自广州大学、武汉大学、华南师范大学和贵州民族大学四所高校。在写作具体分工上,丁琳编写第一、二、三、六章,魏永秀编写第四、五章,李斐飞编写第七章,王艺编写第八、九、十章,刘艳子编写第十一、十二章,王泸生和贾兵参与了第九章和第十章的校对,丁琳和王艺负责了全书的审校。

本书的出版,首先应该感谢我的恩师——武汉大学新闻与传播学院博士生导师姚曦教授,正是恩师的惠荐,使本书有了踯躅起航的机缘。感谢互通国际传媒集团董事长邓超明先生,广东省广告股份有限公司夏跃先生,李奥贝纳广告有限公司广州分公司执行创意总监庄健先生,羊城晚报报业集团战略运营部主任刘升先生,羊城地铁报报社社长翁天兵先生,中国传媒大学新媒体研究院副院长、博士生导师曹三省教授,广东广旭广告有限公司执行创作总监刘欣先生,正是与他们的交流和沟通使本书的编写更加紧扣行业实际。

由于时间仓促,本书在内容上可能存在不足之处,恳请读者和专家批评指正,以使本书在今后的修订中能更趋完善。

王 艺

2012 年 4 月于广州大学